大旗出版
BANNER PUBLISHING

大旗出版
BANNER PUBLISHING

大清后妃傳奇

以歷史的細節看深宮秘事

十嫁給年

第十二子阿濟格、第十四子多爾袞和第十五子多鐸……

……人。這些女人，在努爾哈赤十幾歲至六十

的，是懷柔和擴張的結果。外交需要勢

戰爭是人口與人口的較富戲劇性。明朝末年

松富戲劇性。

努爾哈赤勢不兩立。萬曆

阿興起的建州扼殺在搖籃之中。然而，努

立服建州。努爾哈赤念其歸順之意，收為

況下，為了取悅建州，感激努爾哈赤的再出

赫圖阿拉

継為努爾哈赤生下

赤一生總共娶了16個

以外交和繁衍子嗣

在無火藥的兵器時代

壯，勢力尤為強大

赫圖阿拉，企圖把剛

活捉，表示願意永

六敗四歸、羽翼未豐

就這樣

下，於萬曆二十

序 言
女子的才與德

　　有位朋友去故宮買了一套清代皇后的畫像書籤，原本是想看看千挑萬選下的皇后到底長什麼樣子，結果令他大失所望。每個皇后均是盛裝打扮，可大多面無表情，沒有一絲笑容，不知道是不是為了營造一種威嚴的氣氛，連姿勢都一模一樣。

　　相比之下，倒是乾隆的孝賢純皇后最漂亮，眉目之間有威嚴，但不失和藹，且眉清目秀，畫像的色彩也處理得比較精準。而那位清代著名的孝莊皇太后，由於是老年的畫像，而且一副禮佛的打扮，看不出半點大玉兒的影子。看多了古典文學裡關於美女的描述，突然一窺廬山真面目，真不知是不是應該感歎世事的變化無常。而那「手如柔荑，膚如凝脂。領如蝤蠐，齒如瓠犀。螓首娥眉，巧笑倩兮，美目盼兮」的審美標準分明與我們沒有多大區別。

　　再看她們的介紹，讓朋友感慨不已，雖然她們已貴為皇后，是一國之母，可是她們居然連個名字都沒有留下來。證明她們身份的就是屬於哪一旗，是誰之女，嫁給哪位皇帝，生了什麼皇子。最終屬於她們的只有年齡和諡號，而諡號也要看她在皇帝心中的地位。終其一生她們都沒有什麼真正屬於自己的東西，即使是皇后的封號也是可以說廢就廢的。更誇張的是雍正的孝敬憲皇后，連生年人們都無從知道！

她們只是封建皇權的附庸，自己家族攀登權力高峰的工具之一，比如康熙的孝誠仁皇后，儘管她與康熙很恩愛，但一開始康熙娶她是爲了拉攏索尼來剷除鰲拜。所以她們只能成爲政治的犧牲品，像人們比較熟悉的同治的孝哲毅皇后，就是死於慈禧與兒子的爭奪權力之戰，再加上她又是慈禧政敵的外孫女，只能以自殺來尋求解脫，更慘的是她死後都不得安寧，因民間謠傳她是吞金自殺，盜墓賊居然剖開她的肚子來尋找黃金。眞是紅顏薄命，實在淒慘。

還有一位可以說是清代最有才華的，道光帝孝全成皇后，琴棋書畫樣樣精通，她諡號中的「全」就由此而來，可就是因爲這樣就招來殺身之禍，太后也就是嘉慶的孝和睿皇后認爲女子無才便是德，矛盾激化，最後竟毒死了這位聰慧的皇后，道光爲補償她最終立她的兒子爲太子，即後來的咸豐帝。更爲恐怖的是，這兩位皇后均出自鈕鈷祿氏，太后是皇后的親姑姑，對親姪女都可以下如此毒手，皇室的血腥可見一斑。

清代的皇帝是中國歷史上各朝代中平均壽命最長的，但他們的皇后卻以早喪居多，像孝誠皇后年僅22歲就香消玉殞，是壽命最短的。除去因自殺和被害的，其他幾位也多因種種原因早早病死，這大多和她們深居宮中性情鬱悶而且整日擔驚受怕有著必然的關係。壽命最長的就是孝莊文皇后，享年75歲，一生經歷多次政治風波均化險爲夷。即使末代皇后婉容也沒能逃說厄運，眾所周知，她沒有愛情的一生最終毀在鴉片上，死時年僅40歲。

有人說，光緒的隆裕皇后殘忍狠毒，貪權橫行不遜於其姑（慈禧太后），我倒覺得她也是一個很可憐的人，作爲女人她其實除了一個皇后的名

分什麼都沒有。光緒根本就不愛她，在她的生命裡根本沒有愛情可言。我相信她也曾有過純真，有過希望，但是現實讓她失望，為了彌補心靈的空虛她只能去追求權力，追求錢財，要不她只能是一具行屍走肉。哀莫大於心死，有什麼比失去希望更可悲的呢？

這些女人走進了皇宮，一生都被禁錮，除了俯首聽命再沒有別的選擇，雖然也有和皇帝恩愛有加的，如康熙和孝誠皇后，乾隆和孝賢皇后，同治和孝哲皇后，可多數時候她們只是一個擺設，一個工具，看起來錦衣玉食，可誰又能了解她們心中的苦悶呢？縱使有再多的才能也無法施展（即使歷史給了她們機會，又能怎樣，比如慈禧太后），她們只能鬱鬱寡歡，默默走完不屬於自己的生命。所以很多皇后都一心事佛，以此來尋求精神的寄託，逃避這個不如人意的現實。「侯門一入深似海，從此蕭郎是路人」，更何況是門戶森嚴的皇宮呢？

本書所選的十二位女子，貴為大清皇妃，然其各自的命運卻有著天堂與地獄的差別。生活在古代皇室的女人，並不像人們所想像的那樣無憂無慮，溫馨如意。伴君如伴虎，榮辱沉浮瞬息變幻，不知何時就會禍起蕭牆。他們的容貌自不多言，其美豔當不會有多大的差別，只不過是在不同或相同的歷史背景下，演繹著紫禁城裡女人們的悲歡寵辱的故事，而且歷史的變遷又在她們身上罩上了層層迷霧，甚或蓋棺難以定論。也許是「才」與「德」決定著她們的命運，甚或國家的命運。

目 錄

傳奇一生的榮與辱

才智過人但被殉葬的太祖名妃阿巴亥 · · · · · · · · · · · · 14

政治色彩濃厚的婚姻 · 15

在爭鬥的漩渦中掙扎 · 17

後宮領袖阿巴亥生殉 · 20

懿德永存的兩朝興國太后孝莊文皇后 · · · · · · · · · · · · 26

輔佐順治登基固位 · 27

輔佐康熙開創盛世 · 34

祖孫情深千古絕唱 · 44

撫今追昔令人感慨 · 49

雍正朝名后鈕祜祿氏孝聖憲皇后 · · · · · · · · · · · · · · · 52

鈕祜祿氏生平小傳 · 52

鈕祜祿氏的身世探討 · 54

歷史上福命最好的女人 · 59

乾隆皇帝不同命運的兩位皇后 66

母儀天下的賢后富察氏 66

帝后若仇人的烏拉那拉氏 73

決定道光命運的孝和睿皇后 76

夫君嘉慶猝然離世 76

太后懿旨道光即位 79

操縱國運的葉赫那拉氏慈禧太后 88

慈禧太后發跡的轉機 88

走上無上權威的寶座 93

在政海中弄潮的女人 107

死後亦難安眠於地下 121

可憐的孝哲毅皇后阿魯特氏 124

入宮立后的名門閨秀 125

天子暴崩後香消玉殞 133

目 錄

悲情皇妃珍妃他他拉氏 · 138

官宦世家入宮侍君 · 138

天生麗質深受恩寵 · 142

鬻賣官職珍妃受杖 · 146

贊襄變法而被遣冷宮 · 149

帝后西奔珍妃沉井 · 151

毫無主見卻情非得以的隆裕皇后 · · · · · · · · · · · · · 156

老太后欽定的姐弟婚姻 · 156

光緒帝與皇后的恩怨 · 162

毫無政治遠見的皇太后 · 165

悲苦孤寂一生的結局 · 170

悲情哀婉的末代皇后婉容 · · · · · · · · · · · · · · · · · · · 177

最後一位得到迎娶的皇后 · · · · · · · · · · · · · · · · · · · 177

行善樂施的末代皇后 · 186

一生中最輕鬆愉快的時光 · · · · · · · · · · · · · · · · · · · 190

寄人籬下的偽國皇后 · 193

香銷玉殞卻不知何處 · 196

歷史疑案的謎與霧

大妃阿巴亥殉葬之謎 · 202

孝莊勸降洪承疇的傳說 · · · · · · · · · · · · · · · · · 206

孝莊太后下嫁之謎 · 209

孝莊文皇后為什麼死後不進清皇陵 · · · · · · · · 214

百年難解的香妃美麗傳說 · · · · · · · · · · · · · · · · 217

道光帝孝全成皇后死亡之謎 · · · · · · · · · · · · · · 229

過於善良的女人慈安太后之謎 · · · · · · · · · · · · 233

慈禧太后的身世之謎 · 242

女子才德的是與非

清朝的無冕女皇—孝莊皇太后 · · · · · · · · · · · · 248

說不盡的是是非非—慈禧皇太后 · · · · · · · · · · 253

傳奇一生的榮與辱

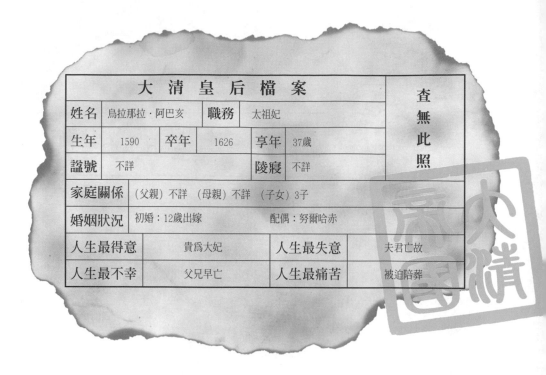

大 清 皇 后 檔 案					查無此照
姓名	烏拉那拉・阿巴亥	職務	太祖妃		
生年	1590	卒年	1626	享年	37歲
諡號	不詳			陵寢	不詳
家庭關係	（父親）不詳 （母親）不詳 （子女）3子				
婚姻狀況	初婚：12歲出嫁 配偶：努爾哈赤				
人生最得意	貴為大妃		人生最失意	夫君亡故	
人生最不幸	父兄早亡		人生最痛苦	被迫陪葬	

才智過人但被殉葬的
太祖名妃阿巴亥

　　烏拉那拉・阿巴亥（1590～1626），是海西女眞烏拉部貝勒滿泰之女。阿巴亥8歲失去父兄，12歲時在叔父布占泰的親自護送下，於萬曆二十九年（1601）嫁給年長自己31歲的努爾哈赤為側福晉。大妃孟古離世後，阿巴亥登上了大妃之位。天命五年（1620）阿巴亥相繼為努爾哈赤生下了第十二子阿濟格、第十四子多爾袞和第十五子多鐸。

政治色彩濃厚的婚姻

清太祖努爾哈赤（1559—1626）朝服像
此畫像爲清宮廷畫家所繪，絹本，現藏於北京故宮博物院。

大清帝國的締造者努爾哈赤一生總共娶了16個女人。這些女人，在努爾哈赤十幾歲至六十餘歲之間先後走進了他的生活。努爾哈赤一生的婚姻，大多以外交和繁衍子嗣爲目的，是懷柔和擴張的結果。外交需要勢力，女人便成了部落與部落結成聯盟的橋梁。擴張需要人口。在無火藥的兵器時代，戰爭是人口與人口的較量，增加子嗣，使戰爭對人力的消耗得到相應的補充，當然需要女人。

阿巴亥與努爾哈赤的姻緣，極富戲劇性。明朝末年，東北地區女眞各部先後崛起，互爭雄長。海西女眞的烏拉部地廣人眾、兵強馬壯，勢力尤爲強大，與努爾哈赤勢不兩立。萬曆二十年（1593），包括烏拉部參與其中的九部聯軍，以3萬之眾攻打努爾哈赤的根據地赫圖阿拉，企圖把剛剛興起的建州扼殺在搖籃之中。然而，努爾哈赤以少勝多，奇蹟般地取得了勝利。烏拉部首領布占泰被活捉，表示願意永遠臣服建州。努爾哈赤念其歸順之意，收爲額駙，先後以3女妻之，盟誓和好，軟禁3年後釋放。布占泰在兵敗回歸、羽翼未豐的情況下，爲了取悅建州，感激努爾哈赤的再生之恩，在萬曆二十九年（1601），將年僅12歲的姪女阿巴亥親自送到赫圖阿拉。就這樣，阿巴亥嫁給了大她31歲的努爾哈赤，開始了自己

15

不平凡的妃嬪之旅。

　　有書記載：阿巴亥嫉妒，有機變。說阿巴亥嫉妒，從其入宮僅兩年就後來者居上的史實看，其嫉妒的對象多半是當時的大妃孟古。如此推斷，阿巴亥必是爭寵了。若作個比較的話，她們兩人的出身門第相仿。至於相貌，史書上用了一個與孟古相同的詞「丰姿」來評價阿巴亥，也就是說她們都是美貌異常的女子。這種巧合很有趣，只是阿巴亥比孟古年輕了15歲，是太祖的新婚側妃。依照人喜新厭舊的本性，努爾哈赤寵愛的天平漸漸傾向於她。從外在條件方面如相貌、家世背景等看，阿巴亥並不輸給孟古，她的確是有競爭大妃資格的。阿巴亥與孟古最不一樣的應該是性情，孟古文靜而有涵養，以孟古的秉性，其內心的痛苦是不會在人前顯露半分的，只能是在人後和血與淚自己吞，也許這也是她早逝的原因之一吧。而阿巴亥則恰恰相反，所謂「有機變」，可以理解為聰明活潑，乖巧伶俐，通俗一點說就是心眼活絡，能說會道，顯然努爾哈赤更喜歡這種類型的女人。因此孟古一離世，阿巴亥就順利地登上了大妃之位，足見其富於機變的本領。

　　由於戰爭、權力和利益的因素，努爾哈赤的女人，除了那個成婚最早的結髮之妻佟佳氏似乎沒有什麼家庭背景之外，其餘的都是女真首領的女兒和蒙古王公的格格。她們是各自部落的政治代表。葉赫那拉氏孟古姐妹二人，是海西女真葉赫貝勒楊吉的女兒。大妃烏拉那拉氏阿巴亥，是海西女真烏拉部貝勒滿泰的格格。側妃博爾濟吉特氏，是蒙古科爾沁貝勒明安之女。還有那些繼妃、庶妃們，她們難道都不是出於或政治的或軍事的勢力需要嗎？

　　史書上記載：當年，努爾哈赤在建州起兵時，葉赫貝勒楊吉對努爾哈赤頗有好感，說：「我有幼女，需其長，當以奉侍。」努爾哈赤問道：「汝欲結盟好，長者可妻，何幼耶？」楊吉說：「我非惜長，但幼女儀容端重，舉止不凡，勘為君配耳。」努爾哈赤聽後滿意地點頭稱是。這個幼女就是後來有名的孟古。當她的父親被遼東總兵李成梁所殺，其兄便攜其投靠了努爾哈赤，年僅14歲的她成了平衡家族勢力的砝碼。再後來，因努爾哈赤欲統一女真，葉赫部大為反感，親家之間的關係越發不和睦。此時，孟古病危，思念

其母。努爾哈赤派人前去恭請，卻遭到拒絕。不久，孟古帶著深深的遺憾死去了。這個年僅29歲的貴夫人知道了身不由己的滋味。好在她生了一個卓越的兒子，那就是後來的大清皇帝皇太極。因爲有了他，她才在死後獲得了許多崇高的稱號。孟古死後不到8年，葉赫轉變了對建州的敵視態度，將另一個女兒送進了努爾哈赤的後宮。這一點，恐怕還是出於政治的考慮。

清人所繪《多爾袞像》

像努爾哈赤這樣的英雄，身邊聚集著那麼多個性十足的女人，產生麻煩是必然的。麻煩大都由於她們的相互攻訐，攻訐大都由於她們的邀寵，邀寵大都由於她們的妒忌之心。

在爭鬥的漩渦中掙扎

多爾袞（1612～1650），阿巴亥之子。功勳喧赫，順治帝年幼時，多爾袞曾攝政監國。

阿巴亥，這位來自烏拉部的稚嫩公主，既要博得丈夫的歡心，又要周旋於努爾哈赤眾多的妻妾之間，難度夠大的了。然而，阿巴亥是一位非同一般的少女，不僅儀態萬方、楚楚動人，而且天性穎悟、禮數周到，言談笑語之間，無不令人心悅誠服。43歲的努爾哈赤對這位善解人意的妃子，愛如掌上

明珠。婚配兩年後（1603），努爾哈赤便將幼小而聰明的阿巴亥立為大妃，獨佔眾妃之首。雖然我們常說母以子貴，但有時卻是，子以母貴。阿巴亥所生的3個兒子：多爾袞、阿濟格、多鐸，努爾哈赤都愛如心肝。他們年齡雖小，但每人都掌握整整一個旗。當時作為後金根本的八旗軍隊只有8個旗，他們就佔去3個，可見努爾哈赤對阿巴亥的情意與寄託。

庶妃德因澤，在努爾哈赤的妻妾中排行最末。這個在努爾哈赤62歲高齡時娶來的女子，與那些半老徐娘們同坐一條板凳，自然會心理不平衡。大福晉們雖然人老珠黃，但都有兒有女，地位顯著。小福晉德因澤雖然妙齡如花，但卻初來乍到，與那些老福晉格格不入。她在這個家裡，在連年南征北戰的努爾哈赤心中，只是一種擺設而已。但是，她頗不甘心。她利用投懷送抱的時機，吹盡了枕邊風，向對手們發起了猛烈的進攻。俗話說：擒賊先擒王。她把目標盯在眾福晉中的領銜人物繼妃富察氏身上。德因澤的伎倆果然奏效，富察氏袞代就這樣在她的靈機一動中輕而易舉地被掃地出門了。德因澤感覺到了妙齡和美貌的真正價值，自己就是自己戰無不勝的武器。她在迫害袞代的同時，以同樣的方式、同樣的罪名，把毒箭又射向了與努爾哈赤情深意篤的大妃阿巴亥。

時常喜歡搬弄是非的側妃德因澤對阿巴亥的地位和權力恨之入骨。她對阿巴亥的行動進行盯梢，一經發現蛛絲馬跡，便添油加醋蜚短流長，攪起滿城風雨。阿巴亥處於被嚴密監視之中。《滿文老檔》載：天命五年（1620）三月二十五日，德因澤向努爾哈赤「要言相告」：「大福晉曾兩次備佳餚送給大貝勒代善，大貝勒受而食之。又一次送給四貝勒皇太極，四貝勒接受而未吃。大福晉在一天當中，曾二三次派人到大貝勒家去。而且還看到大福晉自己在深夜時離開院子，也已經二三次之多。」聽了這些話，努爾哈赤派人前去調查。調查人回報確有其事。他們還說：「我們看到每逢貝勒大臣在汗處賜宴或會議之時，大福晉都用金銀珠寶來修飾打扮，望著大貝勒走來走去。這事除了大汗以外眾貝勒都發現了，感到實在不成體統，想如實對大汗說，又害怕大貝勒、大福晉。所以就誰也沒說。這些情況現在只好向大汗如

實報告。」

令人感到奇怪的是，一個毫無地位可言的小庶妃如何膽敢去密告深受汗王寵幸、貴有三皇子的大福晉？而且牽連著自領兩旗、居參政「四大貝勒」之首、老汗王欲立爲太子的大貝勒代善？誣告大妃與代善關係曖昧的邪風從哪裡刮起？人們不難看出，這一切皆緣於愛新覺羅氏家族的權力之爭。德因澤背後有實力雄厚的四貝勒皇太極的支持。因爲老汗王年事已高，汗位的繼承人爲誰已成爲諸子侄中明爭暗鬥的焦點。因爲努爾哈赤時代在政治上實行八旗制，以八旗和碩貝勒「共理國政」，即以八旗旗主分權統治的制度；在經濟上則「予定八家但得一物，八家均分之」。軍事上凡行軍打仗亦以八旗旗主爲統帥，各有統屬，聯合作戰。這就必然形成八個政治、經濟乃至軍事實力旗鼓相當、勢均力敵的集團統治，也就會在汗位繼承上導致「諸王爭國」的惡劣後果。

努爾哈赤聽了彙報，本來知道兒子代善和妻子阿巴亥之間並沒發生什麼見不得人的事，但感情上還是接受不了。想要處置這件事，當事人又構不成什麼罪，再說家醜外揚也有失體統。頗富政治經驗的努爾哈赤深知此事如此沸沸揚揚，背後必定藏著什麼政治目的，因而只好做罷。可是，樹欲靜而風不止。福晉中又有一人舉報阿巴亥私藏財物。於是，努爾哈赤便以此爲由，給她定了罪。努爾哈赤在判詞中是這樣說的：「這個大福晉虛偽狡詐、盜竊成性，壞事做全。我用金子、珠寶盡情地打扮她，她卻忘恩負義，豈不該殺？但是殺了她，我那愛如心肝的三子一女由誰爲照顧，孩子們不能沒有母親，我決定不殺她了，讓她照看孩子們。可我堅決不同這個女人共同生活，所以我將她休離。」就這樣，與努爾哈赤生活近二十年、一直受寵不衰的阿巴亥憤然離去，獨自一人帶著15歲的阿濟格、8歲的多爾袞、6歲的多鐸開始了沉默而淒涼的生活。小福晉德因澤達到了目的。她以舉報有功，加以薦拔，並享受「陪汗同桌用膳而不避」的優待。但是，阿巴亥並沒有就這樣走下歷史舞臺，沉默和淒涼的生活更加磨礪了她的意志和智慧，她等待時機來開創歷史。

後宮領袖阿巴亥生殉

　　天命六年（1621）三月二十一日辰時，努爾哈赤進入剛剛攻克的遼陽城，就下達了「遣人往迎眾婦人及諸子來城居住」的諭令。這樣的舉家大遷徙，為努爾哈赤日後定都遼陽埋下了伏筆。告別赫圖阿拉老城的熱土，順著蘇子河的流向，走出新賓重重大山的眾福晉和諸幼子們，帶著既嚮往又懷疑的情緒，一路上車馬賓士。遼陽，這一座用馬鞭、箭鏃和生命佔領的城市，將為他們開創一個嶄新的時代。

　　四月初三，努爾哈赤又根據建制每2旗出五牛錄額眞1人，每2牛錄出士兵1人，組成一支精幹的隊伍，前去往迎眾福晉。他們的任務是保駕護航，當然，更是壯大皇家聲威。四月初五日深夜，踢踢踏踏的足音和轟轟隆隆的輪響鬧醒了沉睡的古城。總兵官以上的諸大臣立即騎馬趕到城外教場，在那裡他們下馬步行，向風塵僕僕的眾福晉們施行大禮，恭恭敬敬地引導遷徙的乘騎入城。城內，軍士們沿街列隊，歡呼祝福。自城內至努爾哈赤的寢宮，一色的白蓆鋪地，上敷紅氈，場面宏大。無數的燈籠點綴在叢叢篝火之中，整個夜空通紅一片。眾福晉們移動著木底旗鞋，一步步地向努爾哈赤走來。

　　眾福晉順利地到達了遼陽，但是，有官員卻因為其間的過失遭到了革職。它給平淡的歷史增添了一段跌宕的情節，講述出來還是蠻有意味的。

　　阿胡圖是最早受汗派出迎接皇妃們的官員之一。他的任務很簡單也很明確，就是宰殺自家的豬用以祭祀。那種儀式本來是走個過場而已，用不著那麼鋪張。可是阿胡圖把自家的豬盡宰之後，又大散銀錢，四處搶購，一日宰祭竟至二三十頭。胡作非為的後果當然是自找倒楣。

　　如果說阿胡圖的倒楣是咎由自取，那麼布三的厄運就有點天降橫禍，多少有些委屈。那一天，眾大臣引領眾福晉自薩爾滸再度啟程，由日出至日落，時光在奔波勞頓中流逝。當隊伍行進到十里河的地方，夜幕已經降臨，眾臣商議準備就此住宿，疲憊不堪的眾福晉也欣然允許。誰知，半路殺出個程咬金，執行其他任務的布三不期而遇。這個不知天高地厚的布三力排

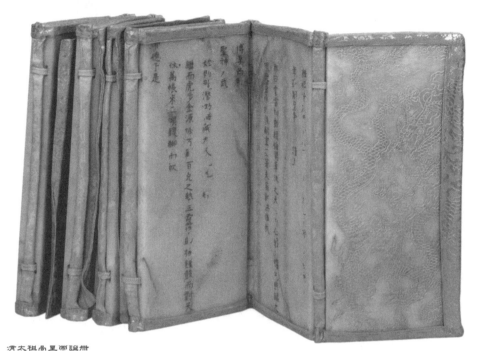

清太祖高皇帝諡冊

玉質，10片，現藏於北京故宮博物院。

眾議咄咄反詰：此地至遼陽稍息可至，何必非要住下呢？並且逼迫大家起身前行。於是，這支重又上路的隊伍直至深夜才到達遼陽城。事後，努爾哈赤命人對布三進行審理。布三的用意也許不會怎麼惡毒，可是上司一口咬定他有過失。直率的布三承認事情屬實，但拒不認錯。在眾福晉到達遼陽的第三天，阿胡圖和布三各自在征戰中掙來的參將職務被一擼到底，降為白身，並且所得賞物被盡數沒收。這段插曲正反映出當時滿洲勇士的作為和處境。

　　努爾哈赤佔領遼陽之後，立即做出另一個重要措施，召回離異將近一年的阿巴亥，將其復立為大妃。

　　這件事證明努爾哈赤對可愛的阿巴亥確實情有獨鍾，絕非那個與她幾近同時被轟出去的繼妃袞代之輩可比。皇帝身邊被趕走的女人太多了，不論她們此前多麼高貴，一經出宮，淪落民間，能有幾個獲得回頭的機會？剛愎自用的努爾哈赤能把「重婚」的決定做得這樣果斷必有深刻的原因。63歲的努爾哈赤對女人的感動已經失去敏銳，何況天下不乏美人。阿巴亥之所以能浮出政壇，是因為她的重要，她持家理政、相夫教子的能力出類拔萃。眾福晉

的身影曾多次在努爾哈赤的腦海裡一一濾過。秀美、端莊、勤勞、誠實、儉樸、堅毅都是她們為妻的美德，就連她們的刁鑽、自私、懶散也可以容忍；她們都有對權力的渴望，並為此而不停地做著卑鄙的手腳，但是，這群幾乎什麼都具備的女人，就是缺少一種政治上的豁達、縝密、遠見。後金進入遼瀋，雄心不已的努爾哈赤將有更大的動作，現在身邊的這些女人難挑重任。

時代選擇了阿巴亥，她的才情吻合了努爾哈赤時代需求的苛刻檢驗。果然，她在厄運中非但沒有頹廢，反而經過風雨的歷練而更加成熟。阿巴亥鮮亮如初。她再次介入到諸王和眾妃建構的政治格局當中，重新與他們交誼和對峙。她嶄新的政治生涯開始了，其實這也為她以後的悲劇埋下了伏筆。

阿巴亥復出後，關於眾福晉活動的筆墨也開始出現。努爾哈赤的女人逐漸從閨閣走上政殿，從京城走向野外，她們不再是帝王的附庸，她們有組織地從事一些政務，她們給努爾哈赤以政治的鼓舞，這一切與眾妃之首阿巴亥的作用息息相關。時代也需要女人登上歷史的舞臺，發揮自身的才情。據清朝入關前較為廣泛翔實的官方記錄《滿文老檔》記載：自天命元年（1621）八月二十八日，東京城在遼陽太子河北岸山岡奠基。眾福晉在努爾哈赤和大妃的率領下，出席慶賀大典。這是他們未來的皇都，一方吉祥之地。前來參加活動的還有諸貝勒、眾漢官及其妻室。「八旗宰八牛，各設筵宴十席，大宴之。又每旗各以牛十頭賞築城之漢人。八旗八遊擊之妻，各賞金簪一杖。」這是何等闊氣的儀式。眾福晉點綴其中，讓歷史留下她們為努爾哈赤的事業助陣的呼聲。

天命七年（1622）二月十一日，眾福晉冒著早春寒冷，奔赴將士們戰鬥的前線。十四日，她們到達廣寧，統兵大臣一行人等出城叩見。衙門之內，路鋪紅氈，努爾哈赤坐在高高的龍椅裡。巳時，「大福晉率眾福晉叩見汗，曰：汗蒙天眷，乃得廣寧城。再，眾貝勒之妻在殿外三叩首而退。嗣後，以迎福晉之禮設大筵宴之」。史家在這裡勾勒了大妃阿巴亥一幅政治秀，由此更加證明阿巴亥有作後宮領袖的實力。阿巴亥和她手下的女人們，大約在血火前線的廣寧停留了3天，於十八日隨努爾哈赤返回遼陽。

重建的赫圖阿拉城的汗王寢宮
這裡曾是努爾哈赤日常起居的地方。

　　天命八年（1623）年正月初六，努爾哈赤攜眾福晉出行，「欲於北方蒙
古沿邊一帶擇沃地耕田，開放邊界」，他們沿遼河曉行夜宿，踏勘、行獵，
把女真人的英武「寫」在雪地冰原上，直至元宵節的前一天返回。

　　天命八年（1623）四月十四日，眾福晉又一次隨努爾哈赤為墾地開邊出
行。是日，他們由東京城北啟程，經由彰義至布林噶渡口，溯遼河上游至渾
河，二十二日返回。後金政權的迅猛發展，糧食供給成為燃眉之急，努爾哈
赤與他的女人們於曠野中的如此旅遊，不會有多少浪漫的成分。

　　這一次出行的情形大不相同。天命八年（1623）九月中旬，眾福晉又一
次走出東京城堡，跟隨努爾哈赤的儀仗，暢遊於山河之間，為期12天。此
間，除了狩獵、捕魚，訪問田莊、臺堡，還參與接見蒙古貝勒，以及為大貝
勒代善之子迎親。整個行程有聲有色，其福晉們的作用大焉。

　　《滿文老檔》作了詳盡的記載：天命十年（1625）正月，汗率眾福

晉，八旗諸貝勒、福晉，蒙古諸貝勒、福晉，眾漢官及官員之妻，至太子河冰上，玩賞踢球之戲。諸貝勒率隨侍人等玩球二次之後，汗與眾福晉坐於冰之中間，命於三邊等距離跑之，先至者賞以金銀，頭等各二十兩，二等各十兩。先將銀置於十八處，令眾漢官之妻跑往取之；落後之十八名婦人，未得銀，故每人賞銀三兩。繼之，將每份二十兩銀置於八處，令蒙古小台吉之妻跑往取之；落後之八名婦人，各賞銀十兩。繼之，將每份銀二十兩、金一兩置於十二處，令眾女兒、眾小台吉之妻、福晉及蒙古之眾福晉等跑之，眾女兒、從小台吉之妻及福晉等先至而取之；蒙古眾福晉落於後，故賞此十二名女兒金各一兩、銀各五兩。跑時摔倒於冰上者，汗觀之大笑。遂殺牛羊，置蓆於冰上，筵宴，戌時回（東京）城。

努爾哈赤留在遼陽的笑聲似乎還沒有消弭，他的生命旅程卻將要走向終點。明天啓六年即天命十一年（1626）正月，68歲的努爾哈赤親率6萬八旗軍，號稱20萬大軍，渡過遼河，如入無人之境，向孤城寧遠猛撲而來。守城者袁崇煥，42歲，進士出身，是員儒將。

二十三日，努爾哈赤命離寧遠城5里安營，橫截山海之間的大路。努爾哈赤採取「先禮後兵」的策略，先放回被俘漢人捎勸降書給袁崇煥說：獻城投降，高官厚賞；拒絕投降，城破身亡！袁崇煥回答說：「義當死守，豈有降理！」二十四日，努爾哈赤派兵猛力攻城。城堞上，箭頭如傾盆雨；懸牌上，矢鏃如刺蝟皮。後金兵攻城不下，努爾哈赤命軍士冒死鑿城挖洞。後金兵將城牆鑿開三四處高約兩丈的洞口，明守軍拋火球、扔火把燒挖城之敵。當城牆快被挖穿時，袁崇煥親自帶兵用鐵索裹著棉絮蘸油點燃，垂下來燒挖城之敵。他的戰袍被射破，肩臂受傷，仍舊堅定指揮，不下火線。二十五日，袁崇煥命用西洋大炮，從城上往下轟擊，重創八旗軍。努爾哈赤對這種新引進的西洋大炮，其來源、其特點、其性能、其威力，一無所知，毫無準備。炮過之處，死傷一片。官兵害怕，畏縮不前。努爾哈赤親自督陣，後金將領持刀驅兵向前，快到城下，畏炮又退。有史料記載：城上西洋大炮擊中黃龍幕，傷一大頭目，用紅布包裹，官兵抬去，放聲大哭。這個「大頭目」

就是天命汗努爾哈赤。

努爾哈赤一生戎馬馳騁44年，幾乎是百戰百勝，可謂歷史上有名的常勝統帥。但正所謂勝利會腐蝕聰明，權力會衝昏頭腦，他太自傲，太輕敵了。天命汗晚年，被勝利和權力腐蝕了聰明，沖昏了頭腦，犯下錯誤，吞下苦果。天命十一年（1626）正月的寧遠之敗，是努爾哈赤起兵以來所遭遇到的最重大挫折。此後，天命汗鬱鬱寡歡，陷入苦悶。八月十一日，在瀋陽地區憂憤而死，將他未盡的事業留給了他的後繼者。

在努爾哈赤死去18個小時之後，他最寵愛的大福晉阿巴亥被四大貝勒逼迫生殉，大金國的這樣一個女強人就這樣倒下了。跟阿巴亥同時陪殉的除了庶妃阿濟根，還有那個向她擊射暗箭的小妃德因澤。不知道阿巴亥最終能否原諒那個熱衷於搬弄是非的小女人？無論卑鄙無論崇高，無論渺小無論偉大，無論得寵無論失愛，她們各自的終點卻是那個共同的土堆，歷史的如此安排讓人唏噓不已。

大 清 皇 后 檔 案					
姓名	博爾濟吉特‧布木布泰	職務	皇太后		
生年	1613	卒年	1689	享年	76歲
諡號	孝莊文皇后		陵寢	清東陵外昭西陵	
家庭關係	(父親) 寨桑 (母親) 不詳 (子女) 1子3女				
婚姻狀況	初婚：13歲出嫁		配偶：皇太極		
人生最得意	輔助兩帝		人生最失意	婚姻不順	
人生最不幸	兒子無能		人生最痛苦	死後獨葬	

懿德永存的兩朝興國太后

孝莊文皇后

　　孝莊皇太后，科爾沁蒙古人，生於明萬曆四十一年（1613），卒於康熙二十六年，享年虛歲76歲。本名爲布木布泰，虛歲13歲時嫁給（清太宗）皇太極。到她30歲時，時年52歲的皇太極逝世，6歲的福臨在瀋陽即位，尊30歲的莊妃爲皇太后，翌年改年號爲順治。順治十八年，順治帝福臨死，其第三子玄燁即位，時年8歲，尊其祖母爲太皇太后。此時，她48歲。

　　她成功地做了皇太后，又成功地做了太皇太后。她是中國歷史上唯一的一位兩任皇太后，也是中國歷史上唯一的一位管事的太皇太后，也是不垂簾的太皇太后。在當太皇太后之前，她當了18年的皇太后。

輔佐順治登基固位

　　河北遵化縣馬蘭峪的清東陵，群山環抱，蒼松掩映，乃清初順治皇帝親點的「萬年吉地」。清代在這裡先後修建了9座帝后陵和5座妃園寢，安葬著順治、康熙、乾隆、咸豐和同治5位皇帝和眾多后妃。今天，清東陵已被列入世界文化遺產，成為一處著名的旅遊風景區，吸引著眾多遊客紛至沓來。

　　進入陵區，人們首先看到的是昌瑞山下一座孤立於風水牆外的陵園。仔細觀覽，於殘垣斷壁間仍可發現其規制相當特殊。該陵沒有馬槽溝、玉帶河和拱橋，但陵前建有神道碑亭。進入大門，但見其三座門位於享殿之前，隆恩殿已拆，僅存基址。有資料及舊照片顯示，該

《莊妃朝服像》
清宮廷畫家繪，現藏於瀋陽故宮博物院

殿並非帝后陵中常見的歇山頂，而是規格更高的重簷廡殿頂，凸顯陵主的高貴尊崇。這就是昭西陵，陵中安葬的是清初有名的孝莊文皇后。

　　歷史上的孝莊文皇后，姓博爾濟吉特氏，名叫布木布泰（或譯作本布泰），野史傳說中說她名叫大玉兒實在沒有根據。她出生於明萬曆四十一年二月初八日（1613年3月28日），是蒙古科爾沁部貝勒寨桑的二女兒。科爾沁蒙古較早就歸附了後金，並與後金聯姻，以鞏固雙方的政治聯盟關係。後金天命十年（1625）二月，時年13虛歲的布木布泰由哥哥吳克善伴送至後金新都遼陽，嫁給了努爾哈赤第八子34歲的皇太極為側福晉，也就是偏房。而早

27

在11年前,她的親姑姑哲哲已嫁與皇太極爲正房大福晉,9年以後的天聰八年(1634),已繼承汗位的皇太極又娶了她的姐姐海蘭珠,於是姑侄3人同事一夫。

婚後,布木布泰接連爲皇太極生下3個女兒。天聰三年(1629)生皇四女,後來受封爲固倫雍穆長公主;天聰六年(1632)生皇五女,後來受封爲固倫淑慧長公主;次年,又生下皇七女,後來受封爲固倫端獻長公主。三位公主,成年後分別嫁與蒙古貴族弼爾塔哈爾、色布騰和鏗吉爾格。

到了1636年,皇太極改國號爲大清,稱帝於盛京(瀋陽),同時建立後宮制度,在其眾多妻妾中分封了五宮后妃。布木布泰被封爲莊妃,居次西宮——永福宮,皇太極頒給她的冊文用滿、蒙、漢3種文字寫成,文辭簡約:「……茲爾本布泰,係蒙古科爾沁國之女,夙緣作合,淑質性成。朕登大寶,爰仿古制,冊爾爲永福宮莊妃。爾其貞懿恭簡,純孝謙讓,恪遵皇后之

大政殿
清太宗皇太極在此舉行登基大典。

訓，勿負朕命。」莊妃的姑姑哲哲當然是正位中宮為皇后，比莊妃後入宮的姐姐海蘭珠被封為宸妃，位居東宮——關雎宮，地位僅次於皇后。其他兩位西宮麟趾宮貴妃、次東宮衍慶宮淑妃，原為察哈爾蒙古林丹汗之妻，皇太極征服察哈爾部後娶之，並作這樣的安排，主要是出於政治上的考慮。因此，在後宮中，莊妃姑姪的地位是最突出的，除姐姐宸妃最受恩寵外，最年輕的莊妃也是比較受寵愛的。特別是崇德三年（1638）正月，宸妃所生被皇太極視為皇嗣的皇八子夭折，莊妃恰逢時機地於兩天後生下了皇九子福臨，更加抬升了她的地位。

清代官書稱莊妃曾「輔佐太宗文皇帝」，但在太宗皇太極時期，年輕的莊妃還不大可能在政治上有多少展露與作為。只有民間盛傳「莊妃勸疇」的故事，為後來「太后下嫁」之說作了鋪墊，似乎說明了這位聰明美麗的莊妃娘娘慣施美人計。崇德七年（1642），明清松錦大戰，關外明軍的最高統帥薊遼總督洪承疇兵敗被俘，被押解到盛京。皇太極迫切希望洪承疇能夠歸降，為其所用，遂派範文程等一干漢族官員輪番前往勸降。但是，洪承疇似乎意志很堅決，不為所動，在獄中絕食等死，急得皇太極一籌莫展。一天夜裡，牢門輕啟，莊妃飄然而至，手進參湯，一席話打動了洪承疇，使其回心轉意，拜倒在石榴裙下，歸降了大清，後來為清王朝立下了汗馬功勞。這個故事被很多文學作品演繹得很生動。但是據史書記載，洪承疇被俘之初拒不投降，卻被皇太極抓住了他的弱點，親自出馬招降成功。

崇德八年（1643）八月九日，清太宗皇太極患腦溢血突然病故，因為他生前未立嗣子，所以「諸王兄弟，相爭為亂，窺伺神器」。當時爭奪皇位最激烈的是在睿親王多爾袞（太宗之弟）和肅親王豪格（太宗長子）叔姪之間，兩白旗貝勒大臣支持多爾袞，兩黃旗貝勒大臣擁戴豪格，雙方劍拔弩張，大有火拼之勢。

這時善於謀略的莊妃，雖然沉浸在年輕喪夫的悲痛之中，仍不忘國事，看到了滿族貴族內部出現的繼統危機，如果處理不好，必然影響清朝的前途，因此她為了清統治政權的穩固，把個人安危置之度外，挺身而出，干預

大清后妃傳奇

29

此事，設法使自己的兒子福臨繼承皇位，以此來平衡協調多爾袞與豪格雙方的爭奪，從而制止了一場自相殘殺的悲劇。

當時她施展巧妙的政治手腕，籠絡各方力量，特別是將多爾袞叫進宮來，施加壓力，立其子福臨。在崇政殿諸王商討立嗣會議上，有人提出要立豪格，可是他對形勢估計不足，卻虛假地表示謙讓，「固辭退去」，而立於殿外的兩黃旗大臣舉行武薦，要求「立先帝之子」。大貝勒代善表示贊成，除了豪格以外，顯然包括福臨。多爾袞見此情景，雖然有人「勸睿親王即帝位」，但是他看到面對的形勢不利，而莊妃會前要求立福臨，正是擺脫眼前困境的唯一辦法，於是對自己「即帝位」，「猶豫未允」，採納了莊妃的意見，表示同意「立帝之子」。既然豪格「固辭退去」，便提出要立年方 6 歲的福臨為帝。所謂「八高山（即固山）軍兵，吾與右真王（即濟爾哈朗）分掌其半，左右輔政，年長之後，當即歸政」。

這個折衷方案，即尊重「立先帝之子」的要求，又便於日後對幼帝的控制，因此為雙方貝勒大臣所接受。莊妃在這場繼統鬥爭中取得了勝利，不僅阻止了滿族貴族的內訌，而且使其子福臨繼承了皇位，成為清朝入關後的第一個皇帝，自己則被尊為皇太后。

因順治元年（1644）清入關後，攝政王多爾袞的權勢不斷擴大，企圖做皇帝的欲望也日益增加，為此他植黨營私、打擊異己、獨專朝政，竟為自己建碑記績，命史官按帝王禮制記攝政王起居注，停止御前跪拜禮、私制御用服飾等，根本不把順治帝放在眼裡。因此「大權在握，關內關外咸知有睿王一人」。皇太后見多爾袞所作所為，深知他隨時都可能發動政變，奪取福臨皇位，這必導致滿族貴族內部混亂和鬥爭，不利於清初的統一，也不利於她們母子的命運，於是她為了對付這種危急的形勢，粉碎多爾袞奪位陰謀，保住兒子福臨的皇位，採取了以下策略：

一是韜晦之計。皇太后表面上對多爾袞準備奪位稱帝的種種行徑，皆無動於衷，置之不理。而幼帝福臨在母后的授意下，「遨嬉狡獪，漁獵鄙事，無不為之」。因此多爾袞「安意無猜，得以善全」。這就起到了麻痺和延緩

多爾袞政變的作用。

二是籠絡感情。關於太后下嫁之說，眾說紛紜。不過，蒙古族和滿族有兄死則妻其嫂的傳統習俗，後來雖經禁止，但影響仍存在。明遺臣張煌言在《建夷宮詞》一詩中云：「上壽觴爲合巹尊，慈寧宮裡爛盈門，春宮昨進新儀注，大禮恭逢太后婚。」似指太后下嫁，正史無記載。王佩環先生在《清宮后妃》一書中有敍述，卻認爲有此事。但不管怎麼說，孝莊與多爾袞加強感情聯繫，以確保福臨的地位和政局的穩定應是事實。

三是尊多爾袞爲皇父攝政王。順治五年（1648）十一月，順治帝「加

《莊妃冊文》

皇叔父攝政王爲皇父攝政王，凡進呈本章旨意，俱書皇父攝政王」。同時宣示中外，在給朝鮮國「諮文中有皇父攝政王之語」。從形式上強化多爾袞與福臨的關係，在表面上提高多爾袞的政治地位，以達到穩定、約束、限制多爾袞的作用。

莊妃的這些策略收到了很好的效果，多爾袞的皇帝夢始終未能實現。當他犯病時，曾無可奈何感歎地說：「若以我爲君，以今上居儲位，我何以有此病症。」順治七年（1650）十一月十三日，時值寒冬，多爾袞心情不好，不顧身體有病，帶領王公大臣往邊外圍獵，不慎從馬上摔下受傷，經過簡單治療，又上馬繼續追獵，此時「度不自支」，頓回到喀喇城。他見病情日益加重感到不久於人世，在彌留之際，秘召其兄「英王（阿濟格）語後事，外莫得聞」。但是從阿濟格事後種種詭秘行動分析，是對攝政王權力的交接有所安排，因此他積極「計圖攝政」。十二月九日，多爾袞病死，阿濟格「即

《順治帝朝服像》
清代宮廷畫家繪,現藏於北京故宮博物院。

遣三百騎入京」企圖逼宮奪權，製造動亂。但被隨獵的大學士剛林發現，「知其意，立策馬行日夜馳七百里，先入京」，將此情急報皇太后和順治帝。皇太后得知多爾袞已死，阿濟格派兵入京逼宮，她沉著應戰，安排「閉九門，遍告宗王、固山等為備，待三百騎至，皆鎧甲，盡收誅之，英王未知也」。然後搶先機，「派兵役監英王至京」，逮捕問罪，就這樣粉碎了阿濟格的逼宮奪權的政變陰謀。

當攝政王多爾袞死訊傳到京城，滿朝震驚，各有所思，人心浮動，謠言四起時，皇太后為了穩住政局，特別要防止多爾袞的死黨犯上作亂，授意順治帝下詔「臣民易服舉喪」，親率諸王、貝勒、文武百官出東直門迎接靈柩，以「帝禮」厚葬，追尊「義皇帝，廟號成宗」。至此，多爾袞獲得了最高的榮譽和地位，生前未能稱君，死後卻被尊為帝，這當然是個絕頂高明的策略，使多爾袞的死黨放心，不會因為他專權欺君，而罪及己身，所以沒有鬧事。

順治八年（1651）二月，議政大臣蘇克薩哈上疏告發多爾袞生前陰謀篡逆之心等罪行。於是，皇太后認為時機已到，遂徹底清算多爾袞的罪行，借此清除敵對勢力。因此，順治帝詔示中外，公佈多爾袞的罪狀，指出多爾袞「逆謀果真，神人共憤，謹告天地、太廟、社稷，將其母子並妻所得封典，悉行追奪」，並把多爾袞扶植的心腹黨羽一網打盡，有的處死，有的監禁，有的貶革，從而進一步鞏固了福臨的帝位。

多爾袞死後，解除了奪位的威脅，皇太后精心輔助其子福臨主政。首先要求順治帝努力學習漢族文化，精通治國安邦之術，同時下令把許多漢籍譯成滿文，供滿族貴族閱讀，從中吸取漢族統治經驗；其次為了加速清初統一全國的進程，積極團結漢族的文官武將，使他們成為清王朝效力工具。順治十年（1653），她把在桂林戰死的平南王孔有德的女兒孔四貞，「育之宮中，賜白金萬兩，歲俸視郡主」。同年，又把皇太極的第十四女和碩格純長公主嫁給平西王吳三桂之子吳應熊為妻。再者，明末清初的長期戰爭使社會生產遭到嚴重破壞，所以她提倡節儉，曾多次把宮中節省銀兩賑濟受災民眾

等等，這些都表現出她的深遠謀略和政治才能，確實難能可貴。

順治十六年（1659），南明永曆朝延平王鄭成功率領十多萬大軍北伐，勢如破竹，由舟山進入長江，攻佔鎮江，包圍南京，佔領江蘇、安徽四府3州24四縣，江西、浙江等省州縣也有舉旗回應的，一時震動了清廷。順治帝對江南地區突然驟變的形勢驚惶失措，束手無策，一會兒要逃往關外，一會兒又要率軍親征，皆遭到母后的反對和斥責。據史書記載：當這個噩耗傳至北京，皇帝完全失去了他鎮靜的態度，而常常有逃回滿洲之思想。可是皇太后卻對他加以叱責。她說：「你怎樣可以把祖先們勇敢所得來的江山，竟這麼卑怯地放棄了呢？」他一聽皇太后說這話，反而發起了狂暴的急怒。他拔出寶劍，並且宣誓決不變更的意志——要親自去出征，或勝或死。爲此，他竟然用劍把一座皇帝御座劈成碎塊。他還要用同樣的辦法對待一切對於這御駕親征的計畫說出一個「不」字來的人。對此，皇太后嘗試著用言辭來平復皇帝的暴躁。

不過，順治帝最終放棄親征，遵照母后旨意，派兵南下，傳旨駐守南京的江南總督郎廷佐堅守南京。最後清軍取得南京之戰的勝利，收復江南失地，進逼金、廈。所以順治帝曾這樣說：「朕自弱齡，即遇皇考太宗皇帝上賓，教訓撫養，唯聖母皇太后慈育是依。」皇太后的精心輔佐，相當程度地幫助其子順治帝在清初複雜激烈的鬥爭中獲致重大勝利。

輔佐康熙開創盛世

順治十八年（1661）正月初四日，順治帝身患「病痘」（即天花），臥床不起，高燒不止，昏迷不醒，生命危在旦夕。此時皇太后不能不考慮其子身後之事，便授意翰林院學士王熙起草遺詔。這份遺詔反映了她的思想和意向。遺詔內容宣示在以下三點：

第一，明諭立嗣。皇太后接受太宗未立嗣的教訓，避免繼統鬥爭的重演，另外又考慮到順治帝患「病痘」早逝，福臨的長子已死，次子福全未出

《孝莊皇太后便服像》
清宮廷畫家繪，現藏於北京故宮博物院。

痘，三子玄燁已出痘，於是遺詔曰：「朕子玄燁，年8歲，穎慧，克承宗祧，茲立爲皇太子。」

第二，異姓輔政。皇太后想到新帝年幼，須有重臣輔政，可是又憶起順治初年，宗室多爾袞輔政期間的種種弊病，故決定選擇非宗室大臣輔政，以便控制，更爲效忠。故遺詔曰：「特命內大臣索尼、蘇克薩哈、遏必隆、鰲拜爲輔臣，伊等皆勳舊重臣，朕以腹心寄託，保護幼主，佐理政務。」

第三，安撫滿貴。皇太后深知，清初開國之時，以策略用人，重用大批漢官，滿族貴族不滿，爲了安撫他們，在遺詔十四條罪己狀中，有三條是向滿族貴族罪己的。詔曰：「滿洲諸臣或歷世竭忠，或累年效力，宜加倚托，盡厥猷爲，朕不能信任，有才莫展。且明季失國，多由偏用文臣，朕不以爲戒而委任漢官，即部院印信間亦令漢官掌管，以致滿臣無心任事，精力懈弛，是罪一也。」以此來增強和鞏固滿族貴族內部的團結。

七日，順治帝病逝，將遺詔「佈告中外，咸使聞知」，使得順康政權交接平穩過渡，玄燁即帝位，年號康熙，尊祖母爲太皇太后。

太皇太后對年僅8歲的康熙帝十分喜愛，她爲了大清王朝的鞏固與發展，培養孫子成爲一代英主，一面加強教育，使他讀書明理，提高以國事爲重的個人素質；一面通過具體政務，增強他治國安邦的能力。康熙帝曾充滿感激之情說：「憶自弱齡，早失怙恃，趨承祖母膝下三十餘年，鞠養教誨，以至有成，設無祖母太皇太后，斷不能有今日成立，罔極之恩，畢生難報。」可見，太皇太后對康熙帝影響是很深刻的。

順治帝死後，太皇太后是清朝統治集團中德高望重一言九鼎的人物，所以安徽桐城的秀才周南，千里迢迢來到北京，請求太皇太后垂簾聽政，遭到她的嚴詞拒絕。但是她全力輔助康熙帝主政。她教導康熙帝說：「祖宗騎射，武備不可弛。用人行政，務敬以承天，虛公裁決。」雖然「太后不預政，朝廷有險，上多告而後行」，因此許多重大政務的處理與她的懿旨是分不開的。

1. 剷除鰲拜

孝莊曾對輔政大臣深爲信任，放手使用，所以輔臣權力很大，加之沒有監督和約束的機構，從而爲個別人結黨營私、擅權亂政提供了可能。由於歷史的原因及某些政見不同，輔臣中兩黃旗的索尼（正黃旗）、遏必隆、鰲拜（鑲黃旗），與正白旗蘇克薩哈的關係日漸緊張。另一方面，隨著時間的推移，鰲拜居功自傲，權力欲逐步滋長，他聯合遏必隆，擴展鑲黃旗實力，擅殺朝中與自己存有積怨的滿臣，專橫跋扈的作風愈來愈明顯。四輔臣在輔政期間當然做了不少有益的事，然而對處理滿漢關係，卻採取保守、倒退方針，在恢復祖制、首崇滿洲的旗號下，歧視漢民，使漢民的積極性受到嚴重挫傷；當時，反清復明的戰火尚未完全平息，經濟凋敝，百廢待興。但滿臣既缺乏治理經驗，又不能與漢民密切合作，以致大大妨礙了國家機器的正常運轉。這便使得一些投機分子逐步取得輔臣信任，爲非作歹，更加重了問題的嚴重性。玄燁親政前夕，已是「學校廢弛而文教日衰，風俗僭越而禮制日廢」，地方、朝中各種機制都弊端叢生。

玄燁年齡還小，對此自然難以應付，但政治經驗豐富的孝莊，卻不露聲色地密切注視事態發展，在繼續任用輔臣的同時，也採取了一些防患於未然的措施。

康熙四年（1665）九月初八日，稟照孝莊的懿旨，12歲的玄燁舉行大婚典禮，索尼的兒子內大臣噶布喇之女赫舍里氏正位中宮，遏必隆之女落選，成爲皇妃。在爲孫兒擇立皇后時，孝莊捨去遏必隆之女，選中赫舍里氏，旨在防範鰲拜利用鑲黃旗之女成爲皇后之機，進一步擴大實力；同時也是針對主幼臣驕的情況，對清朝元老索尼及其家族予以榮寵的籠絡措施。

孝莊此生還改變了皇太極和福臨時期，皇后莫不出自蒙古爾濟吉特氏的慣例。這並不意味著忽視滿蒙貴族聯姻政策，而是從鞏固皇權、安定政局的現實需要出發，反映出孝莊作爲傑出政治家的戰略眼光與靈活態度。

玄燁大婚標誌少年皇帝正在步入青年，其親理政事已爲期不遠。換言之，孝莊是以此爲孫兒早日親政製造輿論、打下基礎。當鰲拜得知玄燁選后

的結果時，因希冀落空，心懷妒忌，氣惱萬分，竟與遏必隆一起入宮「奏阻」。這恰恰證明孝莊這步棋的巧妙：既分化了四輔臣，使索尼同鰲拜之間出現芥蒂，又促使索尼更爲效忠皇室，無形中增加了皇室的力量。不過，從其後情況看，孝莊這時對鰲拜還未完全失去信任，仍希望

他在輔臣任內盡職盡責，能夠善始善終。

　　康熙五年（1666），發生換土地事件。鰲拜在索尼、遏必隆支持下，將清朝入關初期圈佔土地時分配給鑲黃旗與正白旗的土地，強行互換，並再次圈佔大量土地，致使廣大農民流離失所，加劇了滿漢民族矛盾。三輔臣還不顧玄燁的反對，矯詔將反對此舉的大學士管戶部事務蘇納海（正白旗）等3名大臣處死，造成一大冤案。這一事件說明，鰲拜並未真正領會到孝莊的包容苦心，而是在擅權亂政路上已愈走愈遠。對此，孝莊也相應採取了進一步措施。

　　康熙六年（1667）七月初七日，玄燁「躬親大政」，但輔臣們「仍行佐理」。孝莊特爲孫兒收權安排過渡階段，以使他在實踐中逐步提高；同時也讓輔臣有個適應過程，將他們因交權而產生的失落感，減少到最低限度，從而保證此次權力交接穩妥進行。

　　樹欲靜而風不止。康熙六年六月索尼去世，鰲拜實際上成爲首席輔臣，遏必隆對他亦步亦趨，蘇克薩哈更加孤立。玄燁親政後，蘇克薩哈立即請求「往守先帝陵寢」，以逼迫鰲拜、遏必隆辭去輔政。鰲拜爲清除異己，獨掌輔政大權，竟羅織蘇克薩哈的「罪狀」，企圖將他置於死地。儘管玄燁堅決反對，但鰲拜等不肯甘休，一連7日強奏，竟將蘇克薩哈及子孫全部處死，並沒收家產。

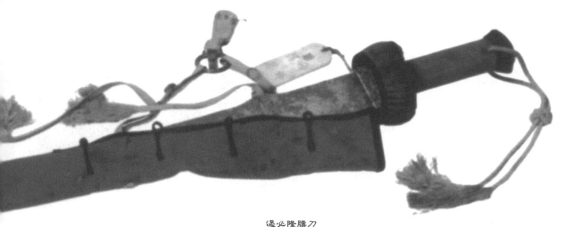

遏必隆腰刀
遏必隆，鑲黃旗人，位列輔政大臣之三。

　　蘇克薩哈被除去後，鰲拜的權勢進一步擴大，更為飛揚跋扈，欺君擅權，「文武各官盡出門下」，甚至在「御前喝叱部院大臣，攔截章奏」。玄燁去南苑狩獵時，讓隨行的鰲拜奏聞祖母，但鰲拜「乃不遵旨」，全然不把玄燁放在眼中。他的種種僭越行徑，已構成對皇權的嚴重威脅。至此，孝莊終於作出決斷，支持並指點孫兒擬定清除鰲拜集團的全盤計畫。

　　此前，孝莊讓玄燁廣泛求言，製造輿論，通過各種舉措，糾正輔臣政治上的失誤與弊端，這使朝廷上下人心振奮，玄燁威望日增，鰲拜逐漸走向孤立。與之同時，玄燁在身邊聚集起一批年輕的滿族貴族成員，他們朝氣勃勃，索額圖即是其中的突出代表。索額圖為索尼之子，孝莊太皇太后選中他的侄女赫舍里氏做皇后，加深了索尼家族與清皇室的關係，也加強了正黃旗對皇室的向心力，並影響到鑲黃旗。索額圖對玄燁十分忠誠，在清除鰲拜集團的過程中，成為玄燁最得力的助手。

　　鰲拜集團附者甚眾，盤根錯節，已控制中央機構各要害部門。為最大限度地減少動盪和不必要損失，孝莊幫助玄燁制定了「擒賊先擒王」，迅速打擊主要黨羽，震懾其他成員，穩妥解決問題的基本策略。據此，玄燁命索額圖秘密地組織起一支善於撲擊的少年衛隊，又在行動前，有意將鰲拜的部分黨羽遣往外地，以分散其力量。此外，玄燁還採取了其他一些周密部署。

　　康熙八年（1669）五月十六日，鰲拜奉召進宮，旋即被衛隊擒拿，其主

要黨羽也先後被逮捕歸案。考慮到鰲拜以往為清朝所作貢獻，玄燁對他予以寬大處理，免死，沒收家產，終身監禁；對其眾多追隨者，也只處死最主要的數人，其餘一律寬免；就連遏必隆也被免罪，僅革去太師，後又給還公爵，值宿內廷，恢復對他的信任，從而團結了鑲黃旗。

剷除鰲拜集團，排除了威脅皇權的潛在危險，掃除了清朝向前發展的絆腳石後，玄燁真正掌握了清朝大權。他在「首推滿洲」的原則下，努力改善滿漢

清南王章

水晶質，獸鈕，現藏於北京故宮博物院。

關係，崇儒重道，發揮漢族官員積極性，發展生產，恢復經濟。在短短幾年內，政局進一步穩定，得到漢族地主階級更廣泛的擁護，經濟也開始有了起色，為其後平定三藩之亂，打下重要基礎。進而為康乾盛世開好了局。

剷除鰲拜集團這場驚心動魄的政治較量，是玄燁君臨天下後，祖母對他的一次關鍵性指導與幫助。當時，玄燁年僅16歲，還缺乏足夠的智謀與經驗。若無祖母的指教、授計，他很難在親政後第三年，便一舉粉碎這一把持朝政多年、勢力頗大的宗派集團。顯然，鰲拜集團存在時間愈長，對清朝的危害愈大，勢必積重難返；如果玄燁的治國方針受到阻撓，三藩之亂將更加曠日持久，康乾盛世的出現也會大大推遲。

另一方面，對鰲拜集團的鬥爭過程中，孝莊、玄燁祖孫相互加深了解，感情更為深厚。其間，玄燁表現出他那一年齡少有的膽略和傑出的組織才能，使孝莊滿意而欣慰；再一方面，玄燁也從祖母身上學到很多東西。除堅決、果敢的作風外，令他印象最深的，是祖母對人處事寬厚豁達的態度。正

是在祖母的影響下，他處置鰲拜及其黨羽時，運用寬嚴相濟，打擊面小，安撫、團結絕大多數朝臣的策略，收到人心安定、朝政穩固的效果。孝莊的言傳身教使康熙逐步具備一代名君所應有的寬闊心胸與氣度，這不僅在此次鬥爭中顯示出來，在他其後的漫長統治歲月裡，無論是平息黨派之爭，還是處理兩廢太子事件，或採取其他重要舉措，這種方針、策略依然完整地保留下來。足見孝莊的智慧、品德與作風，已經展現在孫兒身上，由他繼承並發揚光大了。

另外，孝莊指導玄燁寬大處理鰲拜集團，也是對當年兩黃旗大臣同心合力、擁立幼主（福臨）的回報。表明她為保護幼孫，從清朝的長遠統治計，而不得不清除對她效忠多年的老臣時，手下留情。作為一位政治家，孝莊的這種做法難能可貴。

2. 平定三藩

康熙十二年（1673）底，以明朝降將吳三桂等人為首的三藩發生叛亂。是年十一月，吳三桂在雲南「以所部兵反」；十二月二十一日，冒充「朱三太子」的楊起隆在京舉事；翌年三月，耿精忠據福建反；十五年尚之信據廣東反。與此同時，有些地方原已降清的明朝官員也紛紛響應。叛軍氣勢兇猛，很快控制了南方廣大地區，並延伸至陝西、甘肅等地。孝莊和康熙都面臨著嚴峻的考驗。

此前，吳三桂等反叛之心已露端倪，政治嗅覺敏銳的孝莊有所預感。康熙十一年十二月十六日，她提醒孫兒在天下太平之際，應不忘武備，居安思

《尚可喜像》

尚可喜，遼東人。明末降清，戰功卓著。

《紀功圖》（局部）

清代黃璧繪，描繪了董衛國在平定三藩之亂中所立的種種戰功。

危；隨後，又通過其他措施，如令儒臣翻譯儒家經典，頒賜諸臣等，幫助孫兒加強統治，進一步做好君臣關係。因此，當三藩之亂突然發生、清朝統治面臨巨大威脅的時刻，祖孫二人都表現得異常鎮靜。

吳三桂叛音剛至，康熙十三年（1674）元旦來臨。清廷仍同以往，舉行盛大朝賀與筵宴，以此向臣民顯示最高決策層無所畏懼的氣概，以及與叛軍決戰決勝的堅定信念，起到了安定朝野，鼓舞士氣的作用。

在祖母的鼓勵下，玄燁料理軍務井井有條，持心堅定。康熙十三年（1674）九月，他恢復了一度因「政務繁忙」而中斷的「每日進講」，堅持學習儒家經典。他甚至每日出遊景山騎射，對於「投帖於景山路旁」的謠言誹謗，一概「置若罔聞」。多年後，玄燁回憶道：「當時朕若稍有疑懼之心，則人心搖動，或致意外，結局則不可知也。」

康熙十四年（1675）三月，蒙古察哈爾部布林尼乘清廷集中力量對付三藩，無暇他顧之機，發動叛亂。因京城八旗精銳部分出征，部分肩負拱衛之責，前往平叛已無兵可調。正當玄燁苦思籌集兵源，及派誰充任領兵之人時，孝莊向他建議：「圖海才略出眾，可當其責。」玄燁「立召公，授以將印」。圖海果然不負重託，率領數萬名八旗家奴，迅即平定了布林尼叛亂。這一事例表明，孝莊平時對文武重臣瞭若指掌，因而能在緊要關頭，及時指點玄燁，幫助他度過難關。

平叛期間，每逢玄燁遇到棘手之事，孝莊便為之出謀劃策，並憑藉自己在朝中的崇高地位和威信，給予孫兒有力支持。舉朝官員對此無不知之，一致認為：「吳三桂叛亂以來，太皇太后心甚憂勞。」玄燁為表示對祖母的感激與愛戴，康熙十六年（1677）四月，「親撰太皇太后大德景福頌，書錦屏恭進」；同年十二月，恭進太皇太后錦衣，親撰表文中將祖母比之為「宮中堯舜」；十八年（1679）二月，孝莊67歲生日，玄燁再次親撰表文詩篇，書「萬壽無疆」恭進，詩中寫道：「喜得萬方同孝養，千秋福德共蒼穹」，「宮中堯舜兼文母，恭捧南山萬壽觴。」

因指揮得當，加之採取剿撫並用、重用漢人、孤立分化對方等一系列正確策略，平叛戰爭以清廷獲取全勝而告結束。康熙二十年（1681）十一月十四日，玄燁親至太皇太后、皇太后宮報捷。整整8年，孝莊與孫兒一起，分擔了無盡的焦慮與辛勞，當終於大功告成、普天同慶之時，他倆的內心感受，只有彼此最能理解，別人是難以真正體會到的。

孝莊在平定三藩之亂過程中起的作用，旁者是根本無以替代的，這一點舉朝盡知。可當玄燁和大臣們請求按照朝中慣例，為她加上尊號時，她卻表現了十分謙遜的作風，再三拒絕，並對奏請前來的大學士們說，8年以來，「皇帝焦心勞思，運奇制勝，故得寇盜削平，皇帝應受尊號，以答臣民之望。予處深宮之中，不與外事，受此尊號，於心未愜」。孝莊全力扶持康熙，想讓孫兒的威望通過平定三藩更加擴大，為此，她盡量掩去自己的作用，將功勞一併歸於愛孫。

從孝莊作為玄燁政治導師和保護人的角度審視，隨著玄燁不斷成熟與孝莊的日漸衰邁，康熙二十年前後，他們的關係逐步過渡到一個新的時期。直至康熙二十六年（1687）孝莊去世，儘管玄燁早已對各項政務應付自如，不再需要祖母的點撥，但還是將祖母視為顧問，「朝廷有黜陟，上多告而後行」；孝莊雖然精力不濟，但也仍同以往，時刻關懷孫兒，處處予以支持。

祖孫情深千古絕唱

古今中外，晚輩對於自己最依戀的年長之人的感情，很大一部分表現在對其健康狀況的極大關注上。玄燁也是如此。隨著孝莊年事不斷增高，他無時無刻不在牽掛祖母的身體。祖母稍有不適，他會不由自主地陷入擔憂與恐懼；祖母一旦安康，他便如釋重負，欣喜若狂。為使祖母康健，袪除病災，玄燁還採取了一些具體措施，比如他曾分別於暢春園和南苑，建造思佑寺和永慕寺，以給祖母祈求福佑；康熙二十一年（1682）二月，他親自居景山齋戒祭星，為祖母祈福，並派遣近御侍衛關保，偕同太監牛之奇、乾清宮首領太監顧文興，「祭星三年」。然而，人的生老病死乃客觀規律，玄燁的願望與所做的一切，並不能扭轉孝莊身體日漸衰弱的趨勢。

康熙二十三年（1684），孝莊72歲後，身體開始明顯走下坡路，本已有的腦血管硬化、高血壓等病症，進一步嚴重起來。從保留至今的孝莊畫像看，她晚年比較胖，當是誘發這些疾病的重要因素。

康熙二十四年（1685）六月，玄燁身體欠安，孝莊體恤愛孫「命往關外避暑靜攝」。玄燁遂遵旨，協同皇太子、皇長子巡幸塞外。不料玄燁返京前，八月二十八日深夜，孝莊突然中風，右肢麻木，言語不清。孝莊的近侍太監崔邦吉立刻告知，請太醫共同診視、商議，又增加幾味藥，開下藥方，很快配製煎好，給孝莊服用。幾位太醫稟告聞信趕來的裕親王福全、內務府總管圖巴等人：太皇太后「脈尚好，斷無大妨」。服藥後，孝莊的病情迅速緩解。八月二十九日黎明，她吩咐一直在身邊守候的福全傳旨：「著蒙古喇

大清后妃傳奇

《康熙帝出巡圖》

清宮廷畫家繪，現藏於北京故宮博物院。

嘛奈寧呼圖克圖看視。」奈寧呼圖克圖診視後，認為「太皇太后中風乃因不潔食物入口而致」，並建議由包括他本人在內共4名喇嘛，當日起即在慈寧宮花園誦經。孝莊同意了這一做法。

九月初一日，玄燁接到圖巴等人關於孝莊突然發病的奏報，心急如焚，在摺子上作了簡短朱批：「知道。朕從速返回。」他星夜兼程，初二日正午抵京後，直奔慈寧宮祖母榻前。當玄燁看到祖母「慈體已安，尚在服藥」，才稍稍鬆口氣。他為祖母「親侍進藥，侍奉至夜半」。此後數日內，玄燁每大兩三次去祖母宮中問安探望。

由於醫治及時，對症下藥，孝莊的身體逐步恢復。為感謝神明的「助佑」，她下旨「修葺廟宇」，特命玄燁於康熙二十四年九月十八日「吉

45

日了，前往白塔寺（位於今北京阜城門內）進香禮拜。十八日當天，玄燁正準備從宮中動身時，突然電閃雷鳴，下起瓢潑大雨。近侍擔心雨大路滑，泥濘難行，請求玄燁稍停片刻，等雨停後再去。玄燁沒有同意，他說：「近固螢祖母偶爾違和，朕心憂慮。今日痊癒，甚爲慶幸，伺憚此往。」說完毅然冒雨祈祉。玄燁爲了滿足祖母的心願，爲使祖母能保安康，冒雨而行，對他來講又算得了什麼呢。

事實證明，在孝莊宮中專設御醫，晝夜值寧的措施，對於她此次中風後得到妥善救治，起到決定性作用。翌年五月，玄燁諭令吏部嘉獎兩位有功的御醫：「昨年太皇太后聖體偶有違和，命太醫院御醫李玉白、張世良殫心診視，恭酌方藥，今已萬安，朕心歡悅。伊等恪盡殿職，爾等可量加議敘。」可見孝莊自康熙二十四年秋發病，經醫治大大緩解後，又過了半年多時間，才完全康復。

孝莊初癒不久，康熙二十五年（1686）二月，迎來她的74歲生日。玄燁特「上太皇太后萬壽表」，上面寫道：「臣幼荷深思，長資明訓，孝養難酬，罔極尊崇，聊展承歡，伏願景命彌新，純禧益茂，東朝永範，億萬年而成算，祖母常來。」在此前後，玄燁還專爲祖母鑄造了一尊高73公分的黃銅鍍金四臂觀音像，其蓮座下沿刻有滿、蒙、漢、藏4種文字寫成的銘文：「大清昭聖慈壽恭簡安懿章慶敦惠溫莊康和仁宜弘靖太皇太后，虔奉三寶，福庇萬靈，自於康熙二十五年，歲次丙寅，恭奉聖諭，不日告成。永念聖祖母仁慈，垂佑眾生，更祿菩薩感應，聖壽無疆云爾。」這尊佛像後來一直被供奉在慈寧宮大佛堂。

萬壽表和四臂觀音像，是玄燁獻給祖母74歲生日的兩件珍貴禮物，反映出他感戴祖母，企盼祖母健康長壽的真切心願。

康熙二十六年（1687）冬天，是玄燁一生永難忘懷，感情歷程中最痛苦的日子。正是在此時，他平日最爲擔心，不願想也不敢想的事，終於發生。

是年十一月二十一日，75歲高齡的孝莊「舊症復發」，「疹患驟作」，病勢兇猛，不同以往。從這一天起，玄燁處理完政務，便立即趨至慈寧宮

昭西殿
孝莊皇太后之墓，位於今河北遵化清西陵墓群之前。

侍疾。他守候在祖母的床邊，「衣不解帶，寢食俱廢」，為祖母「親調藥
餌」。孝莊入睡時，他「隔幔靜候，席地危坐，一聞太皇太后聲息，即趨至
榻前，凡有所需，手奉以進」。孝莊心疼孫兒，多次讓他回宮休息一下，但
玄燁執意不肯稍離。他「唯恐聖祖母有所欲用而不能備，故凡坐臥所須以及
飲食肴□。無不備具」，就連米粥也準備了三十多種，以供祖母所求。

　　為挽救祖母的生命，玄燁「在宮中五日不竭誠默禱」。十一月二十七
日，他下詔刑部，除十惡死罪等重犯外，其餘一概降等發落，希望能以此好
生之德，感動上蒼，保佑祖母轉危為安。然而，孝莊的病情仍在加重，「一
日之內，漸覺沉駕，且夕可慮」。萬般無奈之下，玄燁不顧眾臣反對，斷然
採取了一項前所未有的舉措。

　　十二月初一日凌晨，寒風刺骨。玄燁率王公大臣從乾清宮出發，步行前
往天壇致祭。事前他親自撰就的祭文中說：伏懇蒼天佑助，「憫念篤誠，立
垂昭鑒，俾沉痾迅起，遐齡長延。若大數或窮，願減臣齡，冀增太皇太后數

47

年之壽」。玄燁跪在壇前，滴淚成冰，在場王公大臣無不感泣。34歲的玄燁竟然乞求上蒼，以減少他本人的壽命為交換，盡可能地延長孝莊的生命，足見他對祖母感情之深，依戀之至。

可是，玄燁的赤誠並沒有感動上蒼，這次不同尋常的天壇之行，未能取得他期望的效果。由於為祖母延長壽命的願望未能實現，玄燁從此放棄親詣天壇求雨的做法，這從一個方面，反映出祖母之死對他所產生的巨大影響。

康熙二十六年十二月二十五日，孝莊與世長辭。彌留之際，她囑咐玄燁：「太宗文皇帝欑棺安奉已久，不可為我輕動，況我心戀汝皇父及汝，不忍遠去。務於孝陵近地，擇吉安厝，則我心無憾矣。」她知道孫兒對她的感情，擔心孫兒過度悲傷，特在遺詔中指出：「唯是皇帝大孝性成，超越千古，恐過於悲痛，宜勉自節哀，以萬機為重。」「其喪制，悉遵典禮，成服後三日，皇帝即行聽政。」又叮囑身為皇太后的兒媳：「我病若不起，皇帝斷勿割辮。」

儘管玄燁已有心理準備，但事情真的到來時，仍然難以承受。孝莊逝世後一連十餘日，玄燁水漿不入口，以至吐血昏迷。他違反清朝后喪皇帝例不割辮的祖制，不遵祖母遺旨，不聽皇太后勸告，毅然割辮；又拒絕臣子關於「我朝向日所行，年內喪事不令逾年」的奏告，決定將孝莊欑棺安放在慈寧宮內，直到翌年正月十一日發喪。

康熙二十七年（1688）新春佳節，玄燁堅持於慈寧宮為祖母守喪。他「每念教育深思，哀痛實難自禁」，慟哭不止如前。正月十一日，孝莊的欑棺被遷往朝陽門外殯宮，發喪時，玄燁「割斷轎繩」，堅持步行；途中每次更換抬欑棺的扛夫時，也「必跪於道左痛哭，以至奉安處，刻不停聲」。玄燁執意為祖母持服守喪二十七個月，後經百官士民再三勸奏，才勉強同意依照祖母的遺囑，「以日易月，二十七日而除」。

連續60天「不寬衣解帶，猶未盥洗」的侍疾、守喪生活與巨大悲痛，幾乎摧毀了玄燁的身體，他「足疾雖痊，舊病叢生」。直到正月下旬，「力疾御門理事」時，還得令人扶著出入。玄燁晚年的高血壓及心臟病等病症，很

蘇克薩哈謹守東陵處
蘇克薩哈，正白旗人，頗有才智，廣攬賢士，後被權臣鰲拜絞殺。

可能就是此時落下的病根。

康熙二十七年四月，玄燁親自護送祖母的櫬棺，前往遵化孝陵以南剛剛
建成的暫安奉殿。孝莊去世後，玄燁諭令禮部並傳諭諸王、大臣：「太皇太
后祭物，俱照世祖皇帝往例。」表明祭祀孝莊的規格，完全同皇帝相同。

撫今追昔令人感慨

孝莊與玄燁，是一對不平凡的祖孫，他們之間多方位、多層次的關係，
給人啓迪，令人深思。對孝莊來講，玄燁不僅僅是親孫子，在他身上，還
傾注了自己對兒子福臨的眷戀與負疚之情。她事實上給了玄燁雙份的愛，將
她作爲一位母親對親生兒子的愛，與作爲一位祖母對親孫子的關懷，融爲一

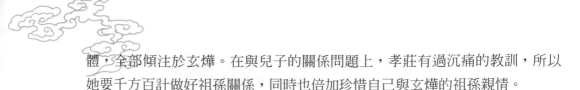

體，全部傾注於玄燁。在與兒子的關係問題上，孝莊有過沉痛的教訓，所以她要千方百計做好祖孫關係，同時也倍加珍惜自己與玄燁的祖孫親情。

在玄燁心目中，孝莊不僅是自己的親祖母，正像他本人所講的那樣：「朕自八齡，皇考世祖章皇帝賓天，十一歲，又逢皇妣章皇后崩逝。早失依恃，未得久依膝下，於考妣音容，僅能仿佛，全仗聖祖母太皇太后撫育教訓。」他對祖母「晨昏依戀三十餘年」，感到「依聖祖母膝下，如親皇考妣音容」。玄燁將孝莊視為自己的親生父母，同時也將孫兒的親情和孝敬，與作為兒子未能給與父母的回報，合在一起，一併給了祖母。

孝莊與玄燁同時又是導師與學生的關係。在培育孫兒的過程中，她始終站得高，看得遠，目標明確，寓愛於教。她對玄燁既疼愛備至，又要求嚴格；既充滿祖母深情，又不失一位導師的威嚴。她認真總結、吸取教育兒子福臨時的經驗教訓，不斷改進方法，終於按照她心目中的模式，將玄燁培養成一位十分出色的皇帝。這對清朝的鞏固與康乾盛世的出現，起到了不可估量的作用。孝莊在兒子福臨身上沒有能實現的目標與願望，在孫子玄燁身上終於達到；從兒子那兒未能獲得的愛與慰藉，終於從孫兒這裡得到了補償。

玄燁不僅天資聰慧，其自幼所處環境與清朝面臨的局勢，使他很早就具有憂患意識和緊迫感，所以能比較自覺、主動地按照祖母的指教，在各方面發奮苦學，不斷提高治國能力；當他政治上完全成熟，可以獨立處理國務後，祖母仍是他的導師和顧問。玄燁將自己的一切歸功於祖母，他由衷地佩服祖母、敬重祖母，感激祖母的教育與培養。

孝莊能夠培育出這樣一個學生，原因是多方面的，就其個人而言，關鍵是具備完成這一艱巨育人任務的品格、素質、才能和修養。

首先，前面已經說過，她自己就很熱愛學習。「無它好，獨嗜書史」，「知書明理」，對滿、蒙、漢三種文化都有一定了解，同時又有在皇太極、福臨兩朝三十幾年的為政經驗。所以，無論安排孫兒的學習，還是指導孫兒處理政務，都得心應手，遊刃有餘。其次，她深沉、堅韌、果斷、敏銳，心胸寬闊，待人比較寬厚，這些對於玄燁的性格與氣質，都起到潛移默化的影

響。再者，孝莊極為關注清皇室即清朝的前途和命運，關心朝政，「素以愛民為念」。福臨去世後，她雖然成為清廷的頭號人物，卻很少權力欲望，甘心退居幕後，除去牢牢掌握清朝大政方針的最後決定權外，一意扶持、培養孫兒，並於孫兒成長的過程中，逐步將權力移交給他，從而完全排除了祖孫之間存在權力之爭的可能。正是由於這種遠見卓識，她才能夠充分發揮出自己的智慧和才能，在培養玄燁方面，收到圓滿效果。

孝莊與玄燁的祖孫關係，還具有滿漢兩種道德、倫理觀相互作用、相容並蓄，兩種文化相互融合的鮮明特點。玄燁的孝養思想，除去孫兒愛敬祖母等滿族固有的樸素成分外，還展現出漢族封建倫常準則。玄燁曾說：「朕孝治天下，思以表率臣民，垂澤後裔。」他為祖母所做一切，既是出自真情，也是基於統治需要，旨在給自己的兒孫、臣民作出榜樣，希望他們能像自己對待孝莊那樣對待自己，忠於朝廷，從而達到鞏固皇權統治，保證國泰民安的根本目的。

康熙二十二年二月，玄燁命禮部議定：「皇上在太皇太后、皇太后前行禮時，和碩親王以下，貝勒以上，內大臣、侍衛、大學士等，照常隨行禮，八旗一品大臣各部院衙門滿漢尚書，俱令在午門外眾班內行禮。」可見他不是將自己對長輩的孝敬，僅僅視為家庭內部祖孫、母子之間的事，而是有意識地納入朝綱，要求全體朝臣遵循無誤。這也是封建皇帝家天下具體展現的一個方面。

總之，孝莊身為祖母，在與孫兒玄燁的相處中，始終處於主動地位，起著關鍵性作用。可以說，是她精心培養起與孫兒的感情，精心設計了這種她所滿意的祖孫關係，精心培育出了一位中國封建社會屈指可數的明君。這是代表新興少數民族統治者的滿洲貴族，入主中原後正處於蓬勃向上時期才能出現的現象。在古代中外歷史上，也很非常罕見的。

大 清 皇 后 檔 案				查無此照
姓名 鈕祜祿氏		職務 皇后		
生年 1697	卒年 1777	享年 86歲		
謚號 孝聖憲皇后		陵寢 泰東陵		
家庭關係 （父親）凌柱 （母親）不詳 （子女）1子				
婚姻狀況 初婚：13歲出嫁　　　　配偶：雍正				
人生最得意 福命最好		人生最失意 出身寒微		
人生最不幸 身世不為後人所知		人生最痛苦 中年喪夫		

雍正朝名后孝聖憲皇后鈕祜祿氏

鈕祜祿氏生平小傳

　　孝聖憲皇后，鈕祜祿氏，生於康熙三十年（1697），滿洲鑲黃族人四品典儀官凌柱之女。13歲時入侍雍和宮邸，為雍王胤禛之側福晉。

　　一次，雍王患時疫，病情嚴重，幾乎喪命，鈕祜祿氏侍奉殷勤，煎湯熬藥，無不周到。雍王康復後，對其尤有鍾愛。康熙五十年八月十三日，生皇四子弘曆於雍和宮邸。弘曆12歲時隨父雍王初侍康熙帝，宴於牡丹臺，康熙帝見皇孫弘曆聰穎過人，十分喜愛，便接至皇宮去讀書，親自撫養，並稱弘曆「是福過於予」；連聲稱鈕祜祿氏是有福之人。為此，鈕祜祿氏更得雍王的恩寵。

《厄魯特蒙古圖》
清代明福繪，現藏於中國歷史博物館。

　　雍王登基爲雍正帝，先封鈕祜祿氏爲熹妃，進而晉爲熹貴妃。雍正元年
八月，雍正帝密建皇儲，將弘曆名字書寫好，放於乾清宮「正大光明」匾
額之後。弘曆25歲即帝位，根據雍正帝遺命，母以子爲貴，封熹貴妃爲皇太
后。

　　乾隆帝視其爲國母，有言必遵。有一次太后偶然提及順天府東有廢寺當
重修，乾隆帝立即遣員撥款修蓋，並告誡宮監，今後有事應事先看出，不
應讓太后勞神指派。乾隆在位期間3次南巡，3次東巡，3次巡幸五臺，1次
巡幸中州，以及謁東陵，獵木蘭，皆奉陪太后同行。平日與其左右不離，遇

萬壽節必率諸王、大臣行禮慶賀，60、70、80慶典，一次比一次隆重。特別是太后80大壽，年已60的皇帝還彩衣蹈舞，承歡膝下，使太后享盡了人間的「福、祿、壽」。《裕陵神功聖德碑文》中言乾隆帝「事孝聖憲皇后四十二年，晨昏問侍，扶掖安輦，極尊養之，隆祝厘讓，善至於終身」。乾隆四十二年正月，86歲的太后駕薨，舉國致哀，尊徽諡號定為「崇慶慈宣康惠敦和裕壽純禧恭懿安祺寧豫孝聖憲皇后」，葬於泰東陵。

鈕祜祿氏的身世探討

如果是普通平民百姓，出生在什麼地方，對家庭來說可能算是一回事，但對民族、對國家來說並沒有什麼影響。然而，乾隆皇帝卻不同，乾隆的出生地同他的生母是誰密切關聯。大家為什麼關心乾隆的生母是誰呢？因為乾隆的母親「出身名門」或「出身微賤」，會直接影響到乾隆及其接班人嘉慶的皇位、事業；如果乾隆的母親是漢族人，則又關涉到更為複雜的政治問題和民族問題。乾隆的生母，正史記載為「原任四品典儀官、加封一等承恩公凌柱女」；野史傳說則有多種說法，如熱河宮女李金桂、內務府包衣女子、傻大姐、村姑、海寧陳氏等等。

成書於乾隆十七年（1752）的蕭奭的《永憲錄》卷二記載：雍正元年十二月丁卯（二十二日）午刻，上御太和殿。遣使冊立中宮那拉氏為皇后。詔告天下，恩赦有差。封年氏為貴妃，李氏為齊妃，錢氏為熹妃，宋氏為裕嬪，耿氏為懋嬪。

蕭奭在這本書中還提出：「齊妃或云即今之崇慶皇太后。待考。」就是說，在當時就有人對乾隆的生母是誰提出了懷疑。

清朝政府有個規定，皇帝家族生兒育女，每3個月要上報一次，寫明出生時間和生母。每隔10年，根據出生和死亡記錄的底稿，添寫一次皇室族譜，就是《玉牒》。在中國第一歷史檔案館保存的《玉牒》和生卒記錄底稿上，都清楚地寫著世宗憲皇帝（雍正）第四子高宗純皇帝（乾隆），於康熙五十

雍正御題之勤政親賢匾
懸掛於養心殿西暖閣內。

年辛卯八月十三日，由孝聖憲皇后鈕祜祿氏、凌柱之女誕生於雍和宮。

但是，這位鈕祜祿氏究竟是何許人也？

《清高宗實錄》說乾隆皇帝的生母鈕祜祿氏是「原任四晶典儀官，加封一等承恩公凌柱之女」。近人唐邦治先生據《玉牒》撰寫了《清皇室四譜》，其中進一步說：「鈕祜祿氏，弘毅公額亦都曾孫女，四品典儀追封一等承恩公凌柱女。」雍正元午（1723）十二月，剛即位的雍正皇帝冊封鈕祜祿氏為熹妃的冊文中也說：「咨爾格格鈕祜祿氏，毓質名門，揚休令問。」這樣，人們很容易得出乾隆生母鈕祜祿氏出身名門的印象。如果單從姓氏著眼，鈕祜祿氏既然為清開國元勳弘毅公額亦都曾孫女，而額亦都後人又被公認為是滿洲八大世家之一，說乾隆生母鈕祜祿氏「毓質名門」似乎也沒有錯。禮親王昭槤在他所撰的《嘯亭雜錄》中對「八大家」作了如下的解釋：

「滿洲氏族以瓜爾佳氏直義公（費英東）之後，鈕祜祿氏宏毅公（額亦都）之後，穆祿氏武勳王（揚古利）之後，納蘭氏金台吉之後，董鄂氏溫順公（何和里）之後，輝發氏阿蘭泰之後，烏拉氏布占泰之後，伊爾根覺羅氏某之後，馬佳氏文襄公（圖海）之後，為八大家云。凡尚主選婚，以及賞賜功臣奴僕，皆以八族為最云。」

誠如昭槤所言，瓜爾佳氏、鈕祜祿氏、納蘭氏（即那拉氏）等滿洲「八大家」由於歷史的原因，確實與清皇族愛新覺羅氏有著特殊密切的關係。僅

以清帝后妃而論，康熙皇帝的孝昭仁皇后姓鈕祜祿氏，她的妹妹鈕祜祿氏也嫁給了康熙，謚溫僖貴妃；雍正皇帝的熹妃，即乾隆生母姓鈕祜祿氏；乾隆妃嬪中有鈕祜祿氏兩位；嘉慶皇帝的孝和睿皇后姓鈕祜祿氏，另有恭順皇貴妃亦姓鈕祜祿氏；道光皇帝元后孝穆成皇后姓鈕祜祿氏，繼后孝全成皇后、成貴妃、祥妃皆姓鈕祜祿氏；咸豐皇帝元后、即人們熟悉的慈安皇太后姓鈕祜祿氏……有人作過統計，以人數而論，清帝皇妃中，姓鈕祜祿氏者位居第二。

高陽先生在論證乾隆眞正生母時，說官書所載的鈕祜祿氏必「出身滿洲八大貴族之一的鈕祜祿」，所據者，就是「鈕祜祿氏」被公認爲「八大家」之一；孟森教授從《清史稿》「外戚表」中查出乾隆生母鈕祜祿氏「祖額亦騰」，則認爲「騰」即「都」之異譯，鈕祜祿氏係弘毅公額亦都曾孫女——這即是說，他們都是依據清朝官書，並且都是從姓氏上著眼，認爲姓鈕祜祿氏者必爲出身滿洲名門的大家閨秀。

其實，這是望文生義所犯的錯誤。

張采田先生則比較嚴謹，他在《清列朝后妃傳稿》中是這樣敘述乾隆生母鈕祜祿氏家系的：「父凌柱，原任四品典儀、內大臣，雍正十三年十一月封一等承恩公。父吳祿。祖額亦騰，薩穆哈圖子，額亦都從弟。」

這段平實的記錄很重要，它告訴人們：

第一，額亦騰並非大名鼎鼎的清開國元勳額亦都，而是額亦都的「從弟」，即叔伯兄弟。

嚴格地說，乾隆生母鈕祜祿氏是額亦騰、而非額亦都的曾孫女。

第二，乾隆生母鈕祜祿氏的祖父吳祿係一白丁。

第三，乾隆生母鈕祜祿氏的父親凌柱是雍正十三年十一月乾隆皇帝剛即位尊生母爲皇太后，推恩及於外祖父凌柱，才封「一等承恩公」的。

從上述記載中，可以大致推出乾隆生母雖姓鈕祜祿氏，但不能說她「毓質名門」。八旗社會中列入「八大家」的鈕祜祿氏其實是弘毅公額亦都一支的後人。額亦都有子16人。其中櫛風沐雨，佐命開基而聞於當世者，唯圖爾

《雍正朝服像》

清宮廷畫家繪，現藏於北京故宮博物院。

格、車爾格、伊爾登、超哈爾、遏必隆5人而已。這五支之後，則名臣迭出，指不勝屈。至於額亦騰及其後人，則直至乾隆生母崇慶皇太后，無一人名於當世。乾隆生母鈕祜祿氏之父凌柱的四品典儀、內大臣官銜可能也是鈕祜祿氏封熹妃後才被恩賞的。正所謂「朝廷還有三門子窮親戚」，更何況弘毅公額亦都的從弟額亦騰的後人呢。

清制，皇子、皇孫的婚配要由皇帝親自指定，而指婚的範圍則限在八旗世家中選定的「秀女」。順治年間規定，每隔3年舉行一次選閱秀女，屆時由戶部行文京中滿洲、蒙漢軍八旗共二十四都統，同時行文外省駐防八旗及外任旗員，將應閱女子層層上報。到選看秀女之日，由秀女所在各旗官員及秀女的親屬送到大內神武門，按照排定的序列，聽候內監傳入宮門，由戶部及八旗官員共同閱視，凡記名者，準備再行選閱，未記名者，本家就可以自行聘嫁了。在候選的秀女中，皇帝要遴選相貌和人品俱佳、特別是出身名門的秀女「指與某皇子或指與某皇孫」為福晉，同時還要指配側福晉2～4名，出身自然要等而下之了。皇子、皇孫分府成婚後，府中還需侍女做些粗活，這類侍女有的也從八旗秀女中挑選、賞給，入府後談不到給予什麼名號。她們一般出身於八旗寒素之家，如外任八旗下級官吏，以至另戶軍士，閒散壯丁。在皇帝指婚時，最重視的當然是皇子的嫡福晉，因為皇子若承繼帝位，嫡福晉自然冊立為皇后；其次則重視側福晉，如嫡福晉冊立為皇后之後，不幸崩逝，側福晉循資歷而進，必繼封為皇后。至於賞給皇子的執賤役的女子，則並不過多地考慮出身。乾隆的生母鈕祜祿氏就是康熙皇帝未曾計較其出身，才將她賞給胤禛做丫環的。

《清皇室四譜》載乾隆生母鈕祜祿氏「康熙三十一年十一月二十五日生，四十三年，年十三賜侍世宗（雍正）藩邸」，就是鈕祜祿氏13歲時由康熙賜給雍正作使女的冠冕堂皇的說法。這時雍正的爵號還是貝勒，所居府邸，即今之雍和宮，那時還只稱為「貝勒府」，或「四爺府」。「貝勒府」中早已有出身名門的烏拉那拉氏為嫡福晉，兩位側福晉年氏之父為湖北巡撫年遐齡、李氏之父為知府李文燁。到了康熙四十九年（1710）冬，鈕祜祿氏

偶爾得到了一次真正「入侍」已晉升爲雍親王的胤禛的機會，第二年便生了弘曆，即後來的乾隆皇帝。但鈕祜祿氏在雍親王府中的地位並未得到顯著的改善，仍然習慣地被人們稱爲「格格」。「格格」是滿洲語，《清文鑒》釋爲「姐姐」。「姐姐」這個略表敬意又含糊不清的名稱加在爲主人生了兒子的丫頭身上再合適不過了。此後鈕祜祿氏被王府中人呼爲「格格」又持續了10餘年之久，直到雍正元年十二月被封爲熹妃爲止。

乾隆生母鈕祜祿氏何以初入侍雍正時未有嫡福晉、側福晉名號？爲什麼生育雍親王第四子弘曆後仍以「格格」名之？這些清官書不便解釋的事實自然會令人動疑，所以高陽先生才推斷說，鈕祜祿氏既出身於滿洲八大貴族，又於康熙五十年誕高宗，則不應不封福晉。但高陽進一步推斷鈕祜祿氏並非乾隆生母則有欠穩妥。這裡有一個清代官方史書有意加以諱飾的事實，即乾隆生母鈕祜祿氏雖有一高貴的姓氏，而其母家卻早已漸漸衰微了。晚清人王闓運說乾隆生母原居承德城中，「家貧無奴婢」，13歲入京師，恰逢挑選秀女，遂同姐妹們入秀女10人之列，以「容體端頎中選」，分在雍親王府邸。及雍親王夏被時疾，王妃多不往，乾隆生母「奉妃命，日夕服侍維謹，連五六旬，疾大癒，遂得留侍，生高宗」。這個說法雖有破綻，但稱自己自幼家貧，13歲挑爲秀女，分發到貝勒府邸作賤役，由於一個偶然的機會留下侍奉雍親王而生乾隆皇帝，應該是最接近乾隆生母家世的真相。然而，他的說法至今尚未得到人們應有的重視。其實，清代有的隨筆、筆記很能道出許多歷史疑案，況且王闓運作爲一著名學者應當不會信口開河。

歷史上福命最好的女人

在給予乾隆皇帝一生以深刻影響的屈指可數的幾個人之中，乾隆生母鈕祜祿氏是不可忽視的一位。以往的研究者由於未能走出清代官方史書所設下的迷陣，因而往往把她視爲無足輕重的人物。其實，要深入了解乾隆，要澄清康雍乾之際某些重大疑案，都離不開鈕祜祿氏這個出身寒微而福命最好的

女人。

　　乾隆皇帝體格健壯，壽元高厚，在中國古代帝王群中是絕無僅有的，這不能不說是得益於其母的遺傳因素。乾隆的父親雍正體弱多病，年58而終。乾隆同父異母兄弟9人，年幼夭折的5人，其中雍正嫡福晉烏拉那拉氏所出者1，側福晉年氏所出者3（年氏所生3子全夭折），側福晉李氏所出者1；其他兄弟中「格格」耿氏所出，皇五弟弘晝活到60歲，壽數最高；唯獨「格格」鈕祜祿氏所生獨子乾隆壽高80又9，這與鈕祜祿氏不能說沒有關係。

　　有學者已經銳敏地揭示出乾隆體健、高壽與其生母之間的關係，莊練先生在《中國歷史上最具特色的皇帝》一書中說：「滿清皇帝起家於關外的遊獵部族，習俗尚武，雖富貴不忘其世代相傳的騎射之風，所以在咸豐以前的各朝皇帝，不但他們自己都能馳騁鞍馬，也以此教導他們的兒子。木蘭秋獮，乃是滿清皇帝經常舉行的狩獵活動，皇帝和皇子們一起在山嶺原野之間騎馬馳突，射獵虎豹熊鹿之類的野獸，雖多危險，卻也是極好的武術訓練。乾隆在這種生活環境中長大成人，當然能夠得到很多的訓練機會，從而成為一名善於騎馬征戰的武士，雄偉壯健。但清朝的皇帝皇子們雖多身體強健，卻決無一人能如乾隆之壽至90，而且垂老不衰，這就與各人的先天稟賦有關了。皇子們的先天稟賦，得自其母后母妃的遺傳。出身富貴之家的妃嬪，不可能有強健的身體，而唯獨乾隆例外，因為乾隆之生母並非一般出生於富貴之家的妃嬪，乾隆得天獨厚之處，就在這裡。」

　　這一段關於皇子們身體素質得自於其母后或母妃的遺傳的論述大體是能成立的。名門閨秀多是弱不禁風的女子，而皇帝給皇子指婚時偏偏要從門弟著眼，忽略了其身體條件。雍正皇帝的嫡福晉和兩位側福晉都稱得上富貴之家的仕女，而所生子女多夭折；乾隆皇帝為皇子時，雍正指八旗大姓富察氏為嫡福晉，富察氏37歲病逝，她生的2個兒子先她而夭折，另外一名側福晉高佳氏出身內務府世家，也是中年而亡，且終生都沒有生育，再一名側福晉烏拉那拉氏母家也是八旗官員，她生的2個兒子、1個女兒都壽命不長。與此形成鮮明對照的是，乾隆生母鈕祜祿氏出身寒微，以王府粗使丫頭而上升為

密摺用匣之一
嚴格的奏摺制度，是由雍正確立健全的。

熹妃，幼時家境的貧苦卻造就了鈕鈷祿氏強健的體魄，去世的前一年還在乾隆奉侍下登泰山，遊幸避暑山莊，乾隆四十二年（1777）正月以86歲高齡辭世。人的壽命長短受到多種因素制約，特別是在科學不昌明的古代，皇子也概莫能外。但一般說來，后妃身體素質好的，所生皇子多高壽；而后妃的身體素質如何，又與出身門第高下有一定關係，富貴之家鮮有健碩之女，而出身寒微者倒有可能體格堅韌。康熙皇帝相看過乾隆生母鈕祜祿氏後連連說：「有福之人。」傳世的《慈寧燕喜圖》有乾隆爲其母祝壽的畫面，鈕祜祿氏方面大耳，看上去完全是一副雍容華貴的老太太模樣，但長得並不美。由此推測，乾隆生母身材高大、面目端正。乾隆皇帝天庭飽滿，地閣方圓，聲如洪鐘，這些顯性的遺傳特徵大多得自于他的出身寒微的生母鈕祜祿氏。其實從一些自然生理上來解釋許多事情，反而更通人情。

現在似乎沒有史料可以證明乾隆的性格受到了其生母的哪些遺傳影響，但鈕祜祿氏在雍邸中的微賤地位顯然給乾隆幼小的心靈打上了深刻的烙印。

鈕祜祿氏13歲時入雍邸爲侍女，7年後生下乾隆，而又過了十餘年，才被剛即位的雍正冊封爲熹妃，其名位仍在皇后烏拉那拉氏、貴妃年氏和齊妃李氏之後。這時，乾隆已十二三歲了，自己生母在雍親王府中的「格格」身份、由此而連帶的自己爲侍女所出的卑下處境，不能不給這個天生傲骨的少

年以深深的刺激。有人曾取笑乾隆是個「立嫡迷」，卻不真正了解乾隆內心的苦衷。乾隆從自己的痛苦經歷中深深體味出，儘管是金枝玉葉，若生母卑賤，在王子群中仍要備受白眼和欺凌；他無論如何不想使密定的皇太子重複自己走過的一段苦難經歷，因而一再堅持立元后嫡子為太子，直至徹底絕望才罷手。

在乾隆皇帝中年以後病態般的聚斂無厭心態中，似乎也隱隱看到其生母影響的影子。誠然，乾隆生在帝王之家，但他並不完全等同於富貴人家的紈褲子弟。他確實揮金如土，鋪張浪費，以最大限度地顯示富有四海的太平天子氣象；但他更注重斂財，在他內心深處有一種囊括天下財寶於一身的強烈欲望。人們可以舉出許多種理由對此作出解釋，不過幼年時期的乾隆因生母貧賤而留下的種種不可磨滅的印象，致使他對擁有財富無止境的追求，是不應被忽略的一個因素。總之，乾隆的鋪張粉飾也好，對財富的狂熱追求也好，其中難免讓人感到有一種暴發戶的味道在內。

而乾隆對自己的這位貧賤的母親也有著濃厚的報恩心理，在這方面它可真是儒家孝子的典範。雍正十三年八月二十三日，雍正皇帝崩逝，當即開示遺詔，以寶親王、皇四子弘曆即位。弘曆於當天降諭尊「母妃」鈕祜祿氏為皇太后，隨後上皇太后尊號「崇慶」，在命禮部準備上皇太后尊號的典儀時，乾隆特別說皇太后「誕毓朕躬，恩深鞠育」。鈕祜祿氏以誕育皇帝而被尊為皇太后，按宮中制度，乾隆稱其母為「聖母皇太后」，有時亦稱「聖母」。

從名分上講，烏拉那拉氏是乾隆的嫡母，但皇子時代的乾隆似乎和她沒有建立起親密的母子之情，現在能夠見到乾隆寫給她的唯一一首詩題為「恭祝皇母聖壽」：

蓬萊曉日照金扉，虯縵雲成五色輝。
觿捧六宮趨彩仗，嵩呼四海仰慈闈。
瓊筵恭進仙人膳，文綿歡呈玉女衣。
叨沐恩勤逢令節，年年拜舞慶春暉。

詩中雖有「春暉」、「恩勤」的字樣，但缺乏感人的親情，完全是應景文章。至於皇貴妃年氏、齊妃李氏這兩位對乾隆來說也是母親輩分的婦人，乾隆則從未提及。鈕祜祿氏被尊為崇慶皇太后時已44歲了，她膝下只有乾隆一子，而她老人家又是十分喜歡熱鬧的人，因此逢年過節，乾隆總是想辦法讓太后能開懷行樂。每年新正，先在重華宮中舉行家宴，乾隆二十五年「新正重華宮侍皇太后」一詩寫宮中天倫之樂甚詳：

鳳輦臨龍閣，新年第一祥。

彤庭增喜氣，綠野遍春光。

欣答初韶傘，欽稱萬壽觴。

粉椒蘭百和，勝帖燕雙翔。

浮服孫曾繞，遐齡日月長。

宮中行樂養，欲以化群方。

對比前面那首詩，即可看出乾隆對兩皇太后的感情了吧！

重華宮家宴之後，乾隆即奉皇太后從嚴素所居的暢春園移駐於圓明園的長春仙館，隨後慶賀新春的節目聯翩而至，正月十三日開始放燈，圓明園中燈光輝煌，如天上仙境，至正月十五日，歡慶氣氛達到高潮。入夜放煙火之前，皇上已陪皇太后在「山高水長」樓上坐定，觀看類似今天大型團體操的舞燈表演，在樓前舞燈者有3000人，他們各執彩燈，口唱「太平歌」，隨著樂曲的節奏，迴圈進止，並依照帶隊人的指揮，一旋轉則3000人排成一「太」字，再轉成「平」字，以次作「萬」、作「歲」字，以次合成「太平萬歲」4字，取的是「太平萬歲字當中」的吉利。舞罷，則煙火大發，其聲如雷霆，火光照亮半邊天空，但見紅魚奮起，跳躍於雲海之內，令人歎為觀止。

乾隆侍候母至孝，他知道母親熬個皇太后太不容易。在太后60大壽時，打算儘量鋪張，以承母歡。他改清漪園（今頤和園）之甕山為「萬壽山」，在園內修「大報恩延壽寺」（今排雲殿）、佛香閣。在皇太后60大壽之前，乾隆還命將大內的慈寧宮重加修葺，增加了前殿的重簷，新修了花園

和佛堂，以供太后在城裡居住時生活更舒適。皇太后的壽辰在十一月二十五日，往年到了這時節，京師多風雪，寒侵肌骨，但乾隆十六年自十一月初至二十五日竟無一絲風，無一絲雨，晴和暄暖，如春三月光景。十九日這天，皇上已奉太后暢遊萬壽山，二十四日皇太后鑾輿自郊園進城，至西直門外高梁橋停蹕，皇太后御大安輦進城，鹵簿前導，乾隆親騎於輦前恭引，雲集北京的文武千官，以至大臣命婦、京師士女，簪纓冠帔，跪伏在大街兩旁。為了烘托喜慶氣氛，萬壽山至西直門路旁由內務府備辦各種景點，高梁橋至大內西華門，則由在京王公大臣和各省督撫分段佈置，目擊者對其盛況有如下精彩描述：

「十餘里中，各有分地，張設燈彩，結撰樓閣。天街本廣闊，兩旁遂不見市塵。錦繡山河，金銀宮闕，剪綵為花，鋪錦為屋，九華之燈，七寶之座，丹碧相映，不可名狀。每數十步間一戲臺，南腔北調，備四方之樂，倔童妙伎，歌扇舞衫，後部未歇，前部已迎，左顧方驚，右盼復眩，遊者如入蓬萊仙島，在瓊樓玉宇中，聽霓裳曲，觀羽衣舞也。其景物之工，亦有巧於點綴而不甚費者。或以色絹為山嶽形，錫箔為波濤紋，甚至有一蟠桃大數間屋，此皆粗略不足道。浙省出湖鏡，則為廣榭，中以大圓鏡嵌藻井之上，四旁則小鏡數萬，鱗砌成牆，人一入其中，即一身化千百億身，如左慈之無處不在，真天下奇觀也。」

這一切，在王公大臣、各省督撫不過為討皇上的好以固寵，而乾隆則不過為博聖母一笑。乾隆以為母親看了一定高興，結果大出所料，崇慶皇太后卻嫌做得過於鋪張奢華了，「甫入宮即命撤去」。這些自然可以說是乾隆好大喜功，但也從一個側面反映其孝順之心。以後再為太后舉辦壽典時，乾隆便不再那麼鋪張了。這也反映出鈕祜祿氏出身微卑，半生勞作，進而養成了不好奢華的品質。

崇慶皇太后身體康強，性又好動，乾隆每次巡幸都奉母同行。太后去世前乾隆曾4次南巡，太后每次必往；太后信佛，曾三遊五臺，三幸泰山，又曾至嵩山拈香，至於塞外的避暑山莊，自乾隆六年皇帝首舉木蘭秋獮大典，即

奉太后同行，此後每次大多同行。太后出身貧寒，迷信因果，巡幸途中多行善事，施捨老弱。據說一次乾隆奉太后南巡，御舟行至山東境，濟寧知州顏希深因事外出，而地方受災急需賑恤，顏母何氏即令發官倉救濟百姓，山東巡撫卻以顏母違制上章彈劾。皇太后得悉此事，則以顏母有仁愛之心，不讓皇帝給予處分，還召見何氏於御舟之上，賜以匾額，褒獎備至。正趕上濟南知府出缺，顏希深被提升爲濟南知府，沒過幾年，又擢拔爲河南巡撫。崇慶皇太后雖然深知皇上孝敬自己，確也行事謹慎，恪守祖上所傳下來母后不得干政的家法。

乾隆四十二年（1777）正月，崇慶皇太后鈕祜祿氏去世。九月，乾隆發佈上諭，決定明年秋間東巡祖陵。上諭還明示途中不圍獵，不遊玩，不擺筵宴，僅僅祭陵而已。東巡時果眞如上諭所言，隊伍雖然仍很壯觀，但卻鴉雀無聲，默默趕路。途中雖有迎駕官員，也僅僅「賜茶」。由於一路未有活動，二十幾日便達永陵。68歲的乾隆一到陵園，還未達碑亭，便下輿慟哭失聲。步人啓運，至寶城前行禮，已哭得弓腰曲背，難能站立了。皇帝一哭，隨行臣、文武百官也都得隨著大哭，哭聲遂震動山野。

而乾隆前兩次東巡謁陵，不僅未哭，而且還得意洋洋，壯志滿懷。然而後兩次東巡謁陵，他卻大失常態，有了哭陵的哀狀。由此可見乾隆對其母的孝順。崇慶皇太后鈕祜祿氏雖然出生貧賤，但眞可謂洪福齊天了！

65

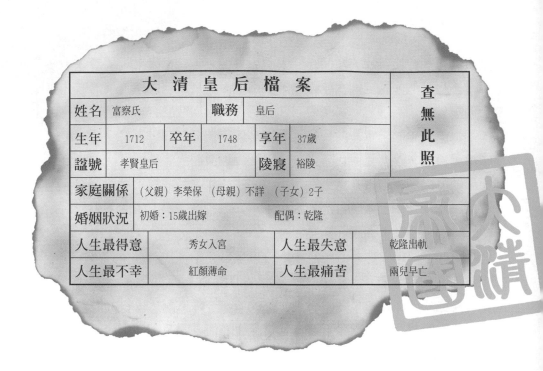

大 清 皇 后 檔 案					查無此照
姓名	富察氏	職務	皇后		
生年	1712	卒年	1748	享年	37歲
諡號	孝賢皇后			陵寢	裕陵
家庭關係	（父親）李榮保　（母親）不詳　（子女）2子				
婚姻狀況	初婚：15歲出嫁　　　　配偶：乾隆				
人生最得意	秀女入宮	人生最失意	乾隆出軌		
人生最不幸	紅顏薄命	人生最痛苦	兩兒早亡		

乾隆皇帝不同命運的兩位皇后

　　乾隆皇帝25歲登位，做了60年皇帝，又做了4年太上皇，享壽89歲才死。這位風流天子坐享前輩掙來的清福，6次下江南巡視，大肆鋪張。他的兩位皇后富察氏和烏拉那拉氏的死都同巡幸有關。然而他對兩個皇后之死的態度卻是截然相反。

母儀天下的賢后富察氏

　　孝賢皇后富察氏（1712～1748），雍正五年（1727）與仍為皇子的高宗成婚，封為福晉；乾隆二年冊封為后，十三年隨帝東巡，三月崩於德州。壽37，諡孝賢皇后。

乾隆皇帝弘曆的第一位皇后富察氏可算是一位幸運者。通過選秀女，15歲的富察氏成為16歲的皇子弘曆的嫡福晉，也就是第一夫人。十年後，乾隆登極，她也當上了皇后。

雍正五年，乾隆的父親雍正就給他娶了富察氏，當時叫做「嫡福晉」，就是正夫人，第一夫人。這一年乾隆16歲，富察氏15歲，都是

「乾隆敕命之寶」
乾隆繼位後，仿代表皇權的「敕命之寶」，製作了「乾隆敕命之寶」。

虛歲，乾隆登極之後第二年，就是乾隆二年冊封富察氏為皇后，這一年乾隆26歲，皇后25歲。他這個皇后富察氏出生於名門貴族，富察氏的曾祖父叫哈什屯，順治的時候，做過議政大臣。她的祖父叫米思翰，做到內務府總管，戶部尚書。她的哥哥叫馬齊，在康熙、雍正、乾隆三朝歷史記載中，說是「歷相三朝」，三朝做宰相，官做到尚書，做到武英殿大學士。皇后富察氏就是出身於這樣一個滿洲的貴族名門。這個富察氏不僅僅是聰明漂亮，而且非常賢慧，嚴於律己，崇尚節儉，一點也不奢華，深得皇太后的喜歡，也博得乾隆皇帝的寵愛。乾隆年輕的時候，得了一場病，病得比較厲害，身上長了一種癰癤，經過太醫治好了之後，太醫說，必須靜養百日，方可恢復。在這百天的時間裡面，皇后在乾隆的寢宮外面住，日夜侍奉，過了百天之後，皇后才搬到乾隆的寢宮裡面和乾隆一塊住，就說明皇后是很賢慧的。

乾隆十三年（西元1748），乾隆皇帝為了替他所寵愛的皇后富察氏分憂解愁，奉著皇太后鈕祜祿氏和皇后兩宮的鑾駕，以東巡為名，浩浩蕩蕩來到山東，謁孔陵、祭泰山，凡名勝古蹟，統統去遊覽了一番。然而富察皇后總是無法解懷，一意悲悼著近幾年先後死去的兩個兒子。路上的山清水秀，鳥語花香，在她眼中卻成了慘紅愁綠，分外觸動愁腸。不巧，她在船中因受了風寒，大病一場及至氣息奄奄，昏厥了好幾次。乾隆帝慌了手腳，忙下令

回京,但是剛走到德州,就不行了。皇太后來看她,她只模模糊糊說了「謝恩」兩個字。臨死前,她不無幽怨的目光盯著乾隆帝,落下了一串傷心的眼淚。這幽怨的眼光使乾隆帝痛徹心肺,他又傷心又歉疚,對著皇后屍體號啕大哭。自與皇后大婚22年來,帝后間一直夫唱婦隨,相親相愛,僅僅因為乾隆的一時糊塗,做了一次對不起皇后的事,夫婦間才有了隔閡。儘管皇帝使盡溫柔功夫使皇后與他和好如初,但這種使人傷感的刺激已長留在皇后的心中了。皇后一死,乾隆帝失去了一位美麗溫柔的伴侶,不由得痛悔交加。

　　乾隆皇帝悲痛不已,連續9天,每天3次在皇后的棺木前擺上供品,並用富察氏生前所希望的「孝賢」二字作為她的諡號。孝賢皇后的靈柩安放在裕陵地宮4年多的時間裡,乾隆皇帝為她奠酒118次,並寫下一篇情真意切的《述悲賦》:「悲莫悲兮生別離,失內佐兮孰予隨?」乾隆皇帝的哀思是深

孝賢皇后繡的花卉火鐮荷包

68

太上皇之寶
這是乾隆做太上皇時所使用的寶璽

切而真摯的。

　　清人對孝賢皇后的評語是：「性節儉，平居冠通草線絨花，不御珠翠。」此件荷包正是她「仿先世關外之制，寓不忘本之意。」這種勤勞恭儉的美德，是中國傳統史觀認為可以母儀天下的賢后，故有「孝賢」的諡號。

　　話在說回來。全孝賢皇后不快的那件事，到底是什麼呢？

　　有一年，乾隆帝下令改造暢春園、長春館以及圓明園，將三處併為一處。當園工告成後，乾隆帝奉著皇后到園中遊覽，又命皇后率六宮妃嬪、宗室命婦、公主福晉等入園隨同玩賞。這天，圓明園內春光明媚。隨著帝后迤邐入園的美婦們，錦衣繡服，珠環翠繞，個個打扮得似天仙一般。一行人來到堂前，先向太后磕頭，又向帝、后請安。乾隆帝坐在龍椅上，向人群看去，忽然發現有一位貴婦人尤其出眾，眉如黛山，眼如秋水，面如桃花，腰如細柳，他不免驚羨萬分，暗想同這美人比較，六宮粉黛黯然失色。又覺有些面熟，不知她是哪家眷屬？一會兒，輪到這位美婦上前了。她請罷了安，

《乾隆帝朝服像》
清宮廷畫家繪，現藏於北京故宮博物院。

香山宗親大昭廟

皇后便站起身，與她握著手，說：「嫂嫂這晌身體可好？」原來，她就是皇后的親嫂子，內務府大臣傅恆的妻子。

　　這時的乾隆帝，恰似靈魂出了竅，糊裡糊塗跟著太后出宮，一路上也無心觀賞園中美景，老想著跟在皇后身後的美人，不時又回首去看。那位傅夫人似乎覺著了皇帝的多情，也有意無意用眼光去迎接。從那天以後，乾隆帝常常想念著傅夫人，有時不免長噓短歎。皇后問了他幾次，他都搪塞過去。過了幾天，又逢皇后生日。乾隆帝興奮起來，稟明太后，下旨於千秋節這天宮中大張宴席，為皇后祝壽。又到坤寧宮去向皇后道賀，並說：「你生辰這天，何不召你嫂嫂入宮暢飲一天？」皇后答道：「她自當會來，何必去召？」乾隆帝又說：「前香遊圓明園，我看你們姑嫂之間很是親熱，何不乘此機會留她在宮中多住幾天？」皇后聽了，點點頭，沒有作聲。

71

到了千秋節這天，坤寧宮內外熱鬧非凡。文武百官祝賀之後散去，乾隆帝信步走進坤寧宮，又接受聚集在這裡的六宮妃嬪及公主福晉的拜見。皇帝舉目注視，果然傅夫人站在上首，仿佛比那天園中見到時更加美豔。宴飲開始後，風流皇帝雅興大發，要大家依次聯詩，每人說一句，說不上來就罰酒。接著又熱熱鬧鬧行起酒令來，你一句我一言，你一盅，我一杯，擠成一片。這位傅夫人本不善於飲酒，連飲了幾杯之後，不免粉面含赤，心族晃蕩，坐不安穩了。乾隆帝見她已經醉了，把侍宴的宮娥喚過一旁，叮囑了幾句，將她扶去別宮休息。

眾人稍事休息，重新入席再飲，只是忽然不見了皇帝。皇后命宮人去找，未找到，也無暇顧及，繼續招待客人。等到酒闌人散，仍不見皇帝的蹤影。皇后心下奇怪，又命宮人去看看傅夫人怎樣了。過了好久，才見這名宮人回報說：「傅夫人所住宮室門戶緊閉，不便入內。」皇后聯想前情，心中明白了幾分。第二天早上，乾隆帝仍出宮坐朝，傅夫人起來後去坤寧宮向皇后辭謝。皇后意味深長地看了她一眼，微笑著說了一句：「嫂嫂恭喜！」傅夫人頓時臉紅耳赤，不敢抬頭匆匆地告辭而去。

自從這天之後，皇后對待皇帝就不像從前那樣溫柔多情了，有時竟向皇帝投來一種哀怨的眼光，使皇帝心中很不好受。因羞愧，他不像以前那樣常去坤寧宮了，皇后也就更加疑心皇帝對她的冷漠。

皇后本來有個兒子永璉，已由皇帝按家法秘立為太子，但不幸生病夭折，乾隆帝百般勸慰，要她再生嫡子，一定立為皇儲，並追封永璉為端慧皇太子。過了幾年，皇后又生下一子名永琮。恰在此時皇后心情不好之際，永琮又出天花死了。皇后受不了這般打擊，哭得死去活來。

於是，乾隆帝為了安慰皇后才以東巡為名，奉皇太后以及帶了皇后出京遊覽，誰知就此同皇后永訣了。乾隆帝帶了大行皇后靈柩日夜兼程趕回京城，在長壽宮設立靈堂，喪禮格外隆重，除為皇后服縞素12天外，還親自作祭文《述悲賦》，抒發自己的哀思。乾隆帝充分發揮這方面的才華，寫得十分哀婉悱惻，令人讀後柔腸寸斷。然而，有誰能知道帝后之間這段難解的糾

葛呢？

　　皇后生前曾為自己討過諡號，那是皇貴妃高佳氏死時，乾隆贈以諡號「慧賢」，皇后便說：「我死之後，以『孝賢』二字稱諡號，可以嗎？」至此，乾隆帝便按照她的遺願，諡號「孝賢皇后」。

乾隆帝《御毫三希堂記》冊
現藏於北京故宮博物院

　　乾隆十七年將她葬於孝陵（清世祖順治帝陵寢）西側勝水峪後面，隨即在這裡開始建造乾隆自己的陵寢裕陵。另外，還格外加恩於皇后母家，封皇后兄長富文為公爵，傅恆為保和殿大學士兼戶部尚書，可謂「外家恩澤占無倫」，到了頂峰。

　　像孝賢皇后這樣的幸運者並不多，因為皇帝喜惡無常。從順治皇帝開始，清宮中廢后為妃、降妃為嬪的事情屢見不鮮。

帝后若仇人的烏拉那拉氏

　　乾隆的第一位皇后故去之後，第二位皇后是烏拉那拉氏。烏拉那拉氏出身就比較低微一些，她的父親官做到佐領，就是比較低級的一個官員，和第一任皇后家庭顯宦是不能相比的。但是第二任皇后烏拉那拉氏，人很漂亮，也很聰明，也善於處事，特別討皇太后的喜歡。

　　史載，皇太后把乾隆帝召進慈寧宮，對他說：「皇后去世，已滿周年。六宮不可無主，須選立一人冊為繼后。」乾隆不語，太后又問：「六宮妃

73

嬪，哪一個最使你合意？」乾隆答道：「嬪妃雖多，但沒有一人能及得上富察氏。」太后說：「我看嫻貴妃不錯，她侍奉皇兒多年，未有過失，人也端淑嫻靜，就冊立她爲繼后罷。」

乾隆一聽，雖然有些不願，但他奉事太后一向孝道，何況自己也選不出一個合適的人來，便勉強答應下來。第二天下詔，冊封嫻妃烏拉那拉氏爲皇貴妃，統領六宮事，並不馬上冊立爲后。直至富察皇后3周年過後，才正式冊立那拉氏。烏拉那拉氏是佐領那爾布的女兒，在弘曆爲寶親王時，便成了他的側福晉，乾隆帝對她不甚喜愛。她生了兩個兒子，乾隆三十年，弘曆生了一場病，兩個皇子永璐、永琪接連病逝，更使他愁懷難解。大臣和珅建議皇帝遊幸江南散散心，乾隆帝便恭請皇太后一起去。太后建議道：「江南有蘇杭，不亞於天堂勝景，前次南巡，皇后未曾隨行，她已正位多年，也該讓她去玩耍一番。」乾隆帝雖不甚願意，但母命難違，只得答應。一路上看山玩水，好不愜意。到江寧地方乾隆帝對和珅說：「上次南巡，匆匆忙忙未及在此暢遊，聽說秦淮河登上畫舫遊覽一周，其味無窮，何妨一試？」

第二天，君臣二人換上便服，登上了一艘大船。船上等著多名美人，都是江南名妓，乾隆帝左擁右抱，飲酒談笑快樂異常，直到第二天還戀戀不捨，不肯離去。至晌午時分，兩名太監及侍衛十幾人奉太后命，搖著船來找皇帝，這才登岸回到行宮。在離江寧去杭州的途中；皇后與皇帝爭吵起來。原來烏拉那拉皇后自冊立以來，一直受到皇帝冷淡，心中很不高興，這次秦淮河上的事，由太監傳入她的耳中，她忍不住就同皇帝爭了起來，說以天子之尊，竟然狎妓荒嬉，有失體統。乾隆帝本就厭棄她，自然沒有好話，皇后竟發脾氣把頭髮剪了下來。

滿洲人的風俗最忌剪髮，皇后的行爲大大觸怒了皇帝，盛怒之下，乾隆帝令她立即返回京師。自己奉侍太后在杭城逗留幾天，怒氣未消，也不願久留在外，匆匆回京。

據清宮檔案記載，閏二月十八日，皇后在行宮吃早飯時還得到了皇帝的賞賜，到晚飯時，皇后卻不見了蹤影，她的名字被紙條蓋上了，「令貴妃」

大清后妃傳奇

三個字取代了皇后。皇后為什麼不見了？有人說她發了瘋病，在杭州削髮當了尼姑；有人說她冒犯了皇帝，被先行遣送回了京師。清宮《上諭檔》證實了後者：「閏二月十八日奉旨，派額駙福隆安扈從皇后由水路先行回京。」至於皇后為什麼先行回京，乾隆皇帝說是皇后瘋了；野史裡說是皇后勸阻皇帝不要出去尋歡作樂，惹惱了皇帝。總之，皇后惹惱了皇帝是肯定的。從此以後，烏拉那拉氏就被冷淡在一邊，若不是眾大臣的反對，乾隆皇帝就會重演曾祖父順治皇帝廢掉皇后的故事。

從這以後，帝后之間視若仇人，乾隆便不再上坤寧宮來了。

第二年的初秋，也就是乾隆三十一年（1766）七月十四日，乾隆皇帝正在承德木蘭圍場興致勃勃地走馬秋時，烏拉那拉氏終於在清冷的深宮中走完了49歲的人生之路。乾隆皇帝聽到消息後，並沒有停止打獵。他平靜地打發那拉氏的兒子回京辦理喪事，併發下一道諭旨：喪儀「照皇貴妃例行」，降一個等級為烏拉那拉氏舉行了喪禮。

病危時，乾隆帝竟無情地離開皇后，去木蘭遊玩，連最後一面都不見。乾隆帝回來後，又卜詔旨說：「皇后自冊立以來雖無失德之處，然而奉皇太后南巡時，竟不盡孝道，不遵禮法，舉動乖張，類似瘋迷，回京後便一病不起。論其行為，即便廢黜亦不為過分。朕現仍然存其名號，格外優容，但其治喪典禮，不必按孝賢皇后的儀式辦理，只可照皇貴妃之例行事。」滿族大臣為皇后的喪禮力爭，乾隆帝就是不聽。

乾隆皇帝的兩位皇后的命運真是天壤之別。

自古伴君如伴虎。后妃們一生的榮辱悲歡取決於皇帝的喜惡。何況宮廷的權力鬥爭複雜而激烈，即使在皇帝那裡得寵，也不能萬事大吉。

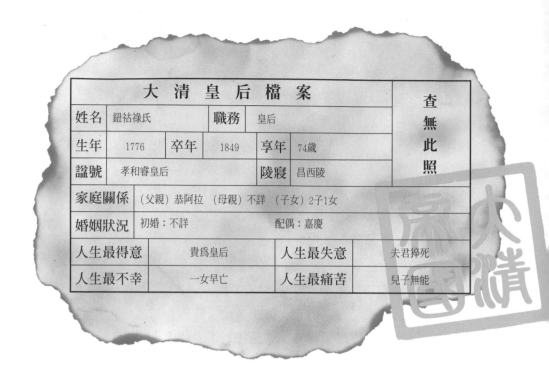

大 清 皇 后 檔 案					查無此照
姓名	鈕祜祿氏		職務	皇后	
生年	1776	卒年	1849	享年	74歲
諡號	孝和睿皇后		陵寢	昌西陵	
家庭關係	（父親）恭阿拉 （母親）不詳 （子女）2子1女				
婚姻狀況	初婚：不詳 配偶：嘉慶				
人生最得意	貴爲皇后		人生最失意	夫君猝死	
人生最不幸	一女早亡		人生最痛苦	兒子無能	

決定道光命運的孝和睿皇后

　　孝和睿皇后，鈕祜祿氏，禮部尚書恭阿拉之女。仁宗爲皇子時，冊爲側福晉。仁宗即位後，封貴妃。孝淑皇后崩後，嘉慶六年，冊爲皇后。嘉慶二十五年八月，嘉慶帝在熱河巡行時崩，孝和皇后傳旨令宣宗道光帝即位。宣宗即位後尊爲皇太后，道光二十九年十二月崩，年74。生2子，綿愷、綿忻；一女，殤。

夫君嘉慶猝然離世

　　嘉慶皇帝顒琰是乾隆第十五子，因從小生得聰明仁孝而受到喜愛，永璉夭折後，即選立爲皇儲。乾隆85歲那年，顒琰已36歲，受禪而登位，奉乾隆

76

帝爲太上皇。顒琰前後立過兩個皇后。元配妻子喜塔臘氏是副都統、內務府總管和爾經額的女兒。乾隆三十九年，顒琰15歲，乾隆帝把她許配給兒子，正式冊爲嫡福晉。8年後生了兒子（即後來的道光皇帝），更爲乾隆帝所喜愛。嘉慶元年（1796），喜塔臘氏被冊立爲皇后，可惜她沒有福氣，到第二年便病死了。嘉慶帝加以諡號「孝淑」，把她葬於太平峪後，隨即在此建造自己的陵寢，名曰昌陵。喜塔臘氏皇后死後，嘉慶六年，嘉慶帝又立鈕祜祿氏爲皇后。

《嘉慶帝朝服像》
清宮廷畫家繪，現藏於北京故宮博物院。

嘉慶二十五年（1820）盛夏，嘉慶帝率領大批隨員、名優藝伎，浩浩蕩蕩向木蘭進發，不久抵達熱河，安頓於避暑山莊，開始了木蘭秋狩。嘉慶皇帝怎麼也想不到，這是他最後一次進駐避暑山莊。七月二十五日，年過60的他在毫無任何預兆的情況下，猝然離開了人世。當時鈕祜祿氏皇后並不在承德，而是在百里之外的北京。嘉慶皇帝死後，熱河行宮立即封鎖消息，避暑山莊大門緊閉，限制人員出入。二十七日留京王公大臣才得悉噩耗，延至八月初二，道光皇帝向內閣發佈上諭，才告知朝廷上下。當時朝鮮國官員在盛京中江地方見清官員皆著素服，頭帽拔去花翎，驚問其故，才曉知皇帝已逝。好好的皇帝怎麼會突然死了呢？宮闈之事向來保密，清廷當然不會對民間公開解釋死因，於是民間就產生了各種推測和傳說。

《御制全史詩》
此書為嘉慶帝讀史感事詩的匯編

一個說法是遭雷劈而死的。嘉慶帝到達避暑山莊後，立即全副武裝，率領滿漢大臣和八旗勁旅，大隊人馬直奔木蘭圍場。他們追蹤圍獵多日，虎熊全無，只獵獲一些野兔，連平常遍地覓食的麋鹿也甚少見。嘉慶帝非常掃興，決定提前結束秋狩。回來路上恰遇變天，雷電交加，大地震撼，忽然平地一聲雷，那麼多人中，唯獨皇帝被擊中落馬。凱旋回營變成護喪返京，滿朝驚恐呆然。類似的說法還有嘉慶皇帝在山莊遇疾，臥床調養，並無甚大礙，精神尚佳，照常處理政事。一日，熱河上空驟變，雷鳴電閃，頓時寢宮即遭雷擊，只有他觸電身亡等等。更荒誕不經的一個版本是：他長期嬖寵一小太監，經常尋歡作樂，引起近侍大臣們的非議，駐山莊以後，更是變本加厲。帝之寢宮設於「煙波致爽殿」，殿後有一座小樓，名「雲山勝地」，據說此樓正是皇帝與小太監幽會場所。某日，他們正在此尋歡，忽然道道閃電劈開雲層而下，一個火球飛進小樓，在嘉慶身上炸開，頓時斃命。嘉慶被雷擊燒焦，面目全非，已經無法收殮入棺。若將事實曝光，無異於宮廷之最大醜聞。大臣們商定個辦法，將一相貌體材與嘉慶相似之太監秘密絞死，再進行盛裝打扮，真皇帝骸骨放在棺材底部，上面平躺著假皇帝屍體，以此掩

人耳目，運回北京，祭葬了事。這個說法雖然流傳很廣，但沒有絲毫史實根據，在此僅聊備一說。

根據當時的實際情況推測，嘉慶皇帝的死因大概是長期的操勞而導致的心臟衰竭。從登基以來，皇帝這個差使把他弄得焦頭爛額，不管他為之付出多少心血，還是有源源不斷的麻煩事找上門來，讓他心煩意亂，沒有一天輕鬆的日子過。

嘉慶不明白，為什麼父親（乾隆）在世的時候，天下太平，輪到自己坐江山，怎麼會如此棘手？為了那些長期阻撓國家振興的老大難問題，他嘔心瀝血，費盡心機，苦鬥25年，可是依舊如斯，怎不叫他覺得失望、煩悶和傷感呢？面對日益衰敗的國家，他感到無能為力，但是又無法從數不勝數的公務中抽身，在巨大的壓力之下，他的身體健康狀況也漸漸走向惡化。

嘉慶帝從病倒至歸天，還不到一天工夫。雖然死前沒有任何徵兆，但是導致猝死的最大的禍首卻是長期的勞累、傷神、壓抑、苦惱、憂鬱和煩躁。再者，他年逾花甲，身體肥胖，天氣暑熱，旅途勞頓，有可能誘發心腦血管病而猝死。可以毫不誇張地說，幾十年來，他為治理這個封建大國殫心竭力，付出了全部心血。他曾經有扭轉王朝頹敗的豪情，也露出以振興國家為己任的雄心抱負，但他的能力不足以帶領大清帝國走向中興，他根本無能力駕馭這個動盪不安的大清王朝。

太后懿旨道光即位

綿寧（旻寧）32歲，也就是嘉慶十八年（1813），發生了天理教民攻入皇宮的突發性事件。這年，旻寧隨皇父巡狩木蘭，因陰雨綿綿，無法圍獵，奉命先期回到京師。當林清率領天理教徒攻入紫禁城衝向養心殿時，旻寧正在上書房讀書，聞變後表現鎮定，「急命進撒袋、鳥銃、腰刀，飭太監登垣以望」。這時，有的教民手舉白旗，攀牆登殿，靠近養心門，旻寧「發鳥銃殪之，再發再殪」。旻寧在事件中，還「飛章上聞」，向皇父奏報；

「嚴命禁城四門」，到儲秀宮安撫鈕祜祿氏皇后；親自率領侍衛到西長街一帶訪查。旻寧在這一事變中的表現，使他在內廷上下威望大增。或贊其智勇沉著，或譽其舉措有方。嘉慶帝在回京途中得到奏報，即封旻寧爲智親王，他所使用的槍也命名爲「威烈」。儘管旻寧有如此出色的表現，又秘密定爲儲君，但在皇位繼承中，仍出現風波。閻崇年教授認爲：旻寧繼位，得到以禧恩爲代表的宗室之建議和認同，又得到皇太后的中宮懿旨和皇弟瑞親王綿忻的贊同，最主要是有軍機大臣等開啓立儲匣的御書聖旨。而道光能登臨大寶，決定性的人物則是鈕祜祿氏皇后（此時應該是太后了）。

嘉慶二十五年（1820）七月十八日，嘉慶到熱河秋獮，自圓明園啓程。命皇次子智親王旻寧、皇四子瑞親王綿忻隨駕。這年，嘉慶61歲，「身體豐腴，精神強固」。二十四日，嘉慶到達熱河行宮，「聖躬不豫」。當天，嘉慶到城隍廟拈香，又到永佑宮行禮。二十五日，嘉慶病情嚴重，當夕崩逝。嘉慶皇帝突然駕崩，國不可一日無主，皇位繼承就成爲當時朝廷的頭等大事。

先看看清朝的祖制家法：皇帝立儲的鐍匣，按清朝「家法」應放在乾清宮「正大光明」匾後面。雍正元年（1723）八月十七日，雍正皇帝在乾清宮西暖閣，宣佈實行「秘密立儲」。皇帝立皇太子的御書匣，懸置於乾清宮「正大光明」匾額之後。在道光之前，開啓「鐍匣」宣示傳位密旨繼位者，僅有乾隆和嘉慶。乾隆敘述開啓「鐍匣」的過程說：「逮皇考傳位聯躬，宣示密緘，倉猝之際，朕不敢自行啓封，召同大學士鄂爾泰、張廷玉，當面展緘敬閱。」這就是所謂「公同手啓，立定大統」。由此可見，「宣示密緘」是嗣君與朝臣共同開啓的。乾隆作爲清代第一位以秘密建儲方式獲得帝位的皇帝，最初對秘密建儲制度頗不以爲然，在經歷了兩次痛失嫡子及皇后富察氏去世的打擊後，無可奈何地選擇了永琰，並使秘密建儲成爲清代神聖不可更改的「建儲家法」。乾隆內禪皇位給嘉慶，是由乾隆親自開啓鐍匣宣諭的。

其經過是：乾隆六十年（1795）九月初三，乾隆在圓明園勤政殿，召集

80

皇子皇孫、王公大臣等「將所定密緘嗣位皇子之名，公同閱看，立皇十五子嘉親王顒琰為皇太子」。嘉慶秘密立儲御書的鐍匣，按道理也不應例外。嘉慶在避暑山莊病逝後，本應立即派大臣急馳北京，到乾清宮取下正大光明匾後的秘密立儲御書匣。但是，當時並沒有這樣做。那麼秘密立儲御書匣收藏在何處？據包世臣所撰《戴均元墓碑》文記載：御書匣由嘉慶隨身攜帶。《碑文》記載：嘉慶二十五年（1820）春，戴均元拜文淵閣大學士，晉太子太保，管理刑部。七月，戴均元和托津等隨從嘉慶帝到熱河秋獮，「甫駐蹕，聖躬驟有疾，變出倉猝，從官多惶遽失措」。戴均元和托津督促內臣翻檢皇帝遺物，最後在

《道光帝朝服像》
清代宮廷畫家繪，現藏於北京故宮博物院。

嘉慶皇帝近侍身邊的「小金盒」裡找到了傳位詔書。「鐍匣」沒有放在乾清宮「正大光明」匾之後，「鐍匣」開啟時也沒有儲君等在場，這是違背清室「家法」的。於是有的學者認為：「鐍匣」隨嘉慶帶往避暑山莊的記載，實難徵信。

宗室提議有疑點：嘉慶剛斷氣，總管內務府大臣禧恩，建議由旻寧繼位。禧恩，宗室、滿洲正藍旗、睿親王淳穎之子。嘉慶二十五年（1820）七月，禧恩作爲內務府大臣，隨嘉慶皇帝車駕到避暑山莊。《清史稿・宗室禧恩傳》記載：「仁宗崩於熱河避暑山莊，事出倉猝，禧恩以內廷扈從，建議宣宗有定亂勳，當繼位。樞臣托津、戴均元等猶豫。禧恩抗論，眾不能奪。會得秘匱朱諭，乃偕諸臣，奉宣宗即位。」禧恩出身宗室，地位重要，影響亦大，其建議沒有得到軍機大臣托津、戴均元等認同，說明旻寧嗣位一事在當時似曾經過一場激烈的爭論。禧恩建議旻寧繼位一事顯示出：嘉慶生前並未就嗣位之事在大臣中公佈，也未公啓匣。否則，托津、戴鈞元等不可能「猶豫」而不表態。所謂「公啓匣，宣示御書」之說，存在矛盾，大可存疑。禧恩只是內務府大臣，按照「家法」，他沒有資格「建議旻寧繼位」，可是他又爲什麼違背「家法」而這樣「建議」？

列朝臣子態度有疑點：《清史稿・托津傳》記載：「仁宗崩於熱河避暑山莊，事出倉猝，托津偕大學士戴均元，手啓寶盒，奉宣宗即位。」托津，爲滿洲富察氏，自嘉慶十年（1805）開始任軍機大臣，可謂樞密老臣、朝廷重臣。《清史稿・戴均元傳》記載：「均元與大學士托津督內侍檢御篋，得小金盒，啓，宣示御書立宣宗爲皇太子，奉嗣尊位，然後發喪。」這兩條記載，同《清史稿・宗室禧恩傳》記載不一致。包世臣所撰《戴公（均元）墓碑》文，記載當時尋找並開啓匣的情狀是：在嘉慶臨終時，由托津、戴均元督促太監，翻箱倒櫃，尋覓鐍匣，最後由近侍於身間找出小金盒。而前引《清史稿・宗室禧恩傳》所載，禧恩建議立旻寧，托津、戴均元均猶豫，則並無其事。托津、戴均元開啓金盒時，也沒有見記載當事人旻寧在場。人們遂對此事的眞偽產生懷疑。

史料記載上的矛盾：嘉慶秘密立儲朱諭密旨緘藏在「鐍匣」內。《清仁宗實錄》載：「上（嘉慶）疾大漸，召御前大臣賽沖阿、索特納木多布齋，軍機大臣托津、戴均元、盧蔭溥、文孚，總管內務府大臣禧恩、和世泰，公啓匣，宣示御書：嘉慶四年四月初十日卯初，立皇太子（旻寧）。」《清仁

82

養心殿內景
清代自雍正帝開始，皇帝在養心殿臨政。

宗實錄》是道光繼位之後修纂的。《清宣宗實錄》也記載：「仁宗疾大漸，
召御前大臣賽沖阿、索特納木多布齋，軍機大臣托津、戴均元、盧蔭溥、文
孚，總管內務府大臣禧恩、和世泰，公啟鐍匣，宣示御書：嘉慶四年四月初
十日卯初，立皇太子旻寧朱諭一紙。戌刻，仁宗崩……遵奉御筆遺旨，請上
即正尊位。上號慟撲地，良久方起。」《清宣宗實錄》是咸豐修的，不會同
他父皇纂修的《清仁宗實錄》相違背。以上兩個「實錄」總算把這件事作了
自圓其說。在相關的檔案中，「公啟鐍匣」為「公啟密緘」。據此，當嘉慶
病危時，臨終前召戴均元、托津、禧恩等八大臣，「公啟匣」，立旻寧為皇

83

太子。然而，這同前面《清史稿·宗室禧恩傳》的記載相矛盾，也與最早成書的包世臣所撰《戴均元墓碑》不合。

太后懿旨的疑點：孝和睿皇后傳懿旨讓旻寧嗣位。孝和睿皇后並不知嘉慶皇帝密詔鐍匣在什麼地方，她應當也不知道「秘密立儲」所立的皇太子是誰。然而，當她在北京皇宮驚悉嘉慶崩於熱河行宮噩耗時，便發出懿旨：「嗣位尤爲重大。皇次子智親王，仁孝聰睿，英武端醇，現隨行在，自當上膺付託，撫馭黎元。但恐倉猝之中，大行皇帝未及明諭，而皇次子秉性謙沖，素所深知。爲此特降懿旨，傳諭留京王大臣，馳寄皇次子，即正尊位。以慰大行皇帝在天之靈，以順天下臣民之望。」這個皇太后懿旨，對於旻寧嗣位，關係極爲重要。旻寧在熱河接奉懿旨時，伏地叩頭，感恩不盡！後來所有正史均只記載了避暑山莊公啓匣之事。道光復奏皇太后文曰：「子臣（旻寧）跪奏：本月二十五日，皇父聖躬不豫，至戌刻大漸……維時御前大臣、軍機大臣、內務府大臣，恭啓匣，有皇父御書：嘉慶四年四月初十日卯初，立皇太子（旻寧）朱諭一紙。該大臣等，合詞請遵大行皇帝成命，以宗社爲重，繼承大統。子臣遜讓，至再至三。該大臣等，固請不已。本日（二十九日），恭奉懿旨，子臣即正尊位。皇父、皇母，恩慈深厚，子臣伏地叩頭，感動不能言喻……謹將匣所藏皇父朱諭，恭呈懿覽，謹繕折複奏，恭謝慈恩。七月二十九日。」當年康熙繼位，是孝莊太后的意思，但是用順治遺詔名義宣佈的，而不是用皇太后「懿旨」的名義。這裡產生了問題：皇太后指令旻寧繼位違背「祖制」、「家法」，如果懿旨同遺詔發生矛盾怎麼辦？

但此時再回顧一下事情的經過，分析一下史料，大家就推斷出事情的真正緣由，得出道光繼位的關鍵所在。八月二十二日，嘉慶帝的靈柩從避暑山莊運回到北京，在乾清宮停放。嘉慶暴卒，事前毫無準備，避暑山莊沒有準備棺木。旻寧命速送「欑棺」來熱河，嘉慶遺體在避暑山莊入殮，由承德運往北京。旻寧跟隨靈柩而行，並已開始處理政務。八月二十七日，旻寧正式即位於太和殿，頒詔天下，成爲清朝入關後的第六代皇帝。

嘉慶從「不豫」
到駕崩，僅在三四
個小時之內，這一點
無論是實錄，還是包
氏碑文及《清史稿‧
禧恩傳》所說的「變
出倉猝」，「事出倉
猝」，都毫無置疑地
證明了嘉慶帝是猝死
而亡。故傳聞中有關
他被雷電劈死之說，
雖無從證實，似乎也
印證了突發性這一特
點。

《皇子習作》
這是嘉慶帝做皇子時的作業，其中紅字是師傅批改的痕跡。

　　與嘉慶帝一生的身體「素健」相比，他的死實在來得過於突然，實在是出乎包括他本人在內的所有人的意料。以至於死後櫬棺還尚「無合制良材」。足見，嘉慶帝並未料想過身後事，而突然的暴逝也沒有給予他從容述寫遺詔的時間。這一點道光帝本人也承認所謂「遺詔」爲樞臣代擬；而且從包氏碑文及《清史稿‧禧恩傳》的相互佐證來看，嘉慶帝甚至連傳位密詔所放何處都未及交代。難道是一份暗存自己身邊，一份明存大內乾清宮正大光明匾後？嘉慶帝本人得以繼統的傳位詔是由眾臣恭取於正大光明匾後，由乾隆帝親自宣示的。嘉慶帝親政後，於嘉慶四年四月初十密寫傳位詔書，立皇二子旻寧爲皇太子，但這份密詔是從未置於正大光明匾後，難道是二十餘年隨身攜帶？有許多學者也認爲密詔不可能在嘉慶身邊。這也說明嘉慶帝本人對傳位詔的置所守口如瓶，只是他所沒有想到的是會來不及交代而猝然辭世。

　　正因爲先帝沒有交代後事，特別是傳位詔書放在何處，影響了新君的迅

速入統，造成了皇位的一時真空，所以「從官多惶悚失措」，這也為醞釀陰謀的提供了機會。軍機大臣托津、戴均元「督內臣檢御筐十數事」仍無所收穫。時間很快進入了七月二十六日。親貴重臣一方面派人馳報京師，一方面召開緊急會議商量舉措。《清宣宗實錄》上記載有：「二十六日命內務府大臣和世泰帶領首領太監人等馳驛前赴圓明園。」及「是日，軍機大臣等傳知在京王公百官。」這一則是宣示先帝猝崩的噩耗，一則也是告知承德尚未找到繼位元詔的情況，要求在大內及圓明園裡找尋傳位詔。

同時，國不可一日無君。親貴重臣也正為暫時的皇位空虛召開了緊急會議。睿親王淳穎之子禧恩「以內廷從，建議宣宗有定亂功協當繼位。」儘管以前有種種跡象表明極有可能宣宗就是嘉慶帝生前屬意的繼承人，禧恩的「建議」不無道理，而且他也指出了道光的重要功績，即嘉慶十八年九月的紫禁城定亂之功。但在沒有找到足以作為法律依據的傳位密詔以前，多數大臣未敢妄加推斷。作為中樞臣首的托津、戴均元更顯得鎮定與謹慎。此時只要發現傳位密詔，道光便名正言順地成為了新君，即可消除了承德諸臣由於皇位空虛而產生的惶恐。恰恰在此時，遺詔戲劇般地出現了。

七月二十七日，道光的新君身份「諭內閣：朕繼承大統，母后應尊為皇太后」。同時，又諭：著派吉論泰帶領太監二名馳驛回京至圓明園。著蘇楞額、阿克當阿傳知總管太監，奏明皇太后。令吉論泰面叩請安。這是承德方面第二次派人「馳釋回京」，這次顯然是告知北京，傳位遺詔已找到，道光已順利承統。從時間上計算，此時的北京剛剛收到來自承德的第一份馳報，開始於大內和圓明園裡查尋密詔。經過一天的緊張查尋，在京的大臣們一無所獲。孝和皇太后此時果斷地決斷，認定皇次子旻寧就是先帝的繼承人，並為此專門以懿旨的形式令留京王大臣飛速馳寄承德的旻寧，令其「即正尊位，以慰大行皇帝在天之靈，以順天下臣民之望。」

《清宣宗實錄》記載了這份懿旨到達承德的時間為七月二十九日。二十九日的這一天也正是懿旨由北京到承德的路上時間。儘管接到懿旨時，已經順利繼統，但他對「母后」在關鍵的繼統問題上給予自己的支持感到由

衷地感激。但大家細細想來發現嘉慶遺詔的經過是不是太蹊蹺，太可疑？爲什麼各種跡象上有這麼多的矛盾，史書上也將從嘉慶猝死到道光即位的這段時間進行了模糊化的曲筆？

由此可以猜想，所謂的嘉慶遺詔很有可能是僞造的。宗室和朝臣的態度都有可能是密謀的結果，政治家爲利益而分贓的事件，古今中外比比皆是。大家一定要明白，清朝和別的朝代不同——皇太子不一定就能繼位。而道光不合法的繼承皇位一定要得到宮廷中地位最高的皇太后的支持，而太后的懿旨正給了他登基的最大的正當性。所以才有道光對皇太后「子臣伏地叩頭，感激不能言」。日後道光對太后的種種寬容和孝順，也無時無刻昭示了太后的這一決定性的支持，也暗示了道光得皇位似乎有點心虛。

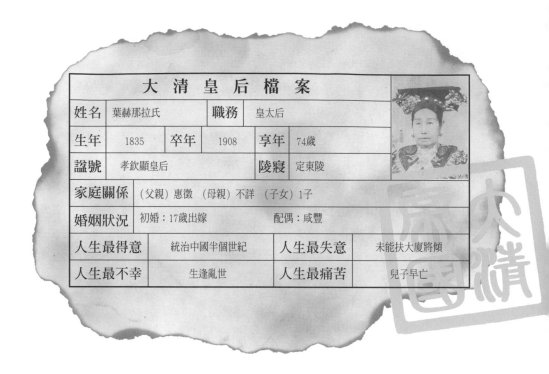

大 清 皇 后 檔 案				
姓名	葉赫那拉氏	職務	皇太后	
生年	1835	卒年	1908	享年 74歲
諡號	孝欽顯皇后		陵寢	定東陵
家庭關係	(父親) 惠徵　(母親) 不詳　(子女) 1子			
婚姻狀況	初婚：17歲出嫁　　　配偶：咸豐			
人生最得意	統治中國半個世紀	人生最失意		未能扶大廈將傾
人生最不幸	生逢亂世	人生最痛苦		兒子早亡

操縱國運的葉赫那拉氏慈禧太后

　　歷史上大凡留下痕跡的人，則一定有其過人之處和一番積極的作為，而不僅僅是臭名昭著！歷史會細心地挑剔，把絕大多數人看作海灘的一粒沙子，而不是一座或美麗、或醜陋的碑石。所以，冷靜地看待一個歷史人物或歷史事件，具有的理智和客觀是最基本的素質。否則你就得躲遠一點，因為真實的歷史會鄙視你的。

慈禧太后發跡的轉機

　　慈禧太后（1835～1908）清穆宗的母親，姓葉赫那拉，鑲黃旗人。西元1852年被咸豐皇帝選入宮，封蘭貴人；1857年封為貴妃。穆宗立，尊為聖母

大清國慈禧皇太后

《慈禧皇太后油畫像》昇
現藏於北京故宮博物院

皇太后，尊號爲慈禧。於穆宗、德宗兩朝先後垂簾聽政計47年。歷經大事，能識人，有果斷，晚年耽逸樂，寵佞幸，綱政遂紊。戊戌政變、庚子拳亂，後爲禍首。卒諡孝欽。因與慈安太后所住的宮院分東西二宮，故世稱西太后，簡稱爲西后。

慈禧初入宮時，身份不過是皇帝侍妾裡等級最低的秀女。即便被咸豐帝寵幸封爲貴人後，離著等級最高的嬪妃還差著好幾級。後來是被她壓抑鬱悶而逝的親生兒子同治帝的出世給她帶來了發跡的轉機。

咸豐五年（1856）端陽節剛過，正在垂釣的蘭貴人忽然心裡一熱，胃就翻騰起來了，頓時嘔吐不止。守在一旁的宮女趕忙遞上香茶和絲帕。正往湖中撒魚食的總管太監安德海也趕忙跑了過來，笑嘻嘻地問道：「貴人這些日子怎麼了，懶洋洋的，吃什麼吐什麼，而且時常地口吐蘭氣，怕是遇喜了吧。奴才應早早啓奏萬歲，這可是天大的喜事呀！」

蘭貴人放下魚竿，用香絲帕擦了擦嘴，道：「鬼奴才，你比我還明白，難道萬歲爺不知道嗎？」安德海畢恭畢敬地回話：「您的奏摺又沒有交給奴才我，要是交給我，奴才樂不得的往上遞呢！」

「哼，我看這份摺子是壓在皇后那裡不發吧？好，你這就去稟告皇上，就說我遇喜已經兩個月了。」「喳！」安德海和宮女們扶著蘭貴人上了軟轎，緩緩地去了。

這一招還真靈。第二天咸豐就傳下諭旨：「升蘭貴人爲懿嬪，令其母帶兩名婦人進宮，由蒼震門進，至儲秀宮住宿，以便隨時照看。」

轉眼到了臘月，懿嬪已懷孕6個月，行動不便，飲食起居均需分外照應，咸豐帝已傳旨由內務府照應。正月二十八日，內務府送來精奇嬤嬤（滿語意爲上差，工資地位較高的僕役）10名，兆祥所首領太監王成選送燈火，水上嬤嬤20名代懿嬪差遣。

到了二月，又精選6名嬤嬤到儲秀宮晝夜伺候，同時精選兩名姥姥（收生婆），在上夜守喜，太醫院另派兩名御醫生在御藥房下所輪留值班。第二天又傳旨太醫院，守喜御醫加派4名，分兩班，每班3名，晝夜輪值。內務

大清后妃傳奇

府各司也忙得不亦樂乎，衣褲奉旨準備各色春綢七丈五尺一寸，潞綢八丈一尺三寸，白蘭高麗布各三匹，白漂布、藍扣布各兩匹。以上布做春綢小襖27件，自紡絲小衫4件，一幅紅春綢，控單一塊，紅兜肚4個，潞綢被18床，布褥10床……一切接生用具，各色人物，全都準備妥當。咸豐六年，自正月二十四日起，御醫每天診脈，並及時奏報。經過一番折騰，懿嬪於咸豐六年三月二十三日開始坐臥不安，未時生了個男孩子，就是後來的同治皇帝。

孝欽顯皇后諡寶
璽文左為滿文，右為漢文。

　　懿嬪生了龍子，咸豐大喜，立即傳旨，照妃例賞賜白金300兩、綢緞70匹，宣佈：「懿嬪著封為懿妃。」沒多久又升為懿貴妃。

　　關於葉赫那拉氏的起源，最早有這樣一個故事：在元末明初時，已在葉赫河建立了葉赫城的葉赫那拉氏家族與愛新覺羅家氏族發生了一場戰爭，當時，愛新覺羅家族的頭領為了使葉赫那拉氏臣服，就指著大地說道：「我們是大地上最尊貴的金子（愛新覺羅就是金子的意思）！」而葉赫那拉的部落首領聽了大笑，他指著天上的太陽說道：「金子算什麼，我們姓它！」葉赫那拉氏最後打敗了愛新覺羅氏，成為當時東北較大的一支部落。」

　　據史料記載：葉赫那拉氏是滿族中的大姓，也是起源較早的姓氏。葉赫那拉氏的始祖，原來是蒙古人，依附烏拉部，招贅在那裡，改姓那拉氏。那拉的意思就是愛，他領有其地，並成為一國，成為「海西四部」之一。因為他的國是在葉赫的河邊建立的城市，所以叫葉赫那拉氏。葉赫那拉氏是滿族八大姓氏之一，其中也先後出過許多文豪武將。如歷來被譽為「清初學人第

一丁的滿族傑出文人納蘭性德就姓葉赫那拉。但眞正使葉赫那拉揚名天下的，當屬葉赫那拉氏的三位皇后。

葉赫那拉氏和愛新覺羅氏世世代代都是血統之親，努爾哈赤就是葉赫那拉氏所生，也是葉赫那拉氏家的姑爺。他的兒子皇太極也是葉赫那拉氏所生。在大清朝時有一個世代說法——葉赫那拉家世代出美女。努爾哈赤的皇后也就是皇太極的母親，就是大清第一位皇后孝慈高皇后。孝慈是葉赫部長楊吉努之女，在明萬曆十六年，她14歲時是作爲建州女眞與葉赫女眞結軍盟的條件嫁與努爾哈赤的，她與努爾哈赤生活了15年，僅生下皇太極一子。她於29歲便病逝，於清

《咸豐帝朝服像》
清宮廷畫家繪。絹本，設色，現藏於北京故宮博物院。

崇德元年被皇太極追諡爲太祖高皇后。在孝慈與努爾哈赤共同生活的15年間，正是努爾哈赤積極向外擴張，統一女眞各部，並收降一部納娶一妃的輝煌時期。努爾哈赤是用36年的時間統一蒙古與東北其他各部之後，最後才向葉赫那拉氏宣戰的！葉赫那拉的大汗是他的親舅舅，各守關的將領都是他的表哥、表弟，都是親人。當時，努爾哈赤帶著他的千軍萬馬，包圍了葉赫城，但他沒有馬上宣戰，而是跪在城前三天三夜，請求葉赫那拉氏投降，團結起來，共同對付明朝政權。可是葉赫那拉家族認爲，你是我們家的姑爺，

你不聽我的指揮，還要聽你的，那哪行呀！堅決不同意。沒有辦法的情況下，努爾哈赤下了一道令，凡是願意投降的，一律高官厚祿，凡是反抗的不管是誰，我六親不認，一律屍首分家。就這樣，努爾哈赤向葉赫那拉宣戰，經過激烈的戰鬥，努爾哈赤最終殺進城去，殺了幾萬人，而葉赫那拉氏的那些被包圍的首領也紛紛自殺，寧死不降，直到最後，老一代的都死了，剩下年輕的看到大勢已去，才向努爾哈赤投降了。這個故事在民間流傳頗廣，在關於慈禧的影視作品中也時常亮相。

也正是因為這個故事，一直流傳著葉赫那拉與愛新覺羅為世仇，宮中后妃與秀女不選葉赫那拉氏的傳說。其實這種說法根本是荒誕無稽之談，不僅太宗（皇太極）的生母是葉赫那拉氏，高宗乾隆的順妃，也都出於葉赫那拉氏。但讓葉赫那拉家族真正門庭顯赫名揚天下的卻是慈禧皇太后！

走上無上權威的寶座

1861年7月17口，咸豐帝病死。他臨終前做了三件事：（1）立皇長子載淳為皇太子。（2）命御前大臣載垣、端華，大學士肅順和軍機大臣穆蔭、杜翰、焦佑瀛等八人為贊襄政務大臣，控制政局。（3）授予皇后鈕祜祿氏「御賞」印章，授予皇子載淳「同道堂」印章（由生母慈禧掌管）。顧命大臣擬旨後要蓋「御賞」和「同道堂」印章。不久，八大臣便同兩宮太后發生了極大矛盾。

當時，朝廷主要分為三股政治勢力：其一是顧命大臣勢力；其二是帝胤勢力；其三是帝后勢力。三股政治勢力的核心是同治皇帝。哪股政治勢力能夠同帝后勢力相結合，就會增加勝利的可能性。當時的清廷內有「南長毛、北捻子」之憂，外有列強重起戰端之患。最高決策層為此產生了嚴重分歧，從而導致了其政治勢力的重新分解組合，出現了三股勢力集團。

第一股勢力集團是聚集於咸豐周圍握有重權的端、肅集團，核心人物為怡親王載垣、鄭親王端華、戶部尚書肅順。從該集團崛起來看，它是因太

《懿妃遇喜檔》
款署「咸豐六年三月二十三日立」記載了同治出生的情況。

平天國農民起義猛烈發展，咸豐爲使統治機構能夠發揮有力的鎮壓功能，把決策權由「軍機處」轉移到幾個幹練的御前大臣手中而形成的。端、肅集團對內主張堅決鎮壓農民起義。爲此他們一方面尚嚴峻法，力除積弊，但對漢人又心存疑慮。他們對外態度是排外的，肅順即爲咸豐一朝對外政策的制定者和執行人，他的全部努力就是以確保中國處於地方各部族首領的控制。因此，要清帝與歐洲的蠻夷酋長平起平坐。這樣就使列強的政治經濟觸角向中國更廣更深地方伸展時受到阻礙，這是列強們難以忍受的。

爲使清廷恭順地履行不平等條約，打擊端、肅，培植爲列強控制的集團就提到列強的議事日程上來，奕訢集團應運而生。奕訢曾是大清皇位的有力競爭者，敗北後長期失寵，但他不是個甘於寂寞的人，1860年英法聯軍攻佔北京給其境況帶來了轉機。他通過與列強接觸，思想發生重大變化，提出「滅發捻爲先，治俄次之，治英又次之」處理「內憂外患」的行動原則，取得了站在階級鬥爭前沿的地主階級的擁護和支持。列強也需要從最高階層內

94

部來扶植一派抗衡端、肅，奕訢便成了他們的最佳選擇。奕訢集團的根基是地主階級與列強的支持。而奕訢為改受制於人的局面，在政治上求得主動，在《北京條約》簽字後，曾請咸豐回朝，其目的也正是想借洋人之力，推倒端、肅，鉗制咸豐。這些請求均遭咸豐拒絕而作

孝慈高皇后諡寶

罷。但卻說明了列強勢力已滲入清廷最高統治層，並且漸漸成為各派別較量的不可忽視的一顆砝碼。

咸豐之死使本已複雜的權力之爭更加複雜。咸豐彌留之際，給6歲的太子載淳留下遺言，讓他即位後立即宣佈：「繼承大統，母后皇后尊為太后，聖母應尊為皇太后。」這就從法律上肯定了作為載淳生母的那拉氏取得了與鈕祜祿氏同等的政治身份。權欲極強的那拉氏，對咸豐託孤的「贊襄政務」八大臣大權獨攬極為不滿，更對肅順慫恿咸豐帝效法漢武帝臨終前遺命賜死鉤弋夫人的獻策懷恨在心，決意要從其手中分權。此時那拉氏對內外矛盾處理的主張與端、肅並無二致，而為爭權她與奕訢合流後，則與當時兩大矛盾緊密相連了。

當時朝廷大臣實際上分為兩部分：一半在承德，另一半在北京。即：前者是以肅順為首的「承德集團」；後者是以奕訢為首的「北京集團」。在北京的大臣，又發生了分化，一部分傾向於顧命大臣，大部分則傾向於帝胤和帝后勢力，從而出現錯綜複雜的局面。「承德集團」隨駕，主要人物有贊襄政務八大臣：載垣、端華、景壽、肅順和軍機大臣穆蔭、匡源、杜翰、焦佑瀛等。「北京集團」以恭親王奕訢為首，其支持者為五兄惇親王、七弟醇郡王、八弟鐘郡王、九弟孚郡王，還有軍機處大臣文祥、桂良、寶鋆等人。

其實，咸豐帝彌留之際的「後事」安排，是一種意在調適權力平衡，但又必然引起權力爭奪的行政制度。上諭「鈐印」的規定，從制度上確保了

95

「御賞」璽文

皇權不致旁落，排除了肅順等人挾制天子的可能；但同時也爲慈禧掌握清廷最高權力提供了可能，使慈安、慈禧太后處於雖無垂簾之名而有臨政之實的地位。故此時人明確指出，實際是「（太后）垂簾（八大臣）輔政，蓋兼有之」的權力機制。慈禧取得代子鈐印權力後，便理所當然地成爲皇權的代表，因而干預朝政也就成爲順理成章的事了。

七月十八日，大行皇帝入殯後，以同治皇帝名義，尊孝貞皇后爲皇太后即母后皇太后，尊懿貴妃爲孝欽皇太后即聖母皇太后。

八月初一，恭親王奕訢獲准趕到承德避暑山莊拜謁咸豐的梓宮。據《我的前半生》記載：相傳奕訢化裝成薩滿，在行宮見了兩宮皇太后，密定計，旋返京，做部署。奕訢獲准同兩宮太后會面約兩個小時。奕訢在熱河滯留的6天裡，儘量在肅順等面前表現出平和的姿態，麻痺了顧命大臣。兩宮太后與恭親王，破釜沉舟，死中求生，睿智果斷，搶奪先機，外柔內剛，配合默契。恭親王同兩宮太后密商決策後，返回北京，準備政變。此時，咸豐皇帝

剛駕崩13天。

初五，醇郡王爲正黃旗漢軍都統，掌握實際的軍事權力。

初六，御史董元醇上請太后權理朝政、恭親王一二人輔弼的奏摺。

初七，兵部侍郎勝保到避暑山莊。勝保在下達諭旨不許各地統兵大臣赴承德祭奠後，奏請到承德哭奠，並率兵經河間、雄縣一帶兼程北上。

十一日，就御史董元醇奏摺所請，兩宮皇太后召見八大臣。肅順等八大臣以咸豐遺詔和祖制無皇太后垂簾聽政故事，擬旨駁斥。兩宮皇太后與八位贊襄政務大臣激烈辯論。八大臣「嘵嘵置辯，已無人臣禮」。《越縵堂國事日記》記

奕訢舊照
奕訢（1833—1898），咸豐異母弟，封恭親王。

載：肅順等人恣意咆哮，「聲震殿陛，天子驚怖，至於涕泣，遺溺后衣」，小皇帝嚇得尿了褲子。兩宮太后不讓，載垣、端華等負氣不視事，相持逾日，卒如所擬。八大臣想先答應兩宮太后，把難題拖一下，回到北京再說，殊不知，回北京等待他們的是難逃的厄運。

十八日，在承德宣佈咸豐靈柩於九月二十三日起靈駕，二十九日到京。

九月初一，同治上母后皇太后爲慈安皇太后、聖母皇太后爲慈禧皇太后徽號。

九月初四，鄭親王端華署理行在步軍統領，醇郡王任步軍統領。先是，兩宮太后召見顧命大臣時，提出端華兼職太多，端華說我只做行在步軍統領；慈禧說那就命奕訢做步軍統領。奕訢做步軍統領就掌握了京師衛戍的軍權。沒過多久，奕訢又兼管善捕營事。

二十三日，大行皇帝梓宮由避暑山莊啓駕。同治與兩宮皇太后，奉大行皇帝梓宮，從承德啓程返京師。兩宮太后和同治只陪了靈駕一天，就以皇帝年齡小，兩太后爲年輕婦道人家爲藉口，從小道趕回北京。

二十九日，同治奉兩宮太后回到北京皇宮。因爲下雨，道路泥濘，靈駕行進遲緩。同治奉兩宮皇太后間道疾行，比靈駕提前4天到京。兩宮皇太后到京後，即在大內召見恭親王奕訢等。

三十日，發動政變。同治與兩宮皇太后，宣佈在承德預先由醇郡王就之諭旨，宣佈載垣等罪狀：

（1）「上年海疆不靖，京師戒嚴，總由在事之王大臣等籌畫乖張所致。載垣等不能盡心和議，徒以誘惑英國使臣以塞己責，以致失信於各國，澱園被擾。我皇考巡幸熱河，實聖心萬不得已之苦衷也！」就是將英法聯軍入侵北京、圓明園被焚掠、皇都百姓受驚、咸豐皇帝出巡的政治責任全扣到載垣等八大臣頭上。

（2）以擅改諭旨、力阻垂簾罪，解載垣、端華、肅順、景壽，穆蔭、匡源、杜翰、焦佑瀛退出軍機。《清史稿・肅順傳》記載：此前，「肅順方護文宗梓宮在途，命睿親王仁壽、醇郡王往逮，遇諸密雲，夜就行館捕之。咆哮不服，械系。下宗人府獄，見載垣、端華已先在。」《清穆宗毅皇帝實錄》記載：「以醇郡王管善捕營事。」這可能同逮捕肅順事有關。

不久，同治帝命恭親王爲議政王、軍機大臣。隨之，軍機大臣文祥奏請兩宮皇太后垂簾聽政。《清史稿・文祥傳》記載：「十月，回鑾，（文祥）偕王大臣疏請兩宮皇太后垂簾聽政。」命大學士桂良、戶部尙書沈兆霖、侍郎寶鋆、文祥爲軍機大臣集團。

這次政變，因載淳登極後擬定年號爲祺祥，故稱「祺祥政變」；這年爲

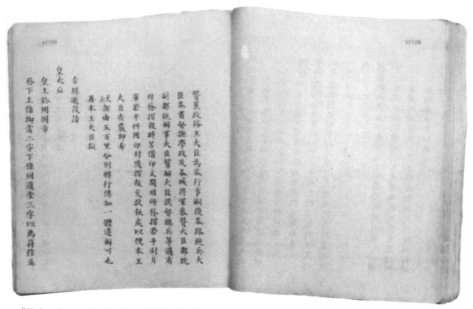

《贊襄政務王大臣按月恭繳錢用諭用諭旨事文內閣片》
現藏於中國第一歷史檔案館

辛酉年，又稱「辛酉政變」；因政變發生在北京，又稱為「北京政變」。其時，「辛酉政變」的三個主要人物——慈安皇太后25歲，慈禧皇太后27歲，恭親王30歲，眞可謂年輕帝胤聯盟戰勝了老邁的宗室顧命大臣。

辛酉政變的成功有以下幾個直接原因：

第一，兩宮皇太后和恭親王奕訢抓住並利用官民對英法聯軍入侵北京、火燒圓明園的強烈不滿，對「承德集團」不顧民族、國家危亡而逃到避暑山莊的不滿，而把全部歷史責任都加到顧命八大臣頭上。也把咸豐皇帝到承德的責任加到他們頭上。從而兩宮皇太后和恭親王奕訢取得政治上的主動，爭取了官心、軍心、旗心，顧命八大臣則成了替罪羔羊。

第二，兩宮皇太后和恭親王奕訢利用了顧命大臣對慈禧與奕訢的力量估計過低而產生的麻痺思想，又利用了帝后雖是孤兒寡母，卻掌握「御賞」、「同道堂」兩枚印章——顧命大臣雖可擬旨不加蓋這兩枚印章卻不能生效，

99

兩宮太后與奕訢可由大臣擬旨加蓋這兩枚印章便能生效的有利條件。

　　第三，兩宮皇太后和恭親王奕訢搶佔先機，先發制人，沒有隨大行皇帝靈柩同行，擺脫了顧命大臣的控制與監視，並從間道提前返回，利用自七月十七日咸豐死，到咸豐靈柩運到皇宮，其間幾天的充分時間，進行政變準備。原定九月二十三日起靈駕二十九日到京，因下雨道路泥濘，而遲至十月初三到京，比原計劃晚了4天。兩宮太后於二十九日到京，三十日政變，時間

垂簾聽政之紗窗
皇太后在此聽政，需「垂簾」遮蔽。

「慈安端裕皇太后之寶」
青玉質，交龍鈕，附黃綬帶，現藏於北京故宮博物院。

整整差了3天。這為她們準備政變提供了時間與空間，打了一個時間差與空間差。

第四，兩宮皇太后和恭親王奕訢意識到並預感到：這是他們生死存亡的歷史關鍵時刻，唯一的出路就是拼個魚死網破。慈禧曾風聞咸豐帝生前肅順等建議他仿照漢武帝殺其母留其子的「鉤弋夫人」故事，免得日後皇太后專權。這個故事，《漢書・外戚傳上》記載：漢武帝寵幸鉤弋夫人趙婕妤，欲立其子，以「年稚母少，恐女主顓恣亂國家」，趙婕妤遭漢武帝譴責而死。漢武帝臨終前，立趙婕妤子為皇太子，以大司馬、大將軍霍光輔少主，是為漢昭帝。但是，咸豐帝沒有像漢武帝那樣做，而是用「御賞」和「同道堂」兩枚印章來平衡顧命大臣、兩宮太后之間的關係，並加以控制。結果，這兩枚印章被兩宮太后所利用，打破了初始的權力平衡結構。

其實更深層的原因是正統皇權思想在政變中的巨大影響作用。簡單回顧一下政變前後的幾次較量，便可一目了然。

較量之一：慈禧的太后封號。咸豐帝病逝當天，皇后鈕祜祿氏即循例被尊為皇太后，率眾殯妃於靈前奠灑，那拉氏則無晉封。此舉雖為肅順等人抑制那拉氏、以示嫡庶等差的有意安排，但卻不能無視其「母以子貴」的特殊政治身份，以及由此而生的皇權分量。故此第二天，肅順等不得不以「內閣

奉上諭」的形式尊那拉氏爲皇太后。

較量之二：慈禧有無干預朝政權。最初，肅順等人擬實行「八大臣贊襄輔政制度」，凡「詔諭疏章」等事，皆由其擬定處理意見，「太后但鈐印，弗得改易」。慈禧對此頗爲不滿，以拒絕鈐印相抵制。「議四日」，肅順等人只得妥協，同意以後的一切官員章疏均需送太后批閱；諭旨亦需由太后過目認可鈐印發下後，才能生效；任命尚侍督撫等大員，由贊襄政務王大臣等「擬名請贊訓擬定」，其他官員的任免，亦需「在御前掣籤，兩宮並許可」。肅順等人之所以做如此妥協，大概不能僅以其政治上的幼稚不成熟來解釋，他們面對的不是慈禧個人，而是充斥於人們心際腦海中神聖不可侵犯的皇權。在中國歷史上，任何無視皇權並向其挑戰的人，都不會有好下場。哪怕是握有實際軍權、可以指鹿爲馬的權臣。對此，肅順等人不會不懂。

較量之三：慈禧是否垂簾聽政。鄧之誠先生曾說：慈禧太后「既已看摺……召見軍機……且以朱印代筆，即無異垂簾，所不同者，唯不召見外臣。」但是，慈禧並不滿足於這種猶抱琵琶半遮面式的「聽政」，而是熱衷於名副其實的「垂簾聽政」。九月初六，山東道監察御史董元醇上疏稱：當此天下多事之秋，「皇帝陛下以沖齡登基，所賴一切政務，皇太后宵思慮，斟酌盡善，此誠國家之福也」。要求清廷「明降諭旨，宣示中外，使海內咸知皇上聖躬雖幼，皇太后暫時權理朝政，左右並不能干預」。同時要求「於親王中簡派一二人，令同心輔弼一切事務」，朝政國政，「盡心籌畫」，然後「再求皇太后、皇上裁斷施行」。只有如此親賢並用，才能「既無專擅之患，亦無偏任之嫌」。由此可見，董元醇提出以太后垂簾聽政與親王輔政制取代顧命大臣輔政制，完全是以維護皇權、防範臣下專擅立論的。肅順等人面見兩宮太后時，雖公然抗論，聲稱自己「係贊襄皇上，不能聽命太后」，甚至說「請太后看折亦係多餘之事」，但他們批駁董元醇請行太后垂簾聽政主張時，也是以皇權爲護符，以維護皇權立論的。這不僅令人感到頗有意思，更令人深思其故。肅順等人以新帝名義擬旨痛斥董元醇稱：「皇考……特召載垣等八人，令其盡心輔弼。朕仰體聖心，自有深意。」

避暑山莊煙波致爽殿
咸豐帝病死於此殿

董元醇「奏請皇太后暫時權理朝政,甚屬非是……該御史必欲於親王中另行
簡派,是誠何心!所奏尤不可行。」肅順等人將擬定的這一諭旨遞上,慈禧
將其留中不發。肅順等人以「決意擱車」停止辦事的方式相抗。最後,慈禧
以退為進,將董元醇的奏摺及肅順等人所擬諭旨同時發下。此後,肅順等八
大臣「始照常辦事,言笑如初」。就當時的結果來看,似乎肅順等人取得了
勝利。但在皇權思想頗盛的封建專制制度下,肅順等人與慈禧圍繞太后是否
臨朝聽政問題的較量,是以肅順等人為代表的臣權與以慈禧太后為代表的皇
權的較量。肅順等人的「勝利」中醞釀著危機與大禍,為慈禧以後治罪肅順
等人提供了口實。當時在熱河化名守黑道人的軍機章京即明確指出:如肅順
等人並不過分強求,慈禧未將董元醇的奏摺及肅順等人所擬諭旨發下,而是
「將此折淹了,諸君(肅順等人)之禍尚淺」。「擱車之後,(慈禧)不得
已而發下,何以善其後耶!……吾謂諸君之禍,肇於擱車矣」。

103

需知，此段議論並非「辛酉政變」後人們的追思之論或後見之明，而是事前的前瞻預言。這名不出名的軍機章京何以有此未卜先知之明？因其已看到肅順等人與皇權抗爭必然失敗的命運。故此，這名軍機章京大罵肅順等人「可謂渾蛋矣」。「渾蛋者」，既是村夫市井的粗俗之語，又是在譏責肅順等人不識時務，竟敢冒天下之大不韙，公然與皇權對抗，在政治方面未免過於幼稚與無知。如果說肅順等人在熱河與慈禧的多次較量基本打成平手，主要是依賴於其在熱河的強大影響及部分清廷官員暫時認可了這一非常時期的非常措施的話，那麼，一旦清廷回到北京，廣大官僚士大夫即要全力維護皇權的常態秩序了。肅順等人的失敗不但即將臨頭，而且充滿了必然性。後來的歷史也證明了這一點。

翁同龢舊照

翁同龢是光緒帝的老師，積極支持變法，後被慈禧太后罷黜。

較量之四：曹操、王莽者流與孤兒寡母。清廷決定回到北京之時，肅順等人自恃為贊襄政務王大臣，輕估了皇權思想對朝臣的巨大影響力量。而慈禧太后與小皇帝回到北京後，則竭力利用滿朝文武的正統皇權思想和忠君意識，將自己打扮成長久受人欺侮的孤兒寡母，肅順等人則是欺君蔑上、專權謀逆的亂臣賊子，直如西漢王莽之於漢平帝及孺子嬰，東漢董卓、曹操之於漢獻帝等。慈禧與小皇帝剛至北京郊外，慈禧即對循例前來郊迎的元老重臣「涕泣」，「縷述三奸欺蔑之狀」，爭取眾多大臣的同情。大學士周祖培奏稱：「何不重治其罪？」其實早在熱

河之時，慈禧即密令醇郡王起草上諭，羅列了肅順等人「不能盡心和議」，反對清帝回京，奏對之時，「常常置辯，已無人臣之禮，擬旨時又陽奉陰違，擅自改寫」等罪名。慈禧此時雖暗藏殺機，卻揣著明白裝糊塗，故意以弱者的姿態詢問，「彼為贊襄王大臣，可遽予治罪乎？」奕訢亦以「祖培等弱昧不足與共謀」，未向祖透露政變機密。故此，尚蒙在鼓裡的周祖培繼而出謀劃策稱：「皇太后可降旨，先令解任，再予拿問。」慈禧順水推舟答稱：「善。」由此可見，慈禧太后一直在利用朝野上下的皇權思想及其頒佈上諭之權與肅順等人進行著殊死的較量。

　　1861年11月2日（農曆十月三十），奕訢與文祥、周祖培等人入朝待命，載垣、端華等阻止說：「外廷臣子，何得擅入？」奕訢等人立於宮門之外。未久，有旨下，命將肅順、載垣等人治罪。載垣、端華屬聲喝斥道：「我輩未入，詔從何來？」贊襄政務王大臣與慈禧、奕訢的鬥爭已經公開白熱化，文武百官及兵丁侍衛面臨著是忠於「王事」，維護皇權，還是倒向贊襄政務王大臣一邊的抉擇。奕訢緊緊抓住人們的正統皇權和忠君思想，大聲喝道：有王命在此，誰敢者！遂有「侍衛數人來前，摵二人冠帶，擁出隆宗門」。另據晚清著名學者王闓運的《祺祥故事》記載，當奕訢向載垣、端華出示將其治罪的上諭時，兩人面對赫赫皇權、皇命「皆相顧無語」。奕訢問其是否遵旨？載垣等只得向皇權低頭稱：「焉有不遵」，遂束手被擒。贊襄政務王大臣的核心肅順，面對慈禧等人手中的皇權，同樣是無可奈何，無所作為的。渾寶惠先生曾說：「以一少年之奕訢，偕睿王仁壽帶領提署番役」，前去擒拿肅順。肅順雖心中不服，身邊又有兵丁護衛，「尚猶咆哮，問諭旨所由來」，但仍是「事已去矣」。原因何在？「此無他，（皇）權在手耳」。綜上所述，慈禧等人掌握著小皇帝及頒佈詔旨之權，奉有咸豐帝遺詔的贊襄政務王大臣實在無可奈皇權者何，正統皇權思想在政變中的巨大影響作用應該是具有決定性的。雖然它無影無形，但「辛酉政變」中雙方每一次實力變化，都與它息息相關。正如台灣著名清史專家莊練先生所說：「死的皇帝敵不過活的太后。」

「辛酉政變」是君權與相權的一次大的衝突，表現了兩宮皇太后和恭親王的聰明才智。它的重大結果是清朝體制的一大改變。經過「辛酉政變」，否定「贊襄政務」大臣，而由慈安皇太后與慈禧皇太后垂簾聽政，這是重大的改制。「辛酉政變」後，恭親王爲議政王，這是當年睿親王多爾袞輔政的再現。但有一點不同：既由帝胤貴族擔任議政王、軍機大臣，又由兩宮太后垂簾聽政。這樣皇權出現二元：議政王總攬朝政，皇太后總裁懿定。這個體制最大的特徵是皇太后與恭親王聯合主政，後來逐漸演變爲慈禧獨攬朝政的局面。隨之，又產生一個制度：領班軍機大臣由親貴擔任--軍機大臣滿洲兩人、漢人兩人。在同治朝，大體維持了這種五人軍機結構的局面。「辛酉政變」就滿洲貴族而言，主要是宗室貴族同帝胤貴族的矛盾與拼殺。兩宮皇太后特別是慈禧皇太后，主要利用和依靠帝胤貴族，打擊宗室貴族，取得了勝利。

「辛酉政變」的意義不僅在於它完成了清政府最高權力由「顧命八大臣」到慈禧太后的權力轉移，更重要的還在於它改變了清廷的內外政策，將其政權從瀕於滅亡的境地挽救出來；在於它改變了其權力佈局，對晚清政治具有深遠的影響。通過政變登上政治舞臺的慈禧太后，爲擺脫危機而施行了新的內外政策：對外執行議和外交，以取得「中外相安」並討得列強對其政權的支持。爲此，她採取了主動而積極的態度，以博得列強對其歡心。突出的事例就是在宣佈端肅等罪狀時，就把「不能盡心和議，徒以誘惑英國使臣以塞己責，以致失信於各國。」列爲首要罪狀。就列強一方而言，面對清廷動盪的局面，他們也清楚「實際上中國的前途是很黑暗的，除非外邊給它強有力的援助。」，否則「這座房子就會倒坍下來，而我們最好利益也就此埋入廢墟。」列強對華政策由主要是「打」而變成「中立」。中外反動勢力通過政變達成了默契，出現了「中外和好」的局面。

對內實行滿漢合流。太平軍的作戰力很強，八旗兵不堪一擊，綠營也腐敗透頂，湘軍成了能和太平軍相抗衡的唯一力量。爲盡早將太平天國革命鎮壓下去，清廷注意調整同曾國藩等人的關係，給他們以更多更大的權力。

慈禧皇太后之寶
青玉質，交龍鈕，現藏於北京故宮博物院。

1861年11月即慈禧太后操權的當月，就令曾國藩統轄蘇浙皖贛四省軍務，所有四省巡撫、提督以下文武官員悉歸其節制。不久，又加其太子少保銜和協辦大學士，又固權左宗棠、李鴻章。曾國藩集團成為地主階級當權派中最大勢力集團。這與咸豐朝對漢族地主的猜忌、壓制恰恰形成鮮明對比。滿漢地主階級為鎮壓農民起義，密切地合作起來。在中外反動勢力聯合絞殺下，太平天國農民起義被鎮壓，清政權在風雨飄搖中得到了暫時的喘息機會。

政變的另一結果是葉赫那拉氏調整了權力佈局。這集中地表現為她實行垂簾聽政，這種統治形式實質上是她個人獨裁專政。故此，在她統治的48年的時間裡，始終不惜以各種政治手腕竭力維護垂簾聽政式的政治局面。權力佈局的又一改變是：清政府的權力格局，由「內重外輕」變成「內輕外重」，中央極度專權和地方實力集團握有重權的矛盾現象為之解決。慈禧太后採取在地方實力派中扶植一派抗衡另派的手法，使他們之間相互制約，以利於她居間調節。但使用這種政策的結果則造成晚清政治中綿延不絕的眾多派別的紛爭。

政治格局變了，滿清的國運有轉機嗎？馬上開始的由政變勝利者所主持的新政將決定這一切！

在政海中弄潮的女人

慈禧發動「辛酉政變」，本係權欲驅使，但權力一旦在握，她也活得很不輕鬆。與其同為女性武則天相比較，她所面臨的時代要遠為複雜得多，堪稱「古今未有之變局」。慈禧太后垂簾聽政，一言九鼎。她的性格、心態和識見，對這場改革運動的進程和結局，干係十分重大。這位宮廷頭號女人不能不使出渾身解數，以撐持風雨飄搖的大帝國。

奕訢舊照

1. 自強與求富

慈禧發動政變後，以「自強」、「求富」為宗旨的洋務運動迅即拉開序幕。很難設想，如果沒有慈禧太后的支持，洋務運動怎麼可能在強大守舊勢力的阻擾下延續三十多年？很長一段時間裡，慈禧被一些史家稱為「頑固勢力的總代表」，說她「一貫頑固守舊」，殊不知慈禧掌權正值國事衰微之際，她並不缺乏改革進取之心。滿清迴光返照的「同治中興」正是在慈禧當政期間發生，而洋務運動如果可以算是中國走向現代化的第一次努力的話，這和慈禧大量信任、起用洋務派有必然的關係。

洋務派每辦一事，必招致頑固派和清流黨的攻訐，朝廷上無一日安寧。面對頑固派和清流黨的囂聲，慈禧太后巧妙地施展其政治手腕，逐漸地減少來自他們的阻力。1866年，洋務派擬在同文館加設天文、算學館，選派科甲正途出身的人進館學習。此議一出，文淵閣大學士、理學大師倭仁便倡首

反對。他認為以中國之大，不患無才，「何必師事洋人」？慈禧見倭仁振振有詞，即令他保舉數員精通自然科學的中國教師，另行設館授徒，以與同文館的洋教習相比試。倭仁見上頭動了真格，趕快申辯，說所謂中國「不患無才」，不過是自己「以理度之」，為想當然之事，「應請不必另行設館，由奴才督飭辦理。況奴才並無精於天文、算學之人，不敢妄保」。倭仁受此挫抑，後竟鬱悶成疾，請求開缺休養。

清流派代表人物張佩綸也曾經領教過慈禧太后的厲害。中法戰爭期間，張佩綸放言高論，以談兵事為能，對洋務派的軍事外交政策不屑一顧。慈禧順水推舟，任命張佩綸為福建海疆大臣，到前線指揮作戰。張佩綸臨事茫然，暗中卻叫苦不迭。據《中法兵事本末》記載：「張佩綸、何如璋甫聞炮聲，即從船局後山潛逃。是日大雷雨，張佩綸跣而奔，中途有親兵曳之行……鄉人拒不納，匿禪寺下院，距船廠二十餘里……適有廷寄到，督撫覓張佩綸不得，遣弁四探，報者賞錢一千，遂得之。」張佩綸的色厲內荏，慈禧的治人之術，於此可見一斑。但這次的代價是否也太大了。

慈禧一面應付頑固派、清流黨的訌鬧，一面給備受委屈的洋務派打氣。1878年，曾國藩的長子曾紀澤出使英法前夕，與慈禧有段十分耐人尋味的對話。慈禧：「也是國家運氣不好，曾國藩就去世了。現在各處大臣，大多總是瞻徇。」

曾紀澤：「李鴻章，沈葆楨，丁寶楨，左宗棠均為忠貞、肱骨之臣。」
慈禧：「他們都還不錯，但都是老班子，新的都趕不上。」
曾紀澤：「郭嵩燾總是正直之人，此次亦是拼卻聲名替國家辦事，將來仍求太后、皇上恩典，始終保全。」
慈禧：「上頭也深知郭嵩燾是個好人。其出使之後所辦之事不少，但他挨這些人的罵也挨夠了。」
曾紀澤：「郭嵩燾恨不得中國即刻自強起來，常常與人爭論，所以挨罵，總之郭嵩燾係一個忠臣。好在太后、皇上知道他，他就拚了聲名也還值得。」

晚清重臣榮祿舊照

慈禧：「我們都知道他，王大臣等也知道他。」

慈禧不僅對曾、左等洋務運動的「老班子」念念不忘，而且頗有後繼乏人之慮。郭嵩燾作為洋務運動的新銳，是中國首任駐英法大使。他極力主張向西方學習，動輒與老臣們爭論，得罪了許多人。在頑固派眼中，郭嵩燾被看成士林敗類，名教罪人。「出乎其類，拔乎其萃，不容於堯舜之世；不能事人，焉能事鬼，何必去父母之邦。」這首刻薄的對聯便是頑固派送給郭嵩燾的禮物。慈禧說他「挨這些人的罵也挨夠了」，實際上在為郭嵩燾鳴不平，同時對曾紀澤也是一種激勵。慈禧無疑是支持改革的，但處在一個社會大變革的時代，她與一個最高統治者應該有的知識素養和精神面貌又有一定的差距。她沒有主動吸納新知識的渴求和行動，因而在不少問題上表現出驚人的無知，如認為修鐵路破壞風水，火車要用驢馬來牽引等（但這也不能全怪她，那個時代的知識背景就是如此）；她貪圖安榮享樂，不惜挪用海軍軍費修造頤和園等。無知和私欲，直接影響到她所支援的洋務運動的實績。更為重要的是，她對事態的嚴重性、改革的進程和目標從未有過足夠的心理準備和通盤考慮，而是在外力的刺激下被動地調整政策，這也表明慈禧仍然缺乏一個卓越政治家的前瞻視野。

1895年的甲午戰爭失敗後，1898年由光緒帝主持的戊戌變法維新應運而生。此事其他史書多有詳解，筆者在此並不詳談。在大家的腦海裡，戊戌變

法運動是慈禧太后一手鎮壓下去的，慈禧此舉成了阻礙中國進步的關鍵。然而，慈禧並非一貫就反對變法維新。甲午慘敗，老佛爺豈能無動於衷？據費行簡《慈禧傳信錄》載，早在變法之初，慈禧即對光緒說：「變法乃素志，同治初即納曾國藩議，派子弟出洋留學，造船製械，以圖富強也。」「苟可致富強者，兒自為之，吾不內制也。」光緒素怕慈禧，待到慈禧坦露心跡，抑鬱頓釋，也就在幾個書生的簇擁下放膽行動起來，恨不得把一千年的任務在一個禮拜之內便大功告成。欲速則不達，反而適得其反。因而得罪了大批既得利益者。他們的所作所為漸漸超過慈禧所能容忍的限度，以致吞下血腥政變的惡果。

慈禧的不滿，大概有兩個方面。其一，維新派有針對她的兵變計畫，直接威脅到她的地位和生命。陳夔龍《夢蕉亭雜記》云：「光緒戊戌政變，言人人殊，實則孝欽並無仇新法之意，徒以利害切身，一聞警告，即刻由瀲園還京。」在權力之爭中，慈禧是心狠手毒的。如果改革要以犧牲她的權力為代價，那是萬萬不行的。其二，光緒帝和維新派全變、大變的急進變革主張，造成整個社會結構的強烈震盪，使許多與現存社會有利害關係的社會集團和政治勢力覺得受到了威脅。百日維新期間，上諭達一百一十多件，令人目不暇接。各地方官員都怨聲載道。光緒帝嚴懲阻撓變法的官員，樹敵太多。至於廢除八股改革科舉制度，又在龐大士人群體中引起普遍恐慌。慈禧擔心全線出擊造成大廈傾覆，便出面干涉，穩定政局。

戊戌變法運動雖被鎮壓，可那只是宮廷內的權力鬥爭，改革畢竟已是大勢所趨，關鍵在於由誰主持改革，以及如何進行改革。精明的慈禧太后通過戊戌政變確保了自己的地位之後，立即主動發出繼續改革的資訊：「前因中外積弊過深，不得不因時制宜，力加整頓。而宵小之徒，竊變法之說，為煽亂之謀。業經嚴拿懲治，以遏橫流。至一切政治有關國計民生者，無論新舊，均須次第推行，不得因噎廢食。」慈禧的這一舉動，給政變後萬馬齊暗的局面注入了興奮劑，使主張變法維新的社會力量重燃希望之火，這實為她政治上的高明之處。

正當慈禧意欲緩進地推行改革時，義和團運動爆發。義和團是這個時期中國北方人民自發組織的反對帝國主義侵略的團體。義和團運動，提出「扶清滅洋」的口號，對於痛恨洋人的慈禧太后而言，一開始就頗對胃口。然而在如何對待義和團的政策上，在激烈的爭論中，還夾雜著列強的干涉。到了1900年，中國的事不僅僅牽涉到中國人而已。

2. 庚子之變

1900年初，義和團的主力轉進直隸，逼進京畿。慈禧太后派刑部尚書趙舒翹、大學士剛毅先後去涿州調查情況。太后之所以對義和團採取慎重的態度，主要是義和團在痛恨洋人方面和太后有相似之處。義和團提出「保護中原、驅逐洋寇」，他們要焚燒教堂，因為教會「勾結洋人，禍亂中華」。他們要「三月之中都殺盡，中原不准有洋人」。

慈禧太后在1898年後痛恨洋人，其根源在於她發動政變廢光緒，另立新君的舉動，遭到洋人的極力干涉。據《庚子國變記》載：「首先是法國醫官探視被后黨宣佈為病重的光緒，結果發現沒事。」上雖同視朝，默不一言，而太后方日以上病狀危，告天下。「各國公使謁見，請法醫入視病，太后不許，各公使又亟請之，太后不得已，召入。出語人曰：血脈皆治，無病也。」太后聞之不悅。以英國為首的列強反對太后廢光緒，立新君。1900年1月24日，太后決定立端王載漪之子溥儀為大阿哥（皇位繼承人），預定元旦使光緒帝行讓位禮。當時天下譁然。經元善等連名上書至二千人。載漪害怕，遣人風各公使入賀，太后亦君各公使夫人飲，甚歡，欲遂立溥儀。各公使不聽，有違言。太后及載漪內慚，日放謀所以報。會江蘇糧道羅嘉傑以風聞上書大學士榮祿言事，謂：英人將以兵力會歸政。榮祿奏之，慈禧愈發生氣。

其次是康有為為英人庇護這事使太后憤怒。「遂以李鴻章為兩廣總督，欲詭致之，購求十萬金，而英兵衛之嚴，不可得。鴻章以狀聞，太后大怒曰：此仇必報！」

可見，太后發現有群氓開始燒教堂、殺洋人的時候，其心態自是複雜

的。一方面，她得到剛毅等的覆命，言
義民無他心，可以依靠。另一方面，
她感到處處受洋人的「氣」，又找不到
報復的機會。當1900年6月11日，董福
祥的甘軍受義和團的影響在永定門殺死
日本使館書記生杉山彬，並剖其屍後，
局面已愈發不可收拾。當時群情激昂，
據曾紀澤的女婿吳永（當時任懷來縣知
縣）回憶，太后對義和團的認識是這樣
的：當亂起時，人人都說拳匪是義民，
怎樣的忠勇，怎樣的有法術，描形畫
態，千真萬確，教人不能不信。後來又
說京外人心，怎樣的一夥兒向著他們；
又說滿漢各軍，都已與他們打通一氣
了，因此史不敢輕說剿辦。後來接著攻

岑春煊舊照

岑春煊在慈禧、光緒西逃時任甘肅布政使，因護駕有
功，擢為陝西巡撫，從此官運亨通。

打使館，攻打教堂，甚至燒了正陽門，殺的、搶的、我瞧著不像個事，心下
早明白，他們是不中用、靠不住的。但那時他們勢頭也大了，人數也多了，
宮內宮外，紛紛擾擾，滿眼看去，都是一起兒頭上包著紅布，進的進，出
的出，也認不定誰是匪，誰不是匪，一些也沒有考究。這時太監們連著護衛
的兵士，卻真正同他們混在一起了……這時我一個人，已作不得十分主意，
所以鬧到如此田地。我若不是多方委曲，一面稍稍遷就著他們，穩住了眾
心，一方又大力地制住他們，使他們對著我還有幾分瞻顧；那時紙老虎穿破
了，更不知道鬧出什麼大亂子，連皇帝都擔著很大的危險。

　　西太后的自述表明在普遍的仇外和反抗侵略情緒高漲的情況下，她如何
利用了義和團而又不可收拾的無奈心理。

　　真正導致局面無法收拾的，是義和團入城後發生的不受控制的滅洋教、
殺洋人和二毛子事件成了八國聯軍進一步侵華的藉口。第一批八國聯軍由

英海軍提督西摩爾率領，自1900年6月10日自天津出發，16日向大沽炮臺發出交出炮臺的最後通牒。正是在11日發生日本外交官被殺、13日義和團入北京城的前後幾天……15日，太后召大學士六部九卿入議，當著群臣哭泣。吏部侍郎許景澄進言：「中國與外洋交數十年矣，民教相仇之事，無歲無之，然不過賠償而止。唯有攻殺使臣，中外皆無成案，今交民巷使館，拳匪日窺伺之，幾於朝不謀夕，倘不測，不知宗社生靈，置之何也？」太常寺卿袁昶也進言：「釁不可開，縱容亂民，禍至不可收拾，他日內訌外患，相隨而至，國何以堪？」慷慨欷覷，聲震殿瓦。太后目攝之。可見太后對此是不以爲然的。

太后不僅認爲有何大不了的，而且她是執意要硬到底了。眞正促使她下決心同各國一戰的，是端王載漪在大沽炮臺失陷同日僞造的一份外交團照會。經榮祿進呈的這份照會，要求四件事：1.指明一地令中國皇帝居住；2.代收錢糧；3.代掌兵權；4.請太后歸政皇帝，廢大阿哥。據景善記載：「剛毅來告訴我，他從未見過老佛爺那樣地發怒，即使當她聞悉康有爲謀反時也沒有如此。彼族焉敢干預之權！她高喊著，是可忍，孰不可忍也！……現老佛爺准立決死戰，慈意所屬，雖沐恩甚優之榮相，亦不敢勸阻，恐生意外也。」促使太后宣戰的另一線索，是6月19日召開御前會議的當天，上海的《字林西報》發表了一篇社論，用強硬的詞句斥責中國政府：「中國與各大強國同時作戰，它是由西太后和她的奸黨的選擇而作戰的。他們非常愚蠢，妄自尊大，自以爲他們能夠安全地抗拒列強聯軍……不管發生任何事件，這批奸黨若不自動離去，就必須被逐出北京城。希望有可能把光緒皇帝尋出來，把他重新置於皇位之上。現時必須對中國人明白指出，挑起目前的戰爭的是西太后，我們不是對中國作戰，而是對那個篡奪政權的北京政府作戰。」

慈禧太后被幾種力量推動著：一是洋人對她的攻擊甚至想奪她的權促使她對洋人強烈地痛恨；二是周圍頑固派的火上澆油、吹風點火；三是義和團煽動的全面的對洋人的仇恨情緒，更給了她報仇的機會、理由和實力。這一

切都使太后感到了莫大的激憤和衝動。6月20日，德國公使克林德在乘轎去總理衙門途中爲虎神營士兵槍殺，使館中的外國衛隊得知後，結隊外出準備尋釁。義和團立即開始攻打使館。次日，清政府發佈了「宣戰」上諭。

然而，慈禧太后眞的是要傾全國之力與外敵決一死戰嗎？事實證明，當這口惡氣出得差不多的時候，她也理性地認識到雙方實力的差距，這時她也就害怕起來。她的宣戰僅僅只持續了5天。6月21日宣戰；6月22日又發給義和團2萬石粳米，同日懸賞洋人首級。據《景善日記》載，「莊王出示懸賞，以勵殺敵，殺一男夷者，賞銀五十兩；殺一女夷者，賞銀四十兩；殺一稚子者，賞銀二十兩。」25日，密諭各省遍殺洋人，但袁昶、許景澄將諭旨中的殺字改爲保字或保護字，無人敢以此奏聞太后。同時，太后還賞給進攻使館的神機營、虎神營和義和團銀各十萬兩。

然而，自6月25日進攻使館第一次明顯的停火開始，7月18日到28日，8月3和4日，又有幾次停火。據英人赫德的記述：有人從中給我們以部分的保護，這似乎是可能的事。歷次攻擊並不是由政府所能調動的數目的兵員所發動--攻擊沒有一次做到底，總是正當我們恐怕他們一定要成功的時候停住了--假使在我們周圍的軍隊眞的徹底而決心地攻擊的話，我們支援不了一個星期，或許連一天都支持不了。所以一種解釋是可信的，那就是一定有某種保護--有人，或許是知道摧毀使館區將會對這個帝國和這個皇朝帶來怎樣的損失的一位聰明人，在發佈命令和執行命令之間從中作梗。其實，眞正害怕的是太后本人。她從6月25日開始即派榮祿前往使館要求停戰，榮祿在當晚九時得到議和命令，次日帶隊往使館界，懸一牌，書奉太后諭旨，保護使館。洋人皆由館中走出，與榮祿商議，「於是有三記鐘之久，不聞槍聲」。

慈禧態度變化的一個重要事件，是6月25日早上，端王、莊王、濂貝勒、瀛貝勒領帶六十餘名義和團員入宮，尋找二毛子，至寧壽宮門，太后尚未起床，他們大聲呼噪，請皇帝出來，說皇帝是洋鬼子的朋友。太后在吃早茶時聽到，大怒，斥退端王等。她這才意識到情況遠比她意料的要複雜而危險，情況早已經超出了她的預料和掌控。

自此，朝廷占主流的意見已經傾向於議和。而6月26日，東南督撫們在密不公佈「宣戰」諭旨的同時，還和各國領事商訂了《中外互相保護章程》九條。「東南互保」導致中外關係出現奇特的不統一局面。真正了解太后意圖的做法，看來只有南方的地方大吏如兩廣總督李鴻章、兩江總督劉坤一和湖廣總督張之洞等。

慈禧還於7月20日起連日派人向使館送西瓜、菜蔬、米麵等物，又派人去慰問。8月2日，聯軍約四萬人自天津出發，7日，清廷任命李鴻章為全權大臣，即日電商各國外交部，先行停戰。但列強執意要攻入北京。8月14日，聯軍攻入北京。15日，西太后挾光緒帝出奔往太原、西安。9月7日發出上諭，對義和團加以剿除。

3. 晚年悔悟

慈禧對無法收拾的局面，雖然歸罪於義和團和辦事不力的下臣，但並沒有完全逃避個人輕率魯莽的責任。根據她後來回憶說：「依我想來，還算是有主意的。我本來是執定不同洋人破臉；中間一段時期，因洋人欺負得太狠了，也不免有些動氣。但雖是沒攔阻他們，始終總沒有叫他們十分盡意的胡鬧。火氣一過，我也就回轉頭來，處處都留著餘地。我若是真正由他們盡意胡鬧，難道一個使館有打不下來的道理？不過我總是當家負責的人，現在鬧到如此，總是我的錯頭；上對不起祖宗，下對不起人民，滿腔心事，更向何處訴說呢？」慈禧太后在決策時的處境，確實比較艱難。正如她自己所說：去涿州查看義和團的兩個「國家倚傍的大臣」（指剛毅和趙舒翹），回來覆命時，太后曾問他們「義和團到底可靠不可靠」？他們並沒有給回覆。而餘外的王公大臣們，又都是……要與洋人拚命的。教我一個人如何拿得定主意呢？

慈禧還是把客觀環境當作決策的理由，想以此擺脫自身的罪責。這次打擊似乎使她有所清醒，在回鑾過程中，就急匆匆地準備在宮中召見各國駐華公使夫人，一反常態地要開展「夫人外交」。一方面表明她認識到妄自尊大可能會帶來毀滅性的危險；另一方面，也是極力地掩飾對洋人的刻骨仇恨。

張百熙、袁世凱、朱啓鈐合影舊照
清末新政中，此三人是主張廢除科舉的重要倡議者。

　　慈禧對洋人的仇恨，據女官德齡的回憶，是相當普遍而深刻的。老佛爺
（指慈禧）向來恨外國人，也許不是沒有道理的，因爲有這麼多的外國人
喜歡評論她的政府。她最討厭的就是傳教士，由此發展到痛恨一切外國人，
不管他們在什麼地方。下面的引文說明了慈禧對西方人、西洋文明的主要看
法。

　　慈禧曾說：

　　「他們憑什麼對我如此無禮！這不是他們的國家，對這個國家的內政，
他們應該沒有發言權。難道我不能處罰我自己的臣民嗎？如果我派到外國的
使節，他們干預那個國家的行動，試問，那個國家的政府能同意嗎？」

　　他們不喜歡我們的生活方式，可是「這是我們的生活方式，我們喜歡。

117

他們不喜歡，他們可以走，我們並沒有請他們來。他們到我們國家來，那是我們的容忍⋯⋯

當這些所謂文明國家的人還在把尾巴勾在樹枝上打秋千的時候，我們的國家已經是一個文化發達的國家了，而這些國家竟厚顏無恥地派傳教士到我們國家來宣傳宗教，宣傳文明！

他們給我們的人民灌輸基督教的毒素，於是中國信洋教的人馬上就不尊重我們的規矩和我們的傳統習慣。中國內地發生的多數問題都是由信洋教的中國人引起的。

他們能給我們提供什麼比我們已經有的更好的東西？根本沒有！我們從遠古時代起就懂得要尊敬父母。外國人不是這樣，當他們達到一定年齡的時候就離開父母的家，並且從此就不再服從他父母了⋯⋯」

此外，她還多次抱怨西方的婚俗、有關教堂許多不真實的傳聞。最終，她認為外國人今天已經成為中國的禍根，「但願有什麼方法能讓他們永遠離開中國，那我將成為世界上最幸福的女人！」

慈禧太后在八國聯軍侵華後，一反常態地招待了外國公使夫人。當時有的公使夫人接到邀請後非常氣憤，說：「還講什麼禮儀？應該把她踩在我們腳下！她用槍炮對付我們，應該請求原諒的是她，而不是我們對她彬彬有禮！」但1902年6月的這次召見，使這些外族貴婦感受到了身為一個沒落帝國之主的威嚴，她們忘記了幾天前聚會時大家義憤填膺的神情，一個個都被慈禧太后威嚴的儀表和這種莊嚴的場面深深震懾，都遵照觀見皇后的禮節給她行了三次大禮。

慈禧在八國聯軍入侵北京、被迫西逃的打擊下，必然是有所醒悟的。1900年8月20日，她在逃至宣化縣之雞鳴驛，以光緒帝的名義，下詔罪己。詔曰：「近日釁起，團練不和，變生倉猝，竟敢震驚九廟。慈輿播遷，自顧藐躬，負罪實甚。」

可以想見，慈禧在西逃的過程中，經歷怎樣的內心交戰過程。這從她在8月22日、12月1日分別兩次降諭：一方面要求各中央、地方官員直言，另一方

面要求各中央和地方大臣在兩個月內提出新改舉措的迫切心情中可以看出。其實，慈禧太后就是從此時開始、從宮廷禮節開始，著手曾經被一再耽擱、而今不得不進行的改革。雖然為時有點晚，但仍然反映了「老佛爺」晚年的一些理性和積極的精神要素。1901年1月29日，慈禧在西安發佈「預約變法」上諭，要求王公貴族，部臣疆吏「各就現在情形，參酌中西政要，舉凡朝章國故、吏治民生、學校科舉、軍政財政，當因當革，當省當並，或取諸人，或求諸己……各舉所知，各抒己見，通限兩個月，詳悉條議以聞。」上諭發佈後，各地方反應強烈，其中尤以兩江總督劉坤一、湖廣總督張之洞二人聯銜會奏三疏最為完備。慈禧閱罷，認為「事多可行，即當按照所陳，隨時設法，擇要舉辦。」同年4月，清政府設立督辦政務處，命奕訢、李鴻章等6人為督理大臣。至此，清末「新政」正式上演。

4. 清末新政

與戊戌變法相比較，清末「新政」實際上是一場更具現代化性質的改革。但對於滿清政府而言，「新政」的果實他們覺得並不那麼甜美。政治上，它在沿襲戊戌變法裁汰閒衙冗官方針的基礎上，設立外務部、商部、學部、巡警部、郵傳部等新的政府機構，使傳統的六部體制不復存在；經濟上，首先肯定了戊戌變法時獎勵工商、發展實業的各種措施，而後頒佈《商人通例》、《公司律》、《破產律》、《商會簡明章程》等多種經濟法規，為工商業的發展提供必要的法制保障；軍事上，戊戌變法時的主張為整頓團練、令八旗改練洋操，並著手改革軍制，而新政則致力於用現代化軍隊建制編練新軍，使軍隊組成、武器裝備和指揮水準可明顯改善；文化教育上，戊戌變法時提出改革科舉制度、設立新式學堂、獎勵遊學，新政則宣佈廢除科舉制度，大規模地開辦新式學堂和派遣士人出國留學，並參照日本模式制定出中國最早的學制——《欽定學堂章程》以及《奏定學堂章程》。

作為最高統治者的慈禧，對新政寄予厚望。她在接近古稀之年，還對魏源的《海國圖志》、徐繼畬的《瀛寰志略》等介紹外國歷史地理的書籍產生極為濃厚興趣，時常閱讀以廣見聞。新政推行過程中，雖有著種種弊端，

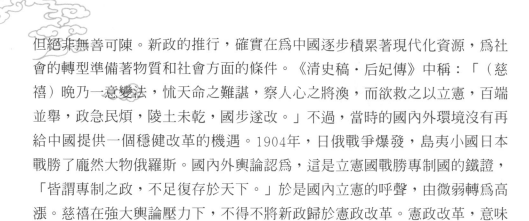

但絕非無善可陳。新政的推行，確實在為中國逐步積累著現代化資源，為社會的轉型準備著物質和社會方面的條件。《清史稿·后妃傳》中稱：「（慈禧）晚乃一意變法，怵天命之難諶，察人心之將渙，而欲救之以立憲，百端並舉，政急民煩，陵土未乾，國步遂改。」不過，當時的國內外環境沒有再給中國提供一個穩健改革的機遇。1904年，日俄戰爭爆發，島夷小國日本戰勝了龐然大物俄羅斯。國內外輿論認為，這是立憲國戰勝專制國的鐵證，「皆謂專制之政，不足復存於天下。」於是國內立憲的呼聲，由微弱轉為高漲。慈禧在強大輿論壓力下，不得不將新政歸於憲政改革。憲政改革，意味著要突破政治體制中最核心的部分。這一重大的舉措，給清末改革帶來功能性紊亂，也給慈禧招致難以承受的壓力。

本來，後起國家的現代化在初期需要一個集權的中央政府，以便整合社會力量，充分調動和使用各種資源，穩健地推動現代化的進程。日本即是一個成功的先例。

日本從1868年開始明治維新，到1889年頒佈《大日本帝國憲法》，歷時二十餘年。而中國在實行新政不久即轉入憲政改革，其結果只能導致政治資源的分散，使原已就「內輕外重」的政治格局更趨嚴重。當時國內就有人痛切地指出：「論日本之政，其所以致富強者，以其能振主權而伸國威也。今之議者不察其本，而切切以立憲為務，是殆欲奪我自有之權，而假之以自便自私也……夫日本以收將權而存其國，而中國以限君權而速其禍，不可謂善謀國者也。」

1906年，光緒奉慈禧諭旨，宣佈「預備仿行憲政」，並以官制改革為下手處。官制改革以行政和司法相互獨立為基本原則，「總使官無屍位，事有專司，以期各有責成，盡心職守。」由於官制改革牽涉權力和利益的重大調整，引起統治集團內部的躁動不安。有關官制改革的條陳如雪片般飛到慈禧的眼前，其意見之紛雜、鬥爭之激烈實屬罕見，老佛爺感覺「如此為難，還不如投湖而死。」區分清楚中央與地方的許可權是官制改革中最頭痛的問題之一，清政府本欲通過官制改革收取督撫的兵權和財權，哪知督撫卻以設內

閣、開國會相要脅，中央與地方的矛盾更形突出。官制改革陷於進退維谷的境地。

　　1908年，憲政編查館頒佈九年預備立憲逐年籌備事宜清單。與此同時，慈禧和光緒帝聯名發佈《九年預備立憲逐年推行籌備事宜諭》。上諭中指出：「當此危急存亡之秋，內外臣工同受國恩，均當警覺沉迷，掃除積習……所有人民應行練學自治教育各事宜，在京由該管衙門，在外由各省督撫，督飭各屬隨時催辦，勿任玩延。」又云：「至開設議院，應以逐年籌備各事辦理完竣為期，自本年起，務在第九年內將各項籌備事宜一律辦齊，屆時即行頒佈欽定憲法，並頒佈召集議員之詔。」這是慈禧生前頒佈的最後一道諭旨，也可說是慈禧的政治遺囑。不久，慈禧悲鬱而逝，權力軸心頓成虛弱，要求速開國會、速立憲法的呼聲更趨高漲。立憲派的鞭策和清廷的拖延，導致兩者合作的最終破裂。清王朝在革命派和立憲派的呼喊聲中土崩瓦解，清末改革以失敗而告終。中國也開始進入一個更沒有「重心」的時代。有誰能說民國初年比慈禧掌權時的清朝強了多少？

死後亦難安眠於地下

　　慈禧生前在政治上權威顯赫，在生活上享盡了人間富貴，而她為自己所修築的陵墓更是極盡奢華。慈禧的陵寢，是清東陵建築群中最有看頭的一景。明樓紅牆，黃瓦飛簷，雖與同為皇太后的慈安陵隔一道馬槽溝，以完全相同的規模和樣式坐北朝南並立，但內在裝修與細節設計卻不能同日而語。

　　咸豐皇帝駕崩後，慈禧的親兒子載淳繼位，在這年僅6歲的同治皇帝背後，慈安和慈禧亦作為東、西太后垂簾聽政。同治五年後，兩位皇太后即選中東陵的風水寶地菩陀峪和普祥峪建陵寢，由於清二百年歷史上還沒有兩個皇太后一起建陵的先例，如何建陵便成了無制可依、無章可循的難事。在承修大臣提出的同葬一陵（棺槨並排無高低貴賤之別），或者一陵兩地宮的上奏被慈禧否定後，最終實施了建兩座陵的方案，建陵經費則通過提高賦稅的

方法解決。這兩座陵於同治十二年八月（1873）同時開工興建，到1879年同時完工，慈安陵居西，慈禧陵居東。兩座陵墓建築規模大體相同，但慈安陵共用白銀260萬兩，而慈禧只用了227萬兩。當時雖為兩宮皇太后共同執政，可慈安地位高於慈禧。慈禧是一爭強好勝女人，哪能甘居他人之後呢！其實在所有皇后陵中均屬上乘，可是慈禧對此並不滿足。慈安死後，西太后大權獨攬，唯我獨尊，於1895年借其陵寢滲水之機，下令拆除三大殿重新修建，整個工程長達13年之久，耗資巨大，直至慈禧死時才休止。雖然陵制已定，老佛爺在陵寢局部的規模與樣式上不僅另闢新徑，還極盡揮霍之能事，在內裝修和建築細節上大做文章，使重修的慈禧陵成為清代最豪華獨特的一座皇家陵寢。

重建的慈禧陵，用料之精美、工藝之高超、裝修之獨特，均居明清帝后陵之冠，堪稱慈陵之「三絕」。

一絕，用料之精美。步入慈禧陵隆恩門，一眼就看到獨具一格的紅褐色門窗菱花和梁枋斗拱，渾然一體，給人以清心悅目之感。乍看不如宮廷中常見的紅漆彩樑柱那麼豔麗，細瞧才可發現木質紋理精細、色彩典雅。這是一種名貴的黃花梨木，多產於海南島。遍訪各處建築，用此木建殿堂者，唯有慈禧陵一處。在三殿64根柱子當中，除隆恩殿7公尺高的金柱、中柱為包廂外，其餘均為直徑1公尺、高3.65公尺的獨根筆直的原木。這些名貴的材料，構成了慈禧陵木質精美之一絕。據清史記載，僅三大殿所用的葉子金就達4592兩以上。而這貨真價實的金碧輝煌雖然經過盜墓者貪婪的洗劫，如今依然可見那「金絕」的豪華殘跡與碎片。至於木絕，也足以讓人瞠目，三大殿的梁枋都是用木中上品黃花梨木製成的，據說這種木質堅硬、紋理細密的木料現在已瀕絕種，其價以斤而論，稱得上是寸木寸金；而慈禧的棺槨，更是用極名貴的金絲楠木製作的。

二絕，工藝之高超。慈禧陵三殿裡裡外外梁枋各處彩畫，全部貼金。三殿64根柱子，完全採用鍍金嵌飾，比北京故宮太和殿內的6根金柱還要華麗。三殿內外的大小30塊磚牆及228平方公尺的範圍內，雕刻著「五福捧壽」、

「綾帶盤長」、「萬字不到頭」等，並在磚上面掃紅、黃金粉，使之顯得更加金碧輝煌。金飾的豪華、美輪美奐堪稱一絕。

三絕，裝修之獨特。為顯示女人當政，隆恩殿周圍石雕欄杆上，均雕刻了「鳳引龍」圖案。殿前正中長3.18公尺、寬1.6公尺的陛階石上，雕刻著一龍一鳳：丹鳳凌空展翅，穿雲俯身向下；蛟龍出水曲身，騰空昂首向上。鳳引龍，相戲火珠。在隆恩殿周圍69塊漢白欄板上，也精心雕刻了「鳳引龍」圖案。尤其是欄板之間的76根望柱，最為標

1928年孫殿英像

新立異。皇家建造的石欄望柱中，「龍鳳望柱」等級最高，大都在望柱頭上以一龍一鳳相間排列。慈禧陵的月臺望柱更不同一般，單單雕刻著穿雲翔鳳，其神態洋洋自得。這一組組、一對對的「鳳引龍」圖案，共雕琢了240隻鳳、308條龍。像這樣寓意其中的雕刻，世屬罕見，怎能不稱之為一絕呢！這種出自皇室的獨一無二的「一鳳壓兩龍」的造型，與石欄板上龍追鳳的圖案彼此呼應，一起強化並張揚著皇權的性別寓意。殿前龍鳳丹陛石上的雕刻更是石雕珍品。它的構圖打破了傳統的龍鳳並排格局，顯示的是新穎獨特的鳳在上龍在下圖案。加之高浮雕與透雕所創造的栩栩如生的立體感和鳳舞龍飛氣勢，將至高無上皇權的性別強調指向極致。

慈禧太后萬萬沒有想到她死後僅僅二十年，就有人興師動眾地來盜挖她極盡奢華的墳墓。1928年夏，流氓軍閥孫殿英在河北省遵化縣製造了一起駭人聽聞的盜陵竊寶案。所盜的兩座墓葬中，一座是清朝乾隆皇帝的裕陵，一座是慈禧太后的東陵。

然而，當時的動亂年代中，首犯孫殿英不僅逍遙法外，照舊領兵當官，而且日後步步高升，直至升到先遣總司令；所捕獲的重犯譚溫江也被保釋出獄，繼續當他的師長……這種反常現象正是當時社會的真實寫照。

大清后妃傳奇

123

大 清 皇 后 檔 案

姓名	阿魯特氏		職務	皇后	
生年	1854	卒年	1875	享年	22歲
諡號	孝哲毅皇后			陵寢	惠陵
家庭關係	(父親) 崇綺 (母親) 不詳 (子女) 不詳				
婚姻狀況	初婚：19歲出嫁 配偶：同治				
人生最得意	貴為皇后		人生最失意	慈禧視若仇敵	
人生最不幸	夫君早亡		人生最痛苦	自殺身亡	

可憐的孝哲毅皇后阿魯特氏

　　孝哲毅皇后，同治帝后，阿魯特氏，蒙古正藍旗人，翰林院侍講崇綺女，咸豐四年七月初一生，比載淳大兩歲，同治十一年九月十四立為皇后。據傳說，在選立皇后時，慈禧太后意在鳳秀之女，慈安意在崇綺之女。同治皇帝遵從了慈安的意向，選中了阿魯特氏。因此，從立后的那一天起，慈禧就不喜歡阿魯特氏。後來又見載淳與皇后感情甚密，相敬如賓，而被封為慧妃的鳳秀之女常被冷落，慈禧更加憤怒，經常干預帝后的私生活，所以野史中才有阿魯特氏被慈禧迫害致死的說法。

　　載淳死後，阿魯特氏被封為嘉順皇后。阿魯特氏死後，梓宮也在隆福寺暫安，光緒五年三月二十六與載淳同日入葬惠陵。她的諡號全稱是：「孝哲嘉順淑慎賢明恭端憲天彰聖毅皇后」。

入宮立后的名門閨秀

阿魯特氏作為狀元的女兒，自幼就受到了良好的家庭教育，當然這種教育的內容完全是封建禮教的那一套。這位名門閨秀可以說是飽讀詩書、知書達禮、溫柔賢慧、冰清玉潔。但最終她被立為皇后，並不是一帆風順的，其中既有一輪又一輪的激烈競爭，又有宮廷內的矛盾角逐。未來的皇后，要在成千上萬個青少年「秀女」中篩選。經過多次慎重、認真地選擇，到同治十一年初，合格的「秀女」只剩了10個，其中自然有阿魯特氏。兩宮皇太后事先已決定，這一年的二月初二大吉大利，定於這一天選出皇后。

快到這一天時，朝野內外已議論紛紛。在八旗貴族的私下議論中，大部分認為戶部侍郎崇綺的長女氣度高雅，德才俱勝，皇后是非她莫屬了。到了「二月二，龍抬頭」這一天，宮中熱鬧極了，選立皇后大典的地點定在御花園的欽安殿。　大早就有內務府的官員進殿鋪排。兩宮皇太后、皇帝在寶座上就坐，御案上放著一柄鑲玉如意，一對紅緞繡彩荷包等東西。內務府大臣行過禮，即奉旨將入選的10名秀女帶進殿來。行過大禮後，她們分成兩排，依照父兄官職的大小分先後站立著。第一次算是預選，兩宮皇太后已商量停當，先從10人中選出4個來。這4人將是一后、一妃、兩嬪。而此時所封的妃，只要不犯過失，循序漸進，總有一天會成為皇貴妃。同樣，此時所封的兩嬪，也必有進位為妃的日子。挑選開始，第一輪挑出了副都統賽尚阿的小女兒阿魯特氏、知府崇齡的女兒赫舍里氏、刑部員外郎鳳秀的女兒富察氏和當時身為翰林院日講起注官侍官侍講的崇綺的長女阿魯特氏。

皇后在崇綺的女兒與鳳秀的女兒之間選出是事先已定好的。但慈禧太后認為，鳳秀14歲的女兒富察氏美麗端莊，是皇后最合適的人選；而崇綺的長女阿魯特氏已19歲，比同治還大兩歲，又不是滿族人，因此不宜立為皇后。另外還有一個重要原因，是慈禧太后生在道光十五年乙未，肖羊，而阿魯特氏生於咸豐四年，是甲寅年，肖虎。如果屬虎的人入選正位中宮，慈禧太后就變成了「羊落虎口」，這沖剋非同小可。迷信意識濃厚的慈禧太后雖嘴

上不便說出，但實際上自然是要力避這種結局出現。慈安太后的意思剛好與慈禧太后相反，她認為還是立崇綺的長女阿魯特氏為皇后好，阿魯特氏雖然相貌不如富察氏，但「娶妻娶德，娶妾娶色」，立皇后以德行為最要緊，阿魯特氏完全符合條件。再說比皇帝大兩歲，懂的事就多，更能夠照顧好皇帝，幫助皇帝讀書。另外，從來選后雖講命宮八字，但那是只要跟皇帝相合就行，與皇太后是不是犯沖，並不在考慮之列。因此，慈禧太后擔心的「羊落虎口」一事，慈安太后大概根本就沒想到。最後，問皇帝載淳的意見，他囁嚅半晌，終於道出了自己的心願，決定立阿魯特氏為皇后。對此慈禧太后雖然很不滿意，但畢竟已無法挽回了。

孝哲毅皇后朝服像

　　休息過後，復臨欽安殿。按照清廷祖傳的方式，載淳親自把鑲著羊脂玉的如意遞給阿魯特氏。阿魯特氏跪下，由於穿著「花盆底」的鞋，不能雙膝一彎就跪，得先蹲下身去

126

請安，然後一手扶地，才能跪下，她不慌不忙，嫺熟地做完了這個禮節。然後接過玉如意，垂首謝恩。大局就這樣定了下來了。然後，慈安太后把紅緞繡花荷包賜與富察氏。

來到養心殿，即擬旨詔告天下皇后已選立。慈禧太后又定富察氏為慧妃，賽尚阿小女兒阿魯特氏為珣嬪，赫舍里氏也為嬪位。慈安太后表示同意。在這次立后問題上，慈安太后表現出了極少有的爽利果斷，致使慈禧太后立富察氏為皇后的企圖最終失敗了。

過去二百多年，后妃都是在滿州貴族中遴選，此次卻破了先例，使清廷自康熙以來出現了第一個非滿族人皇后——蒙古族皇后。

關於選立皇后之事，另有「地上傾茶」一說。據蘇海若《皇宮五千年》載：「聘后必擇二人，須帝自選。中選者冊封，不中亦封貴人。穆宗選后時，意無所適可，慈禧促之，帝乃以茶傾地上，令二人趨而過。一人恐袍污，摳其衣；一人不然。帝曰：『摳衣者愛衣，不摳者知禮。』遂選不摳衣者，即毅皇后也。」這種說法無疑是過於簡單了。

皇后身份尊貴，理應出在上三旗。但才德俱備的秀女下五旗亦多的是；或者出身下五旗的妃嬪，生子為帝，母以子貴，做了皇后。為解決這樣的難題，清代定下一種制度，可以將后族的旗分改隸，原來是下五旗的，升到上三旗，名為「抬旗」。崇綺家原是蒙古正藍旗，照京城八旗駐防的區域來說，應該抬到上三旗的鑲黃旗。這樣崇綺一家就沾女兒的光被抬為滿洲鑲黃旗。崇綺本人蒙恩被封為三等承恩公。從五品官連升三級，一下子成了二品高官。

八月十八日是「大徵」日。「大徵」就是六禮中的「納徵」，即到皇后家下聘禮。慈禧太后親定禮部尚書靈桂、侍郎徐桐為「大徵禮」的正副使，是為了討個「靈子桐孫」的吉利口彩。

聘禮由內務府負責準備，按康熙年間的規矩，是200兩黃金、10000兩白銀；若干金銀茶筒、銀盃；1000匹貢緞；另外是20匹配備了鞍韉的駿馬。聘禮並不算重；但皇帝富甲天下，並不在錢財上計算。光是那10000兩銀子，

便是戶部銀庫的爐房中特鑄的、50兩一個的大元寶，凸出龍鳳花紋，銀光閃閃，映日生輝。20匹駿馬也是一色純白，是古代帝王駕車的所謂「醇駟」，個兒頭大小一樣，配上簇新的皮鞍，雪亮的「銅活」，黃弦韁襯著馬脖子下面一朵極大的紅纓，色彩極其鮮明。為這20匹馬上駟院就報銷了七八萬兩銀子，還專門花了幾個月的工夫調教。

另外，還有賜皇后祖父、父母、兄弟的金銀衣物，也要隨聘禮一起送去。一路吹打到皇后私邸，崇綺一家早已在門外恭迎。「大徵」的禮節自是隆重熱烈。大徵的儀物聘禮安排停當之後，皇后方才出臨。

《同治帝朝服像》
清代宮廷畫家繪，現藏於北京故宮博物院。

從皇帝親授如意，立為皇后，鼓吹送回家的那一天起，阿魯特氏即與她的祖父、父母、兄嫂廢絕了家人之禮。首先是一家人都跪在大門外迎接，而她則擺出皇后的身份，對跪著給她叩頭的父母親人決不能照樣回禮，最多只能點一下頭。等進入大門，隨即奉入正室。獨住五開間的二廳。同時，內有宮女貼身侍候，外有乾清宮班上的侍衛守門，稽查門禁，極其嚴厲。尤其是青年男子，無論是多麼直

接重要的至親，都不能進門。在裡面，父親要見女兒，也很不容易，幾天見一次，見時做父親的崇綺要恭具衣冠。皇后的母親、嫂子，與她倒是天天見面，但卻如命婦進宮，只是爲了侍候皇后。每天兩次「尚食」，阿魯特氏皇后獨居正面，食物從廚房裡送出來，由丫頭傳送給她的長嫂，長嫂傳送給母親，母親親手捧上桌，然後侍立一旁，直到她用膳完畢。當然，皇后除了二廳，是屋門也不出的。

此刻，皇后在宮女的隨侍下，出臨大廳受詔。聽宣了欽派使臣行大徵禮的制敕，皇后仍舊退回大廳。等儀物聘禮授受完畢，崇綺又率領全家親丁向禁宮所在的西北方向，行三跪九叩的大禮謝恩。接著匆匆趕到門外，跪送使臣。「大徵」禮到此告成。

大徵禮一過，馬上就得準備大婚正日的慶典。此次同治皇帝與阿魯特氏皇后的大婚，非同一般的慶典，它在當時的那種社會裡，既是北京城內的一大盛事，也是全國普天同慶的喜事。在乾隆五十五年，京城爲清高宗祝賀八旬大壽時，曾大大地熱鬧過一番，這回巧逢康熙皇帝之後二百多年來首位在位皇帝大婚，可謂「百年難遇」（康熙至同治之間的幾位皇帝，即位時早已成年，已有了嫡福晉即皇后）。自然是要以最浩大、最隆重的儀式來慶賀了。

大婚吉日定在同治十一年九月十五這一天。照滿族的婚俗，發嫁妝須在吉期的前一天。因爲阿魯特氏的妝奩多達360臺，需連發4天，因此要提早開始。九月九日重陽節這天皇后就開始向宮中送嫁妝。妝奩中真是應有盡有，首飾、文玩、衣服、靴帽不可勝數，僅兩廣總督瑞麟與粵海關監督崇禮辦來的紫檀木器，就有幾十臺。但在這諸多桌案木器中，卻獨缺一張床。

床自然是有的，它早已被安置在坤寧宮東暖閣。這張床非同一般，它也可以說是一個房間，所以沒有床頂，只有雕花的橫楣，懸一塊紅底黑字的匾，上書四個大字「日升月恆」。西面朱紅大柱下，置一具景泰藍的大薰爐；東面柱房，則是雪白的粉壁，懸著「頂天立地」的大條幅，畫的則是「金玉滿堂」的牡丹。下置一張紫檀茶几，几上一對油燈，油中還加上蜂

蜜，期望皇帝和皇后，好得「蜜裡調油」似的。床上的帳子本來是黃緞的，此時為表示喜慶則換成紅色的。已專門安排4位「結髮命婦」負責「鋪床」。

吉期雖選定九月十五日，儀典卻從十三日半夜裡便已開始。太和殿前，陳設全部鹵簿，丹陛大樂，先冊封，後奉迎；十四日寅初時分（凌晨3點多鐘），皇帝駕御太和殿，親閱冊寶。冊封皇后的制敕，是內閣所撰

「同治御筆之寶」玉璽璽文

的，一篇典皇堂皇的四六文，鑄成金字，綴於玉版，由工部承制，僅此就報銷了一千多兩黃金。「皇后之寶」大印亦用赤金所鑄，4寸4分高，1寸2分見方，交龍紐、滿漢文，由禮部承制，也是報銷了一千多兩銀子。

冊封的使臣乃是靈桂和徐桐，他們受命下殿後，跟在供奉「玉冊金寶」的龍亭後面。龍亭被人抬著，直趨后邸。

阿魯特氏大門口是崇綺率領全家親丁跪接，二門中是崇綺夫人率子婦女兒跪接。等在大廳上安放好了冊寶，皇后方始出堂，先正中向北跪下，聽徐桐宣讀冊文，然後靈桂把玉冊遞給左面的女官，她跪著接過來再轉奉皇后，皇后從左邊接過來，往右邊遞出去，另有一名女官接過，放在桌上。金寶也是這樣一套授受的手續。冊立大典，到此完成。冊封的二位使臣即回宮覆命。

下面就到了該奉迎的時候了。一吃過午飯，文武百官，紛紛進宮，在太和殿前，按著品級排班。申初時分（下午3點多鐘），同治皇帝臨殿，先受百

官朝賀，然後降旨遣發陳設在端門以內、午門以外的鳳輿，奉迎皇后。

奉迎的專使是兩福晉、八命婦。兩福晉是載淳皇帝的嬸母、惇王奕誴和恭王奕訢的福晉。八命婦原則上應是既結髮，又有子孫的一品夫人。

大婚的儀禮，原是滿漢參合，而「六禮」中最後一個環節、也是最重要的一步，就是「親迎」。皇帝皇后比於天地，皇帝大婚不親迎皇后，於禮有悖。但果真親迎，不但儀制上會生出無法折衷調和的麻煩，而且帝后究竟不同，皇帝大駕臨御，剛要做新娘子的皇后，還得跪接，世上自然沒有這個道理。因而必須有一個可行的辦法代替。這辦法就是用一柄龍形的如意代替皇帝。當奉迎專使承旨奉迎皇后時，她們跪進朱筆，由皇帝在如意正中，朱筆大書一個「龍」字，然後將這柄如意放在鳳輿中壓轎，這便是「如朕親臨」之意，作為親迎的代替。

奉迎的儀節，當然又是以滿族的風俗為主。奉迎專使即使都是女眷，也要全部騎馬。仍由龍亭作為前導，一塊來到后邸，崇綺帶領全家仍有一番跪接儀式。等把鳳輿在大堂安置好，10位福晉命婦便到正屋謁見皇后，然後侍候皇后梳妝。此時皇后頭梳得很有講究，必須梳成雙鳳髻。皇后收拾停當，由眾人服侍著坐上鳳輿，鳳輿在子初一刻（晚上11點多鐘）出后邸上路，皇后由大清門被抬入宮，到宮裡時，當是15日凌晨了。

與此同時，等在乾清宮的皇帝，也出乾清門進入坤寧宮，暫在大婚洞房的東暖閣前殿休息。此時皇后的鳳輿已由御道到了乾清門，抬過一盆極旺的炭火，四平八穩地停好，在奉迎專使的護持下，皇后跨出轎門，女官上前接過她一手拿一個的蘋果，奉迎專使則捧一紅綢封口的金漆木瓶交到皇后手裡，裡面盛著特鑄的「同治通寶」的金銀錢和小金銀錠、金玉小如意、紅寶石，以及雜糧五穀，稱為「寶瓶」。

等皇后捧穩了「寶瓶」，奉冊寶的龍亭方始再走，沿著御道經過乾清宮與昭仁殿之間的通路，進入乾、坤兩宮之間的交泰殿。這個殿不住人，只有兩項用處，一項是「天地交泰」為帝后大婚行禮之地；一項是儲藏御寶。這天夜裡，兩項用處都有，禮部堂官先奉皇后冊寶入藏，然後在殿門前另作了

131

一番佈置，橫放朱漆馬鞍一個，鞍下放兩顆蘋果--就是從皇后手裡取來的那兩個，上面再鋪一條紅毯。

6對藏香提爐，引導著阿魯特氏皇后跨過「平平安安」的蘋果馬鞍，被引導到西首站定。這就到了拜天地的時刻。

皇帝這面也是算好了時刻的，等皇后剛剛站好位置，皇帝載淳也由坤寧宮到了，站在東首與皇后相對而立，在繁密無比的鼓樂聲中，一起下拜，九叩禮畢，成為「結髮」。共同拜完天地、壽星，再由皇后一人單拜灶君。然後皇帝皇后在東暖閣行坐帳禮，吃名為「子孫餑餑」的餃子。

這餃子一一下鍋就得撈出來，呈給皇帝皇后，完全是生的；但不能說生，咬一口吐出來，藏在床褥下面，說是這樣就可早生皇子。接著皇帝暫時到前殿休息，等候作為奉迎專使的福晉命婦為皇后上頭。在滿族人說來，叫做「開臉」，用棉線絞盡了臉上的汗毛和氄氄短髮，然後用煮熟的雞蛋剝了殼，在臉上推過，立刻便現出了容光煥發的婦人顏色。接下來是重新梳頭。雙鳳髻只是及笄之年的少女裝束，此時要改梳為扁平后垂、無礙枕上轉側的「燕尾」。等打扮好了，方始抬進膳桌來開宮裡稱做「團圓膳」的合巹宴。

這時皇帝便在太監及兩福晉、八命婦的引導迎接下，重回東暖閣。帝后歡宴，其他人等則紛紛跪安退出。到這裡，帝后大婚盛典的全部儀禮始告完成。這場籌備3年的「大婚」，花銷巨大，耗費驚人。有史記載的婚典中，尚無出其右者。奢華程度，亙古無與倫比，堪稱一項中國之「最」。

據當時戶部奏報，各省採辦物料未經報部者不計，內務府尋常借款不計，特旨撥款不計，僅算各省報部和戶部發放用於婚典的銀兩，就達1130萬兩。如此龐大的開支，相當於當時清王朝全國一年財政收入的一半。按今天的銀價計算，約合1億美元。19世紀80年代初清王朝駐德國公使李鳳苞，秉承李鴻章的旨意直接與伏爾艦廠打交道，買了在當時來說還較先進的兩艘6000馬力的「定遠」與「鎮遠」鐵甲艦，一艘2800馬力的「濟遠」鋼甲艦，這3艘著名的戰艦價錢是白銀400萬兩。同治皇帝結婚所用的錢，幾乎可以買這些戰艦的3倍。如果把這一大筆錢買成糧食，那將夠1400萬貧苦農民吃一年。為了

娶阿魯特氏皇后，多少人民的血汗付諸東流！

　　不論大小官員以及吏役，凡跟「大婚」沾上邊的，甚至不沾邊的，都受到了封賞、得到了好處。在皇帝「大婚」的這一年，不管是刑部秋審，還是各省奏報的死刑重犯，一律停止勾決。這樣一來，連被判死刑的罪犯，都被上了皇恩。

　　婚後按慣例在東暖閣居住兩天，第三天皇帝回到養心殿，皇后阿魯特氏搬到體順堂居住。作為皇后的阿魯特氏，其實也是很不自由的。兩宮皇太后尚在，她這個做兒媳婦的要伺候兩個婆婆，每天都要到太后處去請安、侍膳，以盡孝道。

天子暴崩後香消玉殞

　　慈安太后對這個兒媳婦還是非常照顧體貼的。但慈禧太后則事事看著阿魯特氏不順眼，每每加以指斥、責難。史書上所載，對皇后阿魯特氏「孝貞（慈安太后）亦異常鍾愛，而孝欽（慈禧太后）則非常憤怒。每孝哲（阿魯特氏）入見，從未嘗假以詞色」，當是事實。關於慈禧太后與阿魯特氏不和之事，愛新覺羅·溥儀在其回憶錄《我的前半生》中也有記述。

　　所幸的是，大婚之後皇帝載淳同阿魯特氏關係尚好。帝后之間情趣比較高雅，相親相愛，堪稱相敬如賓。有史為證：「孝哲物度端凝，不苟言笑，故穆宗始終敬禮之。宮中無事，恆舉唐詩以試后，后應口背誦如流。上益喜，伉儷慕篤，而居恆曾無褻容狎語。」但由於慈禧太后對阿魯特氏心懷不滿，看到皇帝載淳對她很好，便格外不高興。於是就對皇帝的私生活橫加干預，不讓皇帝與阿魯特氏同居，「欲令慧妃專夕」。小皇帝載淳也有幾分倔強，偏不依母親，乾脆誰的寢宮也不去，一人獨居乾清宮。

　　載淳與慈禧太后母子失和，更使慈禧太后遷怒於阿魯特氏，認為是她挑唆兒子不聽自己的話。這給皇后帶來了更大的厄運。小皇帝與母親鬥氣離開后妃，而獨居乾清宮，開始還可堅持，時間一長，就有些心猿意馬了。在機

靈的太監和奕訢之子載澄的指引下，他化裝來到宮外不遠的煙花柳巷行走，只一兩年，便身染重病。同治十三年十二月初五日，小皇帝載淳病死，享年尚不足19歲。

同治雖非慈安的親生兒子，但同治對她的尊重以及他倆的默契卻不亞於親生母子。同治十三年（1874）十二月初五日，同治帝崩於皇宮養心殿。同治之死，傳說頗多，主要有死於天花、死於梅毒兩說。

據傳說，皇帝載淳因梅毒導致「內陷」身亡。而「內陷」是由驚嚇誘發的。十二月初四日午後，皇后阿魯特氏到養心殿東暖閣探視皇帝病情，載淳見她臉上淚痕宛在，不免關切，便問緣由，阿魯特氏一時忍耐不住，就把又受慈禧太后指責的經過，哭著告訴了載淳。哪知慈禧太后接到密報，已悄悄跟來躲在帷幕外面偷聽。當聽到皇帝安慰阿魯特氏：「你暫且忍耐，總有出頭的日子」時，慈禧太后已按捺不住心頭的怒火。據說她當時的態度非常粗暴，與民間惡婆婆的行徑無異，掀幕直入，一把揪住皇后阿魯特氏的頭髮，劈臉就是一巴掌。皇后統攝六宮，為了維護自己的尊嚴，當慈禧太后來勢洶洶之際但求免於侮辱，難免口不擇言，所以抗聲說道：「你不能打我，我是從大清門飛進來的。」此話不說還好，一說正如火上澆油。慈禧太后一生的恨事，正是不能正位中宮。阿魯特氏的抗議正觸犯了她的大忌，於是索性一不做、二不休，厲聲喝令：「傳杖！」「傳杖」是命內務府行杖，這只是對付犯了重大過失的太監、宮女的辦法，今日竟施於皇后！載淳聽了大驚，頓時昏厥，這一來才免了皇后的一頓刑罰。而同治皇帝則就此病勢突變，終於第二天不治身亡。

同治皇帝究竟因何而死，實需進一步考證。本來，脈案是皇室檔案記錄，是官方檔，應無可非議。但事實未必盡然。中國自古就有「為尊者諱」的傳統。因為在某種條件下，由於某種不可公諸於眾的原因，必須迴避當時的真實情況！有時也弄虛作假，以掩蓋事實真相，這也是歷史上屢見不鮮的手法。因此同治皇帝的脈案、用藥情況的記載，也完全有偽造的可能。

親自為載淳治病的御醫李德立的曾孫李鎮先生這樣說：「曾祖李德立就

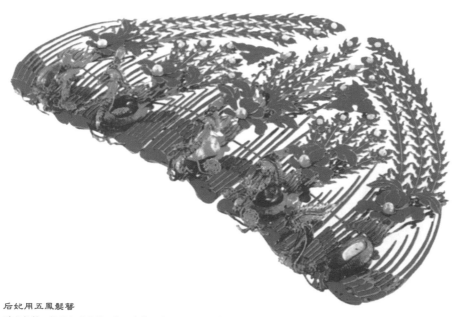

后妃用五鳳髮簪
道光年製，銀鍍金嵌珠寶，長28公分，寬17公分，現藏於北京故宮博物院。

是給同治看病的御醫。50年以前，我的祖父在世時，我為此疑案當面問過他，他是德立公之長子，……關於曾祖為同治看病的親身經歷和慈禧懿旨『屏斥治罪』的內幕，因這是與家族命運休戚相關的大事，印象極為深刻。他說同治確是死於梅毒，並將真相告我。時在1938年。我據此查閱有關史料，擬稿投北京《文言報》，被採用披露報端。先祖父及所識前清遺老閱後均額首稱是，未聞異議。」關於同治皇帝死前的情況，他的說法也與傳說的基本一致。據他說，慈禧太后在親生兒皇帝得了不治之症後，「首先傳旨把同治遷到養心殿東暖閣，便於監視。阿魯特氏皇后住在養心殿西側的體順堂，如要夫妻相會，晨昏省視，要事先通知首領太監稟明，才能進入暖閣面見皇帝。慈禧與皇后，婆媳之間早有不和，如今矛盾更加尖銳。據祖父面告，同治之病，經曾祖精心治療已有起色。十二月初四日午後，阿魯特氏來東暖閣視疾，當時載淳神志清醒，看見皇后愁眉鎖目，淚痕滿面，乃細問緣

由。這時早有監視太監專報西太后，說皇帝與皇后閣內私語。慈禧急來東暖閣，脫去花盆底高跟鞋，悄悄立在帷幔之後竊聽，並示意左右禁聲，切勿聲張。此時皇后毫無察覺，哭訴備受母后刁難之苦。皇帝亦親有感受，勸她暫且忍耐，待病好之後，總會有出頭的日子。可知載淳在去世前一天，所想的是病好之後的事，沒有預感到明天就要死了。不料慈禧聽到此處正刺所忌，竟勃然大怒，立刻推幔闖入帷內，一把揪住皇后的頭髮用力猛拖，一大撮頭髮連同頭皮都被扯了下來，又劈面猛擊一掌，頓時皇后血流滿面，慘不忍睹。慈禧又叫太監傳杖，棒打皇后。同治大驚，頓時昏厥，從床上跌落在地，病勢加劇，從此昏迷不醒。急傳先曾祖入閣請脈，但已牙關緊閉，滴藥不進，於次日夜晚死去。」後來李德立因了解內情，差一點被慈禧太后逼令自盡。

阿魯特氏與皇帝婚後兩年多的時間，同居的日子尚不足兩個月。這當然主要是由於慈禧太后從中作梗的緣故。現在載淳已死，在慈禧太后淫威下寡居的皇后，日子就更不好過了。

同治皇帝死後，定策迎取嗣皇帝進宮是頭等大事。但這等大事慈禧太后卻始終不許阿魯特氏參預。選嗣皇帝，慈禧太后不選「溥」字輩的近支王子為同治皇帝立嗣，偏偏選中了年僅4歲的載淳堂弟，也是自己的親侄子、親外甥載湉為帝。用意非常明顯，一是為了防止皇后仿效她扮演垂簾聽政的把戲；二是能使自己可以繼續以皇太后的身份合法地掌握大權。可謂老謀深算、用心良苦，年輕的阿魯特氏絕對不是她的對手。

皇帝載淳身死，廟號定為「穆宗」，尊諡用「毅」字。穆宗毅皇帝的稱號定了，穆宗皇后也須有一封號。慈禧太后在內閣擬呈的字樣中，圈定「嘉順」二字。這實際上是對阿魯特氏的一個警告，意思是順從始可嘉，即使是逆來也要順從。此後，阿魯特氏以淚洗面，過了不長時間，在光緒元年二月二十日半夜三更時分香消玉殞，距離皇帝死日僅差兩個半月。

在一百天內皇帝皇后先後去世，這在歷史上極為罕見。皇后因何而死，又有幾種不同的說法。一說是因為大行皇帝之死，皇后哀傷過甚，纏綿病榻

已久，並抱定必死的決心拒絕治療而逝；一說是同治皇帝死的當天，阿魯特氏就曾吞金自盡，遇救不死，因此這次身死依然是自裁，以報皇帝於地下；另有一說是被慈禧太后迫害致死。從大行皇帝一崩，慈禧太后就歸罪於阿魯特氏，甚至誣賴她房帷不謹，以致同治皇帝發生「痘內陷」的劇變。嘉順皇后遭遇了這樣難堪的逆境，無復生趣，憊憊成病，終於不治；再有一說是慈禧太后害死了皇后。慈禧太后認為，嘉順皇后在世一日，便有一日的隱憂後患，決心置她於死地，於是秘密下令，斷絕她的一切飲食，使皇后活活餓死。

　　諸種說法，孰是孰非，難以判斷。阿魯特氏死時僅22歲。她活著時，慈禧太后對她百般挑剔折磨，死後的喪儀卻頗隆重。當天即發出了一道上諭，一道懿旨，並派禮親王世鐸領頭辦理，又加派恭親王奕訢主持，很是大操大辦了一番。剛死時梓宮暫時安置在隆福寺，直到光緒五年三月，惠陵修好後，才與同治皇帝合葬在惠陵，光緒皇帝給阿魯特氏加諡。到宣統年間又加諡，諡號全稱是「孝哲嘉順淑慎賢明恭端憲天彰聖毅皇后」。

　　阿魯特氏死後，慈禧太后的怒氣並未全消，轉而發洩到皇后父親崇綺身上。革掉了他吏部侍郎的職務。後因崇綺全不記女兒被慈禧太后逼死之仇，一味巴結、效忠慈禧太后，而復被起用。先任鑲黃旗漢軍副都統，1878年奉命查辦吉林政務，署吉林將軍。次年又任熱河都統，1881年升任盛京將軍，1884年調任戶部尚書，可謂官運亨通。後他曾與徐桐等一起主張廢光緒帝，因此甚得慈禧太后寵任。1900年八國聯軍入侵北京，他又任留京辦事大臣，隨即退走保定，自縊而死。

大 清 皇 后 檔 案				
姓名	他他拉氏	職務	珍妃	
生年	1876	卒年 1900	享年	25歲
謚號	不詳		陵寢	崇陵妃嬪園寢
家庭關係	(父親) 長敘 (母親) 不詳 (子女) 無			
婚姻狀況	初婚:13歲出嫁 配偶:光緒			
人生最得意	秀女入宮	人生最失意	與太后不和	
人生最不幸	投井自盡	人生最痛苦	臨死未能見光緒一面	

悲情皇妃珍妃他他拉氏

官宦世家入宮侍君

　　珍妃（1876～1900）生於光緒二年（1876）二月初三，姓他他拉氏，滿洲鑲紅旗人。其祖父乃陝甘總督裕泰，其父長敘，曾官至戶部右侍郎，因在光緒二年十一月十三日嫁女與署山西巡撫布政司藻亨之子爲婚，是日爲康熙帝的忌辰，違犯了例禁鼓樂的祖制，遭到御史鄧承修參奏，被革掉官職，從此家道中落。伯父長善任廣州將軍，珍妃與其姊瑾妃自幼隨長善在廣州長大。珠江畔滋潤的水土和豐富的物產哺育了她。

　　廣州是清朝最早開口通商的口岸之一，中國古老文化與西方文明又薰陶

了她。珍妃在那裡也接受過海外思潮的影響，思想較爲開通，性格也很開朗。珍妃的這些經歷使她與別的滿洲貴族小姐有所不同，在入宮前接觸了解了很多新的東西。而瑾妃與珍妃性格完全不同，瑾妃性格內向，珍妃性格外向，熱情活潑，聰明伶俐，學習什麼都比瑾妃快。廣州將軍長善雖爲武將，卻喜攬交文人墨客，他曾聘文廷式教習兩位侄女讀書。文廷式乃一代名士，後連榜高中得爲榜眼。珍妃因此受到過良好教育。珍妃在廣州時，她

珍妃舊照

的兩位兄長志銳和志鈞也隨長善在廣州生活，他們與珍妃的老師文廷式常在一起研究時事，探討學問，亦頗有文名。珍妃的長兄在光緒六年中進士，授翰林院編修，官至伊犁將軍；次兄在光緒九年中進士，亦授翰林，官至正黃旗滿洲副都統。珍妃在廣州生活了十年左右，光緒十年長善卸廣州將軍任，珍妃、瑾妃兩姊妹才隨同伯父返回京師。

　　光緒十四年（1888），光緒皇帝虛歲18了，已到結婚年齡。西太后慈禧決定爲光緒成親。慈禧不顧光緒本人的反對，給光緒物色了一個他並不喜歡的皇后。她就是慈禧親弟弟副都統桂祥的女兒，葉赫那拉氏，名靜芬，比光緒大3歲，時年已21。在那早婚成風的年代，21歲居然尚未出嫁，可見也是個困難戶了。她成了晚清歷史上的又一位葉赫那拉氏皇后。

　　在慈禧爲光緒指婚的同時，珍妃、瑾妃家裡也花了很多錢賄賂總管太監李蓮英，爲的就是能夠讓珍妃當上皇后。從當時珍妃的情況來看，珍妃確實

有做皇后的本錢：從她遺留下來的照片看，她相貌端莊秀麗，清新可人。而且志趣廣泛，愛好琴棋書畫，又聰明能幹、能歌善舞。除此之外，李蓮英也極力想把瑾妃弄進宮來做光緒的妃子。因為李蓮英收了珍妃家太多的錢，不這樣做，沒有辦法對珍妃家裡交代。本來是應該選皇后的，最後只弄了一個妃子，珍妃家裡當然不願意，所以李蓮英就用兩個妃子換了一個皇后。因為對於慈禧來說，只要皇后定下來，選誰當妃子都沒有關係。所以，李蓮英只有在光緒選妃的時候做些手腳。

選妃當天，光緒在這六十多人裡面一眼就看中珍妃，因為這個姑娘簡直太出色了。於是光緒傻呆呆地拿著一個玉如意，猶豫不決。因為這個玉如意遞到誰手裡，誰就是皇后了。而實際上，慈禧早就提前把意圖給光緒說得很清楚了。因為慈禧是自己的「親爸爸」（滿語「母親」），自己沒辦法，必須聽她的。所以當他走到珍妃面前的時候，光緒突然間變得非常傷心，就在這個時候，熟知慈禧意圖的李蓮英連忙走了過去，猛地攙扶了光緒一下。光緒一下子就回過神來，只好由著李蓮英一直攙到隆裕面前，無奈之際，只好將玉如意交到了隆裕手裡。這樣，隆裕就成了光緒的皇后。

光緒大婚圖
此圖描繪了迎回皇后的喜轎進入天安門的情景

光緒瑾妃中年舊照

　　皇后選定了，剩下就是要選出兩個妃子。李蓮英當然不會錯過這個機會，為了還珍妃父親的這個人情，李蓮英在慈禧面前大力鼓動，於是慈禧同意將珍妃和瑾妃一起帶到了宮裡。

據珍妃的侄兒回憶說：珍妃與瑾妃臨行前跪在母親面前眼含熱淚向老人告別：「額娘，我們走了！」這時她們母親心裡都非常清楚，入宮之後就如同生離死別，宮廷家法森嚴，要想見面比登天還難，而且她們對慈禧的狠毒早有耳聞，說不準哪天會禍從天降；想到這些，珍妃姐倆哭得更加痛心。為了使兩個女兒今後在宮中安心生活，減輕思母之情，珍妃母親「強抑淚水，伸手打了倆女兒一人一個嘴巴，說道：「只當我沒生你們這兩個女兒！」轉身進了裡屋，一天沒出來，也沒有吃東西。珍妃姐倆就這樣與家人在痛哭聲中進了清宮。

兩姊妹同時入選宮中，15歲的姐姐封為瑾嬪，13歲妹妹封為珍嬪，為九等宮女序列中的第六等。直至光緒二十年甲午春（1894），因慈禧太后七旬萬壽加恩，兩人同時晉嬪為妃，前面還有皇后、皇貴妃、貴妃三個等級，所以她們位元列第四等。應該說，等級不是很高。因為，皇后隆裕是慈禧的侄女，慈禧當然不願意自己的侄女受皇帝的冷落。

天生麗質深受恩寵

靜芬、瑾嬪、珍嬪同時入宮，靜芬地位又遠高於二嬪，光緒為何偏偏喜歡珍嬪呢？據曾經在宮內任職多年的信修明太監說實有其因。原來光緒生理有病，名曰「天閹」（即陽痿）。但這種隱病很難被發現。大婚之夕，慈禧派了4位年長有尊的王妃命婦在坤寧宮喜帳後聽房，只聽見比光緒大4歲的隆裕皇后（1868～1913）歎氣曰：「這也是你們家的德行啊！」從此，隆裕皇后失歡於光緒。瑾妃性情忠厚，不會巴結人，反與皇后走得很近，似乎同病相憐，反與光緒相處漠漠。唯珍嬪因年幼而最活潑，又聰明伶俐。光緒其時也不過十七八歲，每日凌晨寅時上朝，午時退朝還宮，工作時間長達七八小時，很是辛苦。珍妃日侍左右，想著法子順應光緒的喜愛。她不拘虛禮，有時扮成宮女，有時扮成太監，有時女扮男裝，如同英俊少年。加之她本來就工翰墨，會下棋，與光緒共食共飲共玩共樂，對於男女之事毫不置意，

是以博得光緒專寵。光緒退朝後經常臨幸珍妃的景仁宮。當時作為一朝天子的光緒在政治上受到以慈禧為首的頑固派的壓制，不能獨掌政權；生活上受到慈禧太后嚴密控制和虐待，心中非常煩惱，現在能有珍妃這樣一位年輕貌美、活潑伶俐的妃子來陪伴，心中自然很高興，忘卻了許多煩惱。史載：「德宗尤寵愛之，與皇后不甚親睦。」

　　光緒在大婚後專寵珍妃，作為慈禧內侄女的隆裕皇后因失寵，醋意大發，由忌而恨，隆裕的怨毒愈積愈深，漸漸地懷恨珍妃的心幾乎超過懷恨光緒的心了。對此，她自己也知道無從再掩飾。而且覺得無須掩飾，她幾乎在每個人的面前咒詛過珍妃。當她們每天早上一起到太后宮裡去請安的當兒，隆裕從不曾把眼睛向珍妃瞧過一次，只當眼前沒有這個人一樣。隆裕為了洩憤，常在慈禧面前說珍妃的壞話，告她的狀。

　　但是，一開始的時候，珍嬪和慈禧的關係還很好。珍嬪心靈手巧，寫字畫畫的技藝提高得極快，非常挑剔的慈禧太后也常誇獎她。興致高的時候，慈禧太后還親自向珍嬪傳授寫擎案大字的訣竅。當她發現珍嬪寫出的大字既漂亮又端莊時，乾脆就讓珍嬪代自己書寫「福」、「壽」斗方，賞給討字的王公大臣們。慈禧太后覺得這小丫頭精明能幹的勁兒，還真有點像自己年輕的時候。就說這請安和磕頭吧，宮廷裡一刻兒也離不開，可是要做得符合規制卻也不那麼容易。后妃們請安和磕頭時，一般都要穿雙花盆底鞋，頭戴殿子，耳朵垂上戴著墜子，邁著丁字步，一步請一個安。請安時，頭上戴的殿子、耳朵上戴的墜子擺得都要適度，不能不擺動，又不能亂擺動。叩頭時，要求就更高了，主要是頭不能叩得太偏，又不能太正。這個勁兒，隆裕皇后就是掌握不住，不是不擺，就是亂擺個不停，不是太偏，就是太正。然而珍嬪則不然，不僅分寸掌握得恰到好處，而且還很俏皮、活潑，透著機靈勁兒。不僅如此，珍嬪還經常隨敦宜皇貴妃、瑜妃等人，有時也隨隆裕皇后、瑾殯，一同陪慈禧太后去中南海、北海、頤和園、圓明園、靜宜園（今北京香山公園）等處遊玩。在滿目蔥鬱的山坡、波光粼粼的水上，珍嬪活潑開朗的性格總會不時地流露出來，呈現在人們的面前，看在慈禧太后的眼裡。

冊封珍妃冊

銀鍍金,凡10頁,現藏於故宮博物院。

　　在日常生活中,珍嬪也能與慈禧太后和平共處。每逢佳節,珍嬪還會與
隆裕皇后、瑾殯等人向慈禧太后道喜、送禮物。慈禧太后也會賞賜給她們一
些錢物。在元旦這一天清早,珍嬪要向慈禧太后進獻寓平安之義的蘋果和象
徵長壽不衰的青果及蓮子等物,並且還要跪著遞上如意,講幾句新春祝福的
話。然後,珍嬪才分別向光緒皇帝、隆裕皇后跪著遞過如意,道一聲新喜。
慈禧太后當然也不會沒有表示。過端午節時,慈禧太后便賞賜給珍嬪二匹大
卷紗,二件小卷宮紗、漳紗、兼絲葛等,並有200兩白銀。除夕時,珍嬪又得
到慈禧太后賞賜的紅緞子平金荷包,裡面裝的壓歲錢是一錠小銀裸,另賞200
兩白銀及衣物等。

　　珍妃進宮後,頗得光緒寵愛。但一年過去了,她卻沒有懷孕。她想,慈
禧之所以掌權多年,不就是生了一個兒子同治嗎?她感到此事關係重大,萬
萬不能任其自然。於是她和幾個最親信的太監暗暗商量了一下。這些太監也
希望她早生兒子,等她當上皇太后,他們也可以抖抖威風了。

　　太監不懂醫學,只信迷信,勸珍妃去「送子觀音廟」求子。由於珍妃盼

144

子心切，也就同意了這個辦法。按
規矩，想要兒女的女人最好親自去
廟裡燒香許願，如因病或其他原因
實在去不了，也可託人代求。珍妃
前思後想，決定自己不去爲好，一
來怕隆裕皇后和瑾妃知道後施毒計
破壞；二來怕萬一生不了兒子別人
嘲笑。於是，珍妃悄悄地選了一個
年齡最高也最誠實可靠的太監代替
自己去祈禱。這位太監受珍妃的重
託，將這事看得格外鄭重。他先在
街上買好香燭，然後直奔觀音廟。
廟裡，泥製的男孩和女孩分別排
開，女孩身著紅紅綠綠的花衣裳，
頭上塗著黑髮；男孩赤身裸體，頭

光緒與珍妃行樂圖

上光禿。因當時重男輕女，要男孩子的人很多。這位太監端端正正地跪在菩
薩面前的拜墊上，喃喃地祝禱著：「菩薩啊，請聽我的求告，我們的珍妃主
子是當今皇上最寵愛的人，她祈求菩薩大發慈悲，保佑她早生一位太子，將
來好接繼萬歲爺龍位，安坐大清國的龍廷。她今年17歲，虔誠信奉菩薩，從
不曾做過什麼惡事。因她不便出宮，所以叫小人替她祝禱。」說完，用黃頭
繩拴了一個男娃娃的頭頸。隨後又到拜墊上，向菩薩磕了幾個頭，低聲說：
神明的菩薩啊，請你務必叫這個孩子投生到珍妃肚子裡去，她住在萬歲爺的
寢宮裡，每晚和萬歲爺在一起。菩薩聖明，請記著是珍妃，不是隆裕皇后，
也不是瑾妃，求菩薩千萬別讓孩子投錯了。

　　回宮後，太監將泥娃娃悄悄地授給珍妃，讓她白日藏在懷裡，晚上放在
枕邊。希望有了這個泥的，不久就會有個真的。但拜佛求子並沒有讓珍妃如
願，她至死也沒有生育。

鬻賣官職珍妃受杖

光緒二十年（1894）朝鮮事件初起時，朝廷中大多數人對於日本的實力都估計不足，將日本看成是「蕞爾小邦」，以爲只要天朝震怒，便可一舉蕩平，因此主戰觀點一直佔據上風。開戰後，隨著中國海陸軍的節節敗退，慈禧太后及其恭親王、慶親王、軍機大臣孫毓汶、徐用儀等開始試探妥協的途徑。根據恭親王建議，太后命戶部左侍郎張蔭桓前往天津，與李鴻章協商邀請各國調停。翁同龢等帝黨人物，雖然提不出挽救時局的良策，但堅決反對議和。在他們看來，妥協就是賣國。他們保持高亢的抗敵論調，某種程度上也是明哲保身的一種策略，以避免輿論的壓力。

戰爭爆發後，北京糧價開始飛漲，從最初的3兩4錢購140斤攀升至12兩購100斤。京官們開始安排眷屬還鄉。北京至津沽的車價漲至七八兩乃至十餘兩也往往不可得。京師綠營兵奉調出征山海關，有「爺娘妻子走相送，哭聲直上干雲霄」之慘。目擊者記載：「調綠營兵日，餘見其人黧黑而瘠，馬瘦而小，未出南城，人馬之汗如雨。有囊洋藥具（鴉片煙槍）於鞍，累累然；有執鳥雀籠於手，嚼粒而飼，怡怡然；有如饑渴蹙額，戚戚然。」這與成千上萬日本男女揮舞太陽

聶士成舊照

聶士成在甲午戰事中，在遼東半島給日軍以重創。

 大清后妃傳奇

146

旗，唱著軍國主義歌曲，歡送親人上前線的情景，形成鮮明對照。

11月24日，旅順失守的消息傳到北京，恭親王、慶親王、翁同龢、李鴻章等樞臣默坐哀歎。最後決定起草詔書，將李鴻章革職留任，摘去頂戴，著迅赴大沽、北塘等處巡閱佈置。這不過是例行公事而已。封疆大吏丟失疆域城池，本該深究查辦，但此時撤去李鴻章，就無人收拾局面、統領將士。翁同龢日記載，慈禧太后在指斥李鴻章貽誤軍機後，也深感淮軍難馭，只能表示暫不可動。

26日，慈禧太后單獨召見樞臣。在討論完旅順局勢後，她突然宣佈，將瑾妃、珍妃降為貴人。前方形勢緊迫，內廷卻鬧家務，不由得樞臣大吃一驚。瑾妃和珍妃是宮廷政治的犧牲品。這對姊妹花剛進宮時，都是養在深閨中的千金小姐，並不懂得什麼政治。進宮之後，恰逢皇帝和隆裕皇后不睦，她們便利用女人的本能和智慧，努力博得皇帝的寵愛。尤其是聰明伶俐的珍妃，不僅參與協助皇帝料理政務，連慈禧太后披閱奏章時，也從旁窺伺，體察懿旨。她還恃寵在皇帝面前舉薦私人，一個是她的兄弟志銳，一個是她的蒙帥文廷式。皇帝雖然親政，卻缺乏羽翼，難以同太后形如密網的控制相抗衡，極想親擢一二通才以資驅使，又苦於難覓親信。不管這二人是否牽扯兩妃的裙帶，都不失為當朝名士，思之再三，決定提拔志銳為禮部侍郎，文廷式為翰林院侍讀學士。

在老於世故的皇太后看來，年方18的珍妃不正是自己青年時代的影子嗎？在慈禧看來，她也會重複當年自己的道路。

這是她斷斷不能容忍的。且看朝中，文廷式以及珍妃的長兄志銳等人都主張對日作戰，支持光緒帝掌權，反對慈禧太后干預朝政，反對手持外交事務的李鴻章對日妥協退讓的主張。志銳公然參劾她的心腹孫毓汶、徐用儀，御史安維峻、張仲炘；侍讀學士文廷式、侍郎長麟也點名斥李鴻章，氣勢洶洶，宛然形成一股勢力。連皇帝也大有主張，不大遵從她的控制。而在後宮波瀾中，她又偏向娘家侄女隆裕皇后，不能容忍光緒皇帝專寵珍妃一人。就在此時，李鴻章授意其心腹——御史楊崇伊上奏慈禧誣陷說，文廷式企圖支

大清后妃傳奇

《光緒帝爲簽訂＜馬關條約＞之硃諭》（局部）
這是光緒帝十分痛苦的上諭。

持珍妃奪嫡，取代隆裕皇后，反對慈禧聽政，支持光緒自主朝政。慈禧接到奏報，以「交通宮闈，擾亂朝綱」的罪名，迅速做出罷黜兩妃的決定，將文廷式革職，押回原籍，永不錄用。並授志銳任烏裡雅蘇台參贊大臣，遠遠地放逐出京。太后外戰外行，內戰卻有潑辣手腕。珍妃在這件事過後，又因私賣官缺一案洩漏，並且頂撞慈禧，使慈禧更爲惱火。

事情是這樣的。珍妃爲人很大方，對宮中太監時有賞賜，太監們得些小恩小惠，也都竭力奉承這位「小主兒」。但時間一長，這位「小主兒」也被捧得有點不知所以，漸漸失去自我節制。畢竟她還是個孩子。清宮有制，皇后每年例銀不過千兩，遞減至妃這一級別，每年僅300兩，嬪爲200兩。珍妃用度不足，又不會節省，虧空日甚，遂不能不挖找生財之道。這樣，就有了她與太監聯合起來向外受賄賣官的事兒。

賣官的契機是光緒皇帝同她談起籌建海軍的事，告訴她，李鴻章已同英國領事談妥購買幾艘軍艦，只是國庫空虛，無法辦到。她便對光緒說：「日下財政困難，莫如索性賣官，國家就可以得到一筆收入，這樣就可以彌補財政的不足，買軍艦什麼的，也就有了著落。」她的這一「改革」方案得到光緒皇帝的認可，並被批准她和她的胞兄志銳來實施。

珍妃依靠胞兄志銳，串通奏事處太監——收人錢財爲人跑官。奏事處乃

是太監與朝廷官員傳達溝通之處。因為有利可圖，當時太監中最有勢力的有郭小車子（意為「小車兒不倒只管推」）、奏事太監文瀾亭、慈禧掌案太監王俊如諸人，均染指其中。珍妃住景仁宮，景仁宮太監亦多有涉及。私賣官職所收之賄款，一部分供給珍妃，其餘由各層分肥。珍妃的主要「任務」是向光緒求請，最後事成，「功勞」最大，自然分贓亦最肥。然這種事可一可二不可三，畢竟會有影響，日漸彰顯。有一次甚至賣到上海道員，做出風傳一時的魯伯陽被劾案，惹動外界輿論紛紛。史籍記載：「魯伯陽進四萬金於珍妃，珍妃言於德宗（光緒帝），遂簡放上海道。江督劉坤一知其事，伯陽蒞任不一月，即劾罷之。」光緒二十年甲午（1894）四月間，珍妃又為玉銘取得四川鹽法道一職，按例這一級別的新官放任，要由皇帝召見一下。光緒在召見時問玉銘在哪一衙門當差？居然對曰在木廠，光緒聞之駭然，於是命其將履歷寫出，那玉銘竟久久不能成字，原來是一文盲。光緒大驚，於是另下一旨：「新授四川鹽法道玉銘，詢以公事，多未諳悉，不勝道員之任。玉銘著開缺，以同知歸部銓選。」此事風播朝廷內外，慈禧聞後切責光緒，要求他必須追究責任。明清兩朝明令規定：後宮不得干預朝政。何況居然推薦一個文盲去當道員，也實在不像話。

　　珍嬪她們勾結太監引線，賣了一些官缺，得錢除上繳國庫外，有一部分則落入她和志銳的私囊。這件事被隆裕太后打聽到報告給慈禧太后，慈禧太后雖已讓光緒親政，但仍時刻關注朝政。她對光緒的一些維新措施本來就不滿，一貫認為「祖制沒有的東西就不是好東西」，當得知珍妃竟敢勾結太監私下賣官，還趁機貪污，豈能不火冒三丈？於是有了珍妃被杖責的事情發生。

贊襄變法而被遣冷宮

　　不僅如此，慈禧還援宮中成例，犯事兒的嬪妃均交皇后嚴加管束，珍妃被幽閉於宮西二長街百子門內牢院，命太監總管專門嚴加看守，暫時與光緒

隔絕，不能見面。不過第二年，珍妃就被釋放出來，又開始在光緒身邊為他排憂解難，對他噓寒問暖。

光緒二十四年（1898），甲午中日戰爭，中國慘敗。中國在甲午戰敗之後，民族危機日益嚴重。全國一些有識之士紛紛上奏朝廷，要求變法圖強。光緒帝也想勵精圖治，振興國家，並希冀在變法中從慈禧手中奪回實權，做一個名副其實的皇帝。光緒二十四年六月，光緒帝在康有為、梁啟超等人的輔佐

《應詔統籌全局摺》
這個奏摺實際上就是維新派的施政綱領

下推行變法。珍妃對光緒帝的變法活動，給予了一定的支持和幫助。據太監張蘭德回憶說：「甲午年以後，光緒皇上要變法，每次召見完王公大臣，退朝後，總到珍主兒那裡商量國事，珍主兒也總幫他拿主意。」珍妃是否在光緒變法期間參與籌畫，目前還沒有更多的材料可從佐證，但是，珍妃在政見上是支持光緒帝變法維新的。她在康黨和光緒帝之間居中協調，代呈奏議，起到了旁人難以企及的作用。她自幼在廣州長大，因而對康有為這個廣東人的印象也很好。康有為沒有專摺奏事之權，他的很多奏章都是珍妃代為傳遞的。而且，作為光緒所寵愛的一名妃子，珍妃在光緒變法期間在精神上和生

活上給予了許多支持和幫助，對光緒的變法活動在客觀上也起了推動作用。

但是，這次變法活動遭到了以慈禧為首的頑固勢力的竭力反對，帝后兩黨的鬥爭異常激烈。後來由於袁世凱的告密，慈禧太后發動政變，幽禁光緒帝，捕殺維新黨人，變法運動遭到了頑固派的血腥鎮壓。珍妃在政變發生後，也被慈禧抓了去遭受廷杖並貶入冷宮。

這次珍妃被囚禁在景祺閣北頭一個單獨的小院裡，名東北三所。東北三所和南三所，都是明朝奶母養老的地方。奶母有了功，老了，不忍打發出去，就在這些地方住，並不荒涼。珍妃被囚禁之前，這個小院原是侍從下人居留的地方，珍妃入住後，正門被牢牢關上，打上內務府的十字封條，人進出走西邊的腰子門。這裡就是所謂的冷宮。珍妃住在北房三間最西頭的一間，屋門從外面倒鎖著，吃飯、洗臉等均由下人從一扇活窗中端進遞出。

珍妃所食為普通下人的飯，平時同下人不許接談，沒人交談，這是最苦悶的事。兩個老太監輪流監視，這兩個老太監無疑都是老太后的人。最苦的是遇到節日、忌日、初一、十五，老太監還要奉旨申斥珍妃，就是由老太監代表老太后，列數珍妃的罪過，指著鼻了、臉申斥，讓珍妃跪在地下敬聽，指定申斥是在吃午飯的時間舉行。申斥完了以後，珍妃必須向上叩首謝恩。這是最嚴厲的家法了。

別人都在愉快地過節日，而她卻在受折磨。試想，在吃飯以前，跪著聽完申斥，還要磕頭謝恩，這能吃得下飯嗎？

她在這裡被囚禁了兩年，直到被慈禧殘忍地投入井中！

帝后西奔珍妃沉井

1900年7月20日，八國聯軍即將兵臨城下，北京城裡一片風聲鶴唳。

慈禧決定攜帶光緒等一行人出走西安。此時，大家都換了百姓布衣聚在壽寧宮，據老宮女回憶：「慈禧忽感觸前事，出珍妃於牢院。強詞珍妃帶走不便，留下又恐其年輕惹出是非，因命太監將樂壽堂前的井蓋打開，要珍妃

自盡，珍妃堅不肯死。當此千鈞一髮的時候，眾人不能因此緩行，遂令太監將珍妃推入井中。珍妃之死，此是實情。」慈禧如此怨恨珍妃，必置之死地而後快，除了上面所說的珍妃賣官事發，並且譏刺慈禧垂簾聽政之事外，還有較爲遙遠的原因。光緒既親昵珍妃，與皇后不睦，作爲姑母的慈禧自然不悅。「二妃屢受孝欽鞭責，訴之上，上勿敢言，由是母子夫婦之間微有隙。」孝欽乃慈禧敬稱。後來，當慈禧捏住了珍妃的把柄，老帳新帳一起算，也就好解釋了。慈禧一行離宮出走的日子爲7月21日，

珍妃井

1900年8月14日夜，八國聯軍入侵北京前夕，珍妃被投入此井害死。

慈禧沉珍妃下井在頭一天的下午。領班太監崔玉貴、王德環奉慈禧之命提前將珍妃帶到樂壽堂的頤和軒。據崔玉貴回憶，珍妃被帶到時，身穿淡青色綢子旗袍，頭冠則被摘去兩邊的垂絡。慈禧端坐殿中，說洋人馬上要打進城來了，外面亂糟糟的，誰也保不定會發生什麼事兒，萬一受到侮辱，那就丟盡了皇家的臉，對不起列祖列宗，即明確暗示珍妃自盡。珍妃愣了一下，說：「我明白，不會給祖宗丟人的。」慈禧見珍妃不鬆口，又說：「你年輕，容易惹事！我們要避一避，帶你走不方便。」珍妃據理不讓：「您可以避一避，可以留下皇上坐鎮京師維持大局。」這話戳到了慈禧挾持天子的痛處，當即惱羞成怒，大聲呵斥：「你死到臨頭，還敢亂說！」珍妃頂撞：「我沒有應死的罪！」慈禧說：「不管你有罪沒罪，都得給我死。」珍妃說：「我

152

要見皇上一面，皇上沒讓我死！」
言下之意你慈禧說了不算，得皇上
下令才行。慈禧嚷道：「皇上救不
了你！來人，把她扔到井裡去！」
崔玉貴、王德環一起連揪帶推，將
珍妃丟進了貞順門的井裡，珍妃一
路掙扎呼叫皇上，最後大聲喊道：
「皇上，來世再報恩啦！」

　　珍妃是光緒帝真正傾心愛戀的
女人。她的一生，短暫而又凄美，
她與光緒帝患難與共的感情，讓人
唏噓不已！

　　她深愛的皇上沒能在她最危急
的時刻來救她，甚至連最後一面也
沒能見到。

　　珍妃所以在冷宮裡忍辱等了
3年，無非是盼望光緒好起來，自
己也跟著好起來。「但願天家千萬

光緒與珍妃行樂圖

歲，此身何必恨長門」。只求光緒能好，在冷宮裡忍幾年也算不了什麼！當
雙方困難時期，彼此隔離，但「身無彩鳳雙飛翼，心有靈犀一點通」。

　　她和光緒的心情，是很容易理解的。但在老太后那樣的兇狠壓迫下，光
緒又怎能好起來呢？只能恨歎「朕還不如漢獻帝」罷了（光緒在瀛臺被困
時，看《三國演義》自己嗟歎的話）。做了30年的皇帝，連自己唯一知心
的女人都庇護不了，「噤若寒蟬」，死了愛妃問都不敢問一聲，也真讓人可
憐了！過去唐朝李商隱曾譏諷唐明皇說，「可惜四紀為天子，不及盧家有莫
愁」。玄宗當了40年的皇上，到後來被迫在馬嵬坡讓楊玉環自縊身亡，還不
如莫愁嫁到盧家能夠白頭偕老。

這雖與光緒的性質完全不同，但可以說是殊途同歸吧！

遙想當年，「小喬初嫁了」，到光緒身邊，備受恩寵，珍妃也曾經發過這樣的癡問：皇上這樣地對待我，不怕別人猜忌我嗎？光緒很自負地說：我是皇上，誰又敢把你怎麼樣呢（見德齡《光緒秘記》）。單純的光緒把一切估計得太簡單了，這正像戊戌變法一樣，對政局的估計太簡單，可憐只落得在逃亡路上用紙畫個大烏龜，寫上袁世凱的名字，粘在牆上，以筷子當箭，射上幾箭，然後取下剪碎以之洩忿罷了。

清代宮廷內閣之事，現代人不可能十分清楚，但大致可以推想得出來：當時宮裡后妃論聰明才智，有政治頭腦的，可以說非珍妃莫屬了。將來寵擅六宮，是絕對無疑的。但與慈禧政見不合，留下此人，終成禍患，一有機會非置之死地不可。俗話說：「量小非君子，無毒不丈夫。」預先砍去光緒的左右手，免得慈悲生禍患，到將來樹葉落在樹底下，後悔也就來不及了。慈禧對這件事是預謀已久的。崔玉桂也說，慈禧處死珍妃，「絕不是臨跑前倉促之間的舉動」。如果說因為珍妃年輕貌美，怕招惹是非，丟了皇家的體面，那麼慶親王的女兒四格格，比珍妃遠年輕，也是出名的漂亮，也可以說是金枝玉葉吧，為甚麼不帶著她跑到西安呢？前後一對比，慈禧的心事是昭然若揭的。

1901年春和議成，八國聯軍將退，慈禧命崔玉貴回京探聽消息，並查看宮內事宜，見珍妃所投之井依然如故，便命內務府將珍妃從井中撈起，裝殮入棺，7月24日葬於阜成門外恩濟莊內務府太監公墓南面的宮女墓地。1901年11月28日，慈禧、光緒還宮，11月30日即下懿旨：「上年京師之變，倉促之中，珍妃扈從不及，即於宮闈殉難，洵屬節烈可嘉，加恩著追贈貴妃，以示褒恤。」慈禧假惺惺地以貞烈殉節掩世人耳目。而且為避輿論，藉故將崔玉貴謫貶，弄得好像都是手下太監闖的禍。民國二年（1913），45歲的隆裕皇后逝世，與光緒合葬景陵。瑾妃此時已升為皇貴妃，因上面已無皇后管著，成了宣統必須尊敬的皇太貴妃，對宮中事務有了相當的決定權，於是趁機將妹妹從宮女墓地遷葬光緒崇陵妃嬪園寢。皇家規定，皇帝皇后的墓地稱陵

寢，嬪妃的墓地稱園寢。瑾妃還爲珍妃立碑稱「恪順珍貴妃之墓」，總算爲妹妹爭到了她應有的名分。也許，在今人看來遷葬這種名分毫無意義，人已早死，再要這種名號有啥意思？然而，在當時人的眼裡，那可是馬虎不得的大事。尤其對宮中嬪妃來說，一輩子爭的要的，還不就是一個稱謂名分？瑾妃還在珍妃遇害的井旁立了一小小靈堂，供著珍妃的牌位，靈堂上懸掛一額紙匾，上書「精衛通誠」，頌揚珍妃對光緒的一片真情。

清代學者惲毓鼎爲悲歎珍妃之死而作了這樣一首詩：

金井一葉墮，淒涼瑤殿旁。

殘枝未零落，映日有輝光。

溝水空流恨，霓裳與斷腸。

何如澤畔草，猶得宿鴛鴦。

大 清 皇 后 檔 案				
姓名	葉赫那拉·靜芬	職務	皇后	
生年	1868	卒年	1913	享年 46歲
諡號	孝定聖皇后		陵寢	崇陵
家庭關係	(父親) 桂祥　(母親) 不詳　(子女) 無			
婚姻狀況	初婚：21歲出嫁　　　配偶：光緒			
人生最得意	得寵於慈禧		人生最失意	未能垂簾聽政
人生最不幸	失歡於光緒		人生最痛苦	挾帝退位

毫無主見卻情非得以的隆裕皇后

　　清德宗葉赫那拉皇后（1868～1913），滿洲鑲黃旗，慈禧太后之弟桂祥之女，1889年被冊封爲皇后，比光緒皇帝大3歲。慈禧臨死，爲培植葉赫那拉氏的勢力，規定國政交攝政王載灃，但事必須稟詢隆裕方可。慈禧死後，隆裕不顧國庫空虛耗費百萬兩銀子辦喪事，她殘忍狠毒，貪權橫行毫不遜色其姑。辛亥革命爆發後，她起用袁世凱鎮壓革命，後在袁世凱脅迫下，只好接受清帝遜位條件，1913年病死，與光緒合葬崇陵。

老太后欽定的姐弟婚姻

　　光緒是慈禧的妹妹所生，隆裕是慈禧弟弟桂祥的二女兒，姓葉赫那拉，

名靜芬。她比光緒大3歲，是光緒的表姐。按照當時的情況，親上加親是非常正常的。妹妹的兒子娶了弟弟的女兒，這在當時來說應該是非常不錯的一段婚姻。而且，這兩個人從小就在一起玩，隆裕作為姐姐，雖然人長得很難看，但對光緒特別照顧，就像對待自己的親弟弟一樣。當年光緒剛剛進宮的時候才4歲，每次隆裕到宮裡去也都會去看他。光緒對這個表姐也有著說不完的話，倆人經常一聊就是好長時間，氣氛也非常融洽，算是青梅竹馬。可是這兩個人誰都沒想到，最後慈禧會將隆裕指配給光緒。

在光緒看來，隆裕本來是自己的表姐，忽然間就變成自己的皇后，是非常接受不了的。作為姐姐，隆裕長什麼樣光緒都不會嫌棄，可是要她作為自己的皇后，隆裕卻是不合適的。光緒當時心裡究竟怎麼想，如今我們已難以猜度，但是這種角色的轉變肯定是尷尬的，也是痛苦的。

可既然這椿婚姻是老太后欽定，想改變過來也完全不可能。

慈禧太后當然知道光緒皇帝並不願意接受這個「皇后」。但她還是極力撮合這段姻緣，當然有她的考慮。她想通過這個巧妙安排，繼續掌握朝廷大權。光緒帝載湉繼位時年僅4歲，慈禧太后大權獨攬，「垂簾聽政」。到光緒十三年（1887）光緒帝已經17歲，到了應該婚配的年齡。按著封建王朝的慣例，幼帝一旦結婚，就要親理朝政，收回皇權，太后就必須「撤簾」歸政。為了應付必然到來的光緒帝大婚和由此導致的親政局面，慈禧太后一面提前宣佈給光緒帝成親，讓其「親裁大政」；一面對光緒帝的后、妃的人選進行了慎重的考慮和選擇。

慈禧太后本身就是一個從妃子而逐漸步入青雲、成為清王朝的最高統治者的。她深知皇帝的后、妃對皇帝思想及其政務活動的影響力。而要鞏固自己在清廷中的專權地位，牢牢地控制住光緒帝，使未來的皇后對她唯命是從是至關重要的。

慈禧太后有兩個弟弟，一個叫照祥，一個叫桂祥。咸豐十一年秋天，慈禧太后的母親被封為貴人以後，她的父親惠徵追封承恩公，照例由照祥承襲。照祥已在光緒七年去世，桂祥是慈禧太后的幼弟，平庸而沒出息，坐支

都是朝廷給的俸祿，卻一天到晚躲在東城方家園老家抽大煙。他的3個女兒就是慈禧太后嫡家的內侄女，小的已指婚，配給了王爺孚郡王的嗣子載澍。現在只有大的和二的還在家中。靜芬是老二，是光緒的表姐，又比光緒帝大3歲，二人從小在一起長大，這些都是極其有利的條件。在慈禧看來，親侄女自然要比旁人更加貼心，姐弟間也應該更容易培養感情，至於光緒帝個人的好惡，相比起來就不重要了。

在封建時代，儒家倫理道德禁錮著人們的思想，社會上各階層的人們都很難擺脫這一精神上的羈絆。對於那些有自主權的君王來說，選擇后、妃，是可以恣意妄為的。但光緒帝作為一個十幾歲的少年，作為慈禧太后手中的傀儡皇帝，囿於孝道，出於敬畏，在其婚配問題上卻難以自主。

隆裕皇后像

慈禧太后利用所謂「母子」情分和封建主義的「孝道」倫理，按著自己的意志，親自主持了選后活動，安排了一場純粹的政治婚姻，從而導致光緒帝和隆裕皇后兩人終身的不幸。

按規定，在確定皇后、皇妃之前，先選秀女，然後再從秀女之中確定皇后、皇妃的人選。清朝從順治時就規定，凡滿族八旗人家年滿13歲至16歲的女子，必須參加每3年一次的皇帝選秀女，選中者，留在宮裡隨侍皇帝成為妃嬪，或被賜給皇室子孫做福晉。未經參加選秀女者，不得嫁人。閱選時，按

八旗的順序，一般七八個人站成一排，由皇帝、皇太后們挑選。被挑選女子的名字，每排寫一張單子，留宮中存檔，這種名單，在檔案中稱爲「秀女排單」。

這次參加選秀的秀女一共是96個人，經過第一輪的淘汰，只剩下了36個。36位被選中的秀女，又經過一次慈禧太后燈下看美人，最後只剩下8個。因爲上次選看是在上午，慈禧太后要看一看燈下的美人，所以定在深夜子末丑初。這8個人是桂祥的女兒、長敍、德馨的兩雙姊妹花；另外3個之中有一個是鳳秀的女兒，她的大姐是穆宗的慧妃。光緒即位以後，以兩宮皇太后之命，封爲穆農敦宜皇貴妃，移居慈家宮之西的壽康宮。

由於慈禧太后有燈下看美人之舉，宮內都認爲她爲皇帝立后的標準，大概是重在姿色。因此傳言也都認爲都統桂祥家的二女兒很難入選。因爲慈禧太后的這個內侄女，姿色實在太平庸，也缺少一種雍容華貴、母儀天下的儀態。如果不是慈禧太后的內侄女，恐怕第一次就被光緒皇帝給「刷」下去了。

如果慈禧太后的內侄女被「刷」下去的話，那麼入選皇后的肯定是江西巡撫德馨的兩個女兒之一，這兩位小姐，不但美豔群芳，而且漂亮絕倫。尤其是大小姐，更是傾城絕國之色，光緒對她也是一見傾心。德馨久任外官，這兩位小姐到過的地方很多，眼界開闊，見多識廣，因此伶牙利齒，能說會道，這又是一個優勢。但也有不少人說，德馨的家教不好，兩個女兒從小都被嬌縱慣了，有時柳林試馬，有時粉墨登場，不大像個大家閨秀的樣子，論德不足以住居正宮。因此對到底誰能被選爲皇后，還是眾說紛紜，莫衷一是。

經過第三次「備選」也就是淘汰後，只留下了5名：都統桂祥的二女兒、慈禧太后的嫡親內侄女靜芬，以及禮部右侍郎長敍和江西巡撫德馨的兩雙姊妹花。選后活動是在體和殿進行的。秀女依次排列，站在第一位的是那拉氏靜芬，其次是德馨的兩個女兒，站在最後的是長敍的兩個女兒，即後來的瑾妃、珍妃姐妹。慈禧太后上坐，光緒帝站立一旁，前面擺著小桌一張。上面

皇后冬朝冠

放著一柄鑲玉的如意和兩對繡花的荷包，荷包一律是紅緞縫製，繡的是交頸鴛鴦，異常鮮豔。候選秀女如被授以如意，便是統攝元宮的皇后；如被授以荷包，則被封爲皇貴妃或貴妃。

慈禧太后面色嚴肅，心情略有些緊張。光緒皇帝也清楚地知道，太后既然讓她的內侄女參選，並且一直進入了最後的「決賽」，其用意就是讓她當選皇后，以便在自己身邊安插一個最大的親信。慈禧太后的種種表現也說明了想讓她的內侄女當皇后，一切都是這麼明顯，自己能違反她的心意嗎？如果不違反她的心意，選了慈禧太后的內侄女，那自己一生的幸福也就可能毀在她手裡。

5位秀女，早就等在那兒了，每人由兩個內務府的嬤嬤們照料。這些嬤嬤們照料得十分殷勤，她們誰都希望自己照料的秀女能夠入選，那樣對她們來說不但是一件很榮幸的事，說不定以後什麼時候還可以跟著沾光。她們一會兒替秀女們梳梳頭，一會兒替她們補脂添粉，前後左右，仔細端詳，深怕有

一處不周到。光緒皇帝跪著接過慈禧太后拿過來的如意，緩緩地向5名秀女走去。在慈禧太后和參加選后儀式的榮壽公主、福錕夫人、榮祿夫人看來，這柄如意現在要交給誰，實在是很明白的事。因此大家只有看熱鬧的心情，並不覺得緊張。

所有的視線自然都集中在皇帝面前，尤其是那柄玉如意上面。光緒皇帝心目中的皇后，在第一次選秀女時就已經定了下來，在那以後的屢次復選中，光緒皇帝的心也就更堅定了。他覺得如果慈禧太后不讓自己來選便罷，而一旦讓自己來選，便一定要選自己心目中的那位天使。

光緒皇帝快要走到葉赫那拉氏前面時，突然之間，將手一伸，雖無聲息，卻猶如晴天霹靂一樣，震得每一個都把心都懸到了嗓子眼上，那柄如意是分明遞給第三個人，德馨的長女。

「皇帝！」

在這靜得時間幾乎都凝固了的時刻，慈禧太后這突如其來的一聲大叫，就像驚雷一樣，震得每一個都把心提到嗓子眼兒上的人，一哆嗦，光緒皇帝更是全身一震，差點將玉如意摔在地上。

光緒皇帝端著玉如意愣在那兒，不知道該怎麼辦才好。他忍不住回頭看了看慈禧太后。此時他所見到的太后，臉色發青，雙唇緊閉，眼下那塊肌膚不住地牽動，以致右眼半張半閉。

可以明顯地看出，慈禧太后在向光緒皇帝努嘴，而且是努向左邊的葉赫那拉氏、慈禧太后的內侄女。

光緒沒有逆他的意，把玉如意交到了靜芬的手中。

這實在很委屈，也很沒有面子。如果換個別的心高氣傲、自尊自愛的女孩子，當時就有可能會哭了出來。然而葉赫那拉氏不但沒有哭，反而勉強地笑了笑，然後又撩一撩裙擺，跪了下去，高舉雙手，接受如意，說道：「奴婢葉赫那拉氏謝恩。」

光緒皇帝看也沒看，也沒有答話，只管自己掉頭走到御案旁邊，臉上沒有一絲笑容。這場選妃的傀儡戲就這樣草草地收場。

光緒十四年十月初五日（1888年11月18日），慈禧太后下懿旨宣佈光緒帝的后、妃一併選定。葉赫那拉氏靜芬爲皇后，江西巡撫德馨的兩個女兒爲妃，禮部右侍郎長敘的兩個女兒爲嬪。

光緒的這椿婚姻從定親時起他就不滿意，接踵而來的不幸是擇定大婚吉期前一個多月，迎娶皇后的必經之門——太和門於光緒十四年（1888）十二月十五日深夜發生了一場大火，吞噬了太和門及其左右的貞度門、昭德門等建築，慈禧只好下令清理火場、趕製太和門彩棚，臨時以竹木、彩紙、花布等物搭建成太和門，以應翌年的大婚典禮。

光緒十五年正月（1889），光緒帝舉行大婚禮，正式冊封靜芬爲皇后。

光緒帝與皇后的恩怨

慈禧太后強行將其親侄女立爲皇后，是爲了在光緒帝身邊安插心腹，以便鉗制光緒皇帝，長期操縱清廷的政治大權。可光緒畢竟已經不是兒童，他對皇權的旁落不會無動於衷。這次選后妃活動與光緒帝自身的利害息息相關，慈禧太后專橫跋扈，無視光緒帝本人的意願，強行決斷，給了光緒皇帝很大的刺激，也給他留下了難以忘懷的怨恨，爲光緒帝與皇后終生「不睦」和圍繞后、妃產生的許多恩怨糾葛埋下了種子。

光緒與皇后的婚事也應了那場預兆不祥的大火，夫妻兩人生活上一輩子不親、也不協調，光緒始終不愛靜芬。各鬧各的強脾氣，你不遷就我，我更不遷就你，互不讓步。只是當著西太后的面或在別人面前裝成像個夫妻樣子——那是做給別人看的，而事實上雙方彼此不說話。

因爲選后，光緒心裡非常憋悶，大婚以後好長時間心裡不痛快，不跟皇后同床。據隆裕的侄孫女回憶說，光緒生理有病，名曰「天閹」（即陽痿）。但這種隱病很難被發現。大婚之夕，慈禧派了4位年長有尊的王妃命婦在坤寧宮喜帳後聽房，只聽見比光緒大三歲的隆裕皇后歎氣曰：「這也是你們家的德行啊！」當時在洞房裡，心情壞到極點的光緒一下撲在表姐隆裕的

懷裡，號啕大哭，並對隆裕說：「姐姐，我永遠敬重你，可是你看，我多為難啊。」

從此，隆裕皇后失歡於光緒。

婚後開始親政的光緒帝對這位皇后一點提不起情緒來，常推託政務繁忙，不願去坤寧宮。他愛的是被立為珍嬪和瑾嬪的長敘的兩個女兒，尤其是妹妹珍嬪。珍嬪不但生得美貌，而且聰明伶俐，知書識禮，善解人意。光緒既喜歡她，又同她講得來，下朝後就去珍嬪的宮裡陪伴她。只留皇后一個人孤守偌大的宮殿，難怪皇后妒恨。都是女人，為什麼有人受寵而有人被冷落呢？她別無其他辦法，只好到太后那裡哭訴。

西太后為此也不少犯愁。清代宮廷有個傳統規矩，在每年臘月二十和正月初一、初二這3天，皇后有特權必須陪伴皇帝就寢，過了這3天皇帝才能召幸其他的妃子。但是光緒和皇后即使同寢也仍不同食。據跟隨西太后8年之久並在庚子年（1900）隨西太后出逃至西安的貼身宮女何榮兒回憶，有一年大年初一的晚上，慈禧晚膳後，光緒帝和皇后、妃子照例分頭前來請安。這時西太后心情特別好，居然關心起皇帝和皇后的私生活來了，慈禧故意問光緒是從哪個門走過來的？光緒住養心殿，養心殿後面有個小門叫螽斯門，也是西六宮最南邊的一個小門。這回光緒是抄小道從螽斯門到儲秀宮來的。慈禧饒有興味地耐心地和他們講解螽斯門的掌故，還不時搬出先皇帝咸豐的教誨。原來，這本是明朝宮殿舊名，因為名字吉祥一直沿用至今。螽斯是一種昆蟲，自古以來向以螽斯比喻子孫眾多，滿清宮廷沿用此名，也是為了「宜爾子孫」，盼望家族興旺。光緒皇帝是個絕頂聰明的年輕人，一聽慈禧的問話，就趕緊低垂下頭去，表示知罪，並畢恭畢敬地回話說：「皇爸爸（光緒對西太后的稱呼）往上緬懷祖先，往下垂念子孫萬代。兒子一定聽從皇爸爸的訓誨。」但是說歸說，光緒從來也沒有真正和隆裕像一對夫妻那樣生活過。

為了讓皇后增加點兒修養，慈禧閒來無事，便親手教她寫字。皇后本不會寫書法，經慈禧指點，自己又刻意下工夫，日久也能寫出點意思來，寫起

慈禧太后與光緒帝群妃舊照

草書來得心應手。到後來甚至能寫斗大的字，還附庸風雅地自署齋名，叫作「延春閣」。慈禧怕她寂寞，還要她陪伴一起遊玩，每日在頤和園中，不是登山遊湖，就是聽戲抹牌。

在光緒與西太后帝后兩黨之爭中，皇后始終是站在西太后一邊的。從這一點看，慈禧沒有選錯人。而且客觀上，隆裕皇后還起到了忠實幫兇的作用，她是慈禧探聽、監視皇帝行動的一個忠實耳目。雖然在她而言，這也是不得已之事，可是這件事情給光緒和她的夫妻生活造成了很大的隔閡，並且由於政治上的傾向不同，這種隔閡日益加深。到後來，因為慈禧的關係，光緒就變得非常不喜歡這位表姐了。戊戌政變後，光緒被囚在瀛臺，身同囚犯，不准皇后、妃、嬪隨便接觸，僅准許皇后每月初一、十五兩天到瀛臺看望。覲見時，有多名太監在旁邊監視，皇后三言兩語問安後便退出，有時光

164

緒帝一言不發，以目送之。

　　那拉氏皇后在孤寂的宮廷生活中，開始找些事做來填補空虛，於是學會了養蠶。先取蠶卵孵化，蠶生出後，每天餵新鮮的桑葉四五次。她特命宮中數人專職晚上餵蠶。她每天都觀察蠶的生長，吐絲做繭，見蠶變成蛾飛出，便感慨萬分。或許她從蠶的生長過程看到自己像蠶被束縛於繭中一樣被束縛在宮中吧？絲成後，她還經常拿到慈禧太后那裡共同鑒賞，慈禧也取出年幼時所製的絲來與皇后的蠶絲比較。兩者同樣的精美。

　　這種孤寂平淡的生活很快被八國聯軍的炮火給打破了。光緒二十六年七月（1900年8月），八國聯軍攻入北京。那拉氏皇后隨慈禧太后、光緒帝逃奔西安，在逃奔西安前夕，慈禧下令將光緒心愛的珍妃殺害，這件事的發生，那拉氏皇后的進讒也是一個因素。

　　西逃一路風塵僕僕，好不狼狽。在西安逗留一年後，皇后隨著慈禧及光緒帝、瑾妃等回到京城，慈禧身邊新來了兩名旗員的閨閣千金。一名德齡，一名容齡，二人隨父親裕庚出洋了好幾年，能通幾國文字，慈禧很是歡喜，常命她倆陪伴隆裕，這樣，這位古板的皇后也算是領略了一點歐風美雨。

毫無政治遠見的皇太后

　　從西安回鑾後，光緒帝更加陰沉了。對於他心愛的珍妃於他25歲那年被投入寧壽宮北的宮井溺死，對於國家朝政的難以為繼，他都清醒認識到了。但是他沒有發言權，這是一種怎樣的痛和沉默？

　　光緒的愛情生活比較專一，自珍妃死後，他慣於孤獨。對隆裕皇后和瑾妃均沒有興趣，還常常對皇后的問候表示不滿。但他跟皇后鬥氣不鬥嘴，有她只當沒她。俗話說「乾著她」，把她晾在一邊。他對皇后至死也沒有感情，甚至還有解不開的怨仇。皇后與光緒帝分居，具體年月雖不可考訂，但到光緒死時已有10年了，皇后事實上守了一輩子活寡！

165

坤寧宮喜字門

　　光緒帝病重時，住在中南海的涵元殿裡。據一位劉姓老太監回憶，當時光緒雖然已久病不癒，還是按照規矩伺候光緒帝刮臉理髮。光緒像木頭人一樣，不說也不動，聽從下人們的擺佈。他們都知道光緒的脾氣，趕緊伺候，

趕緊離開。孤獨慣了的人，不願有人在一旁打攪。在光緒面前當差的人，都是低著頭做事，一句話也不說，這是一向的習慣。

有些日子，皇后常來問候，光緒依然像往常一樣，除去請老太后萬安以外，冷冰冰地沒一句閒話，彼此都心照不宣。皇后來是另有使命，是來察考監視皇帝的喜怒哀樂，一言一行，都要給太后報告的。所以，皇后一來，就引起了皇帝的不安，甚至憤懣。光緒是個容易暴怒的人，但多年的宮廷坎坷，使他也小有智慧。一天，皇后觀見完畢，皇帝吩咐她「請跪安吧」，那就是請她退下。皇帝的寢宮，不願意誰在一旁，是完全有權力讓誰退下的，何況在病中。光緒連說兩次，皇后裝作沒聽見，大概是銜命而來有所仗恃吧。於是光緒暴怒了，奮起身來，用手一抻皇后的髮髻，讓她出去，把一隻玉簪子都摔在地下了。這是光緒臨死前十幾天的事。

皇后向慈禧訴苦，慈禧表情沉鬱，沒有多說話，只是叫她以後注意點兒。但是已經沒有以後了。光緒三十四年十月二十一日（1908年11月4日），光緒帝在做了一輩子傀儡皇帝後，於憂憤交加中死去，年僅38歲。

光緒一生無了嗣。他死後，病中的慈禧猶念念不忘權欲，立醇親王載灃（光緒的弟弟）的兒子溥儀為皇儲。但溥儀是承繼同治帝還是承繼光緒帝？這事別人看來無所謂，可是對隆裕皇后卻非同小可，因為這關係到她以後的命運和地位。在清宮二十多年，她目睹慈禧太后的種種威勢，太后的寶座她不一定覬覦很久，但是如果有機會，她是一定不會放棄的。

光緒帝在臨死前夕，見到了叔父慶親王奕劻。他哽咽著囑告叔父，慈禧太后對他懷恨已久，一定不會讓溥儀繼承他，希望他能看在親叔父的情誼上，為他力爭，否則他死不瞑目。果然，慈禧宣命溥儀只承繼同治，而不肯答應讓溥儀兼承光緒皇帝之祧。慶親王再三請求，她露出怒意。慶親王跪下叩頭奏道：「從前穆宗皇帝大行，未曾立嗣，故有人屍諫。現今皇上大行，若不想出一個兼顧立嗣的法子，仍像穆宗一樣無子嗣，能保證沒有第二個人來進行屍諫嗎？」

慶親王所說屍諫之事是說同治帝死後，慈禧不按規定立同治的子侄輩為

嗣皇帝，而立同治的兄弟輩光緒承繼大統，這樣，同治帝便沒有後繼者了。滿朝大臣懾於慈禧淫威，無人敢言。只有一個小小的京官、吏部主事吳可讀，寫了一份奏摺，提出抗議，然後在同治帝陵寢惠陵附近的馬神橋上以身相殉。

慈禧一聽慶親王提及這事，不免有些害怕，這才略略點頭，要慶親王速去擬旨，讓她審閱，總算勉強通過了。

只會乾著急的隆裕皇后，聽到這消息，長長地噓了一口氣，十分感激慶親王的暗中相助。雖然慶親王是受光緒之託，但是畢竟結果也是對隆裕

慶親王奕劻舊照

有利的。第二天，她被慈禧召去，面授機宜，無非是新皇帝登位後，慈禧自己當太皇太后，而她名正言順地成為皇太后，參攝政事。接著，慈禧又令軍機大臣擬了一道詔旨，指定：「此後國政，即完全交付監國攝政王。若有重要之事，必須稟詢皇太后者，方由監國攝政王按所詢裁奪。」

慈禧這樣做的目的，不但是憐惜自己的親侄女，更是為了培植葉赫那拉氏的勢力，繼續執掌大清王朝的大權。

過了一天，慈禧也死了。坐上太后寶座的光緒皇后，被尊為「隆裕」。為感謝姑姑的厚恩，她在慈禧棺木下葬前，大肆鋪張，特地花費幾十萬兩銀子，用紙紮成一隻巨形大法船，長約十八丈、寬二丈，船上樓殿亭樹，陳設俱備。侍從篙工數十人，高度與活人一般，統統穿上繡衣。船上設寶座，旁列太監宮女及一切器物用品，下面跪著身穿禮服的大小官員，仿佛慈禧平時召見大臣時的樣子。船頭懸一黃緞巨帆，上書「中元普渡」四個大字，船

外圍繞無數紅蓮，內有巨燭點燃。船製成後，由攝政王載灃代表皇帝溥儀致祭，祭罷，將大法船運到東華門外焚化。又焚去紙紮人馬，器用物品無數。為慈禧下葬之儀，隆裕不顧國庫空虛，費去銀子125萬兩。

隆裕為人，優柔寡斷，比慈禧遠遠不如。慈禧在政治上頗有手段，雖然殘忍毒辣，但還有自己的見解；對於王公大臣，也有一定的籠絡手段。而隆裕為太后之後，個人毫無主見，一切為其寵監小德張操縱，在政治上毫無建樹。

按照慈禧開創的先例，隆裕本可以在慈禧死後以太后的身份卵翼幼帝，攝取清朝大權，當時也有「垂簾」復活的傳言。但是隆裕在政治上平庸無能，其實並無「垂簾」其事。

光緒死後，隆裕曾想仿效慈禧「垂簾聽政」。等到奕劻傳出慈禧遺詔立溥儀為皇帝、載灃為攝政王時，隆裕雖取得了對軍國大事一定的決定之權，但離「垂簾聽政」的美夢還相差甚遠，自己又沒有力量來實現這一美夢，他倚為心腹的小德張，是個只知道聚斂錢財的無能太監，絲毫沒有政治頭腦。隆裕受小德張慫恿，卻在宮中東部大興土木，修建「水晶宮」，以為玩樂之所。按清代相沿已久的制度，在「國服」期間，不得興修宮殿，然而隆裕對此並不顧忌。而且當時清廷正在興建新式海陸軍，所需經費巨大，國庫本來已經空虛，財政捉襟見肘，建軍的費用尚且不足，又要撥款修園建殿，無疑大大加重了國家的危機。而隆裕不管這些，挪用建軍銀兩，立即撥出鉅款，以為個人娛樂，引起朝野的不滿和議論。後雖然因為革命軍起而不得不停止，但這件事更顯露出隆裕的平庸無識。

由於她未能像慈禧那樣「垂簾聽政」，又不能隨心所欲，心中不快，以致遷怒於攝政王，與載灃發生了矛盾。宣統二年五月（1910年6月），載灃命毓朗、徐世昌為軍機大臣。數日後，隆裕下令載灃將這兩個人撤去，載灃婉轉相勸請求暫緩行事，隆裕則毫不讓步。載灃不得已，反駁說：「太后不應干預用人行政大權。」隆裕也無可奈何。像這樣隆裕憑自己感情衝動來制約載灃行動的事，並不少見。

江蘇諮議局舊照
宣統元年（1909），全國各省廣設諮議局，作為地方諮議機關。

　　載灃生性懦弱，在政治上也無主見。他在受命監國攝政期間，裡有隆裕掣肘，外受奕劻、那桐等人挾持，他的地位雖是監國攝政王，但並沒有任何作為的餘地。如對隆裕興建「水晶宮」一事，他本來可以用既「違反祖制」，又影響建軍的正當理由進行阻攔，據理力爭，但由於他怯懦怕事，怕觸怒了太后，也就不置可否地聽之任之。

　　光緒死後，隆裕在他的硯臺盒內，發現了光緒親自用朱筆寫的「必殺袁世凱」的手諭。她自己不敢決斷，便交給載灃處理。載灃也猶豫不決，召來奕劻、那桐等人商量對策。奕劻、那桐主張保袁，讓袁世凱自行稱病辭職。袁世凱辭職後，隆裕和載灃毫無遠見，不把他留在北京控制住，反而命他回家養病把他放走了。「放虎歸山，養癰為患」。這件事充分說明隆裕和載灃毫無治國之才，毫無政治遠見，為此他們也吃盡了苦頭。

悲苦孤寂一生的結局

　　宣統三年（1911），辛亥革命爆發。武昌起義後，各省督撫相繼宣告獨立。南方半個中國脫離了清政府的統治，清廷岌岌可危。環顧四周，清廷之中沒有一人能使這行將就木的清王朝起死回生。不得已的情況下，隆裕只好

同意請袁世凱出山，任命他爲內閣總理大臣，給予軍政全權。

　　袁世凱東山再起，首先擊垮了攝政王載灃。在慈禧還在世的時候，袁世凱就與載灃水火不相容，載灃甚至要拿槍斃了袁世凱。只是因爲慈禧的威力，二人才不得不有所顧忌，勉力相處，共事朝廷。現在慈禧已死，袁世凱掌握北洋新軍，獨攬朝政，他豈能容下載灃？

　　於是，他迫使隆裕下令攝政王以醇親王歸藩，禁止干預政事。同時與南方革命政府達成妥協，以當民國總統爲條件逼迫清帝退位。

　　在武昌起義後的一段時間裡，隆裕絲毫沒有她姑姑的處亂不驚的心胸，遇事不順則大哭。而袁世凱外賄奕劻、那桐兩位重臣，內賄太后寵監小德張，利用他們向隆裕施用威脅利誘的手段，使隆裕完全落入他們的圈套，不自覺地主演了清帝退位這場戲。

　　袁世凱首先讓郵傳部大臣梁士詒唆使駐俄公使陸征祥等電請清帝退位。陸的電文到後，袁世凱假惺惺上奏說，查陸的電文，「語言趨向共和，作爲出使外國的大員也這樣說，我很痛心，請聖上不要降旨。」然後又上奏，言國庫空虛，軍餉沒有著落，請朝廷將宮中所存的瓷器變賣米允餉救急。又指使屬下姜桂題電奏清廷，請求朝廷恩准將銀行所存款項分別提回，接濟軍用。

　　面對這四面告急的場面，隆裕太后沒有別的辦法，只好答應這些請求，令宗人府傳令各王公出錢贍軍，但應者寥寥。袁世凱此時裝作萬分感慨的樣子說：「既然促使我開戰，又不給我軍餉，這簡直是置我於死地。」並面奏隆裕，說軍餉沒有著落，對軍隊嘩變的事甚爲擔憂，請求隆裕拿出內帑黃金8萬兩充作軍餉。隆裕計無可施，只得應允。

　　1912年1月16日，袁世凱又與內閣大臣聯銜上奏清廷，奏請清帝退位。奏摺中大談軍餉緊急、海軍盡叛、強鄰虎視、人心渙散等危急情況，然後又花言巧語地提出「民主如堯舜禪讓」，要求清帝退位，實行共和。並威嚇說：「我皇太后皇上怎麼能忍心讓九廟祖宗受到炮火的震驚，怎麼能忍心被驅出京城，政權被暴力推翻呢？」

171

隆裕皇太后與太監舊照

　　袁世凱手捧奏摺到養心殿覲見隆裕太后，隆裕坐在炕上沉默不語。袁世凱跪在紅氈墊上，故作悲痛的樣子，一邊聳動著雙肩，流著眼淚，一邊向隆裕太后斷斷續續地訴說著，並不時偷瞄一眼隆裕的反應。隆裕卻是一言不發，只用手帕拭著淚水。坐在隆裕旁邊的幼小無知的宣統皇帝，不知道地上跪著的矮胖老頭為何人，聽不懂他嘴裡嘟嚕的是什麼，不明白兩個大人因何啼哭，更不會考慮到他未來的生活。

　　隆裕被袁世凱出色的表演蒙得六神無主，不知所措。袁世凱退下後，她急忙召集王公貴族商量對策。皇族親貴本來就把共和看成洪水猛獸，把袁世凱看作逆臣、革命黨的奸細，想方設法要除掉他，現在聽到袁世凱竟然要清帝退位，證實了他們的想法，更是群情激奮，認為不殺袁世凱不足以平民憤。這樣，隆裕被弄得將信將疑，更是舉棋不定。

　　袁世凱從內宮出來，遭遇了張先培等人的炸彈襲擊，袁世凱先前命人製造的「革命黨人已經遍佈於北京城」的謠言，因此得以證實。隆裕看情況危

急，也暫時消除了心頭的疑慮，開始相信袁世凱的謠言。她特地派人去慰問袁世凱，而袁世凱則從此稱病不朝，把逼宮的任務交給親信趙秉鈞、胡惟德等人。

袁世凱要逼清帝退位的話被傳出後，皇族親貴中的一些人對袁世凱極為不滿。在肅親王耆善、恭親王溥偉及毓朗、良弼、鐵良等人的組織下，成立了「宗社黨」來對付袁世凱。

但此時的隆裕皇后已經完全亂了方寸，軍情不斷送至御前，都是節節敗退的消息。1912年1月7日，她召開了御前會議，討論是否實行共和的問題。奕劻和貝子溥倫受袁世凱賄賂，主張自行退位，實行共和。而溥偉和載澤堅決反對，會議不歡而散。1月19日，隆裕再次召開御前會議。趙秉鈞、胡惟德等人也參加了，他們和受袁世凱賄賂的奕劻、溥倫等人的口風一致，都主張清帝自行退位。趙秉鈞恐嚇說，革命黨人力量強大，北方軍隊已不足恃，故袁世凱欲設臨時政府於天津，要隆裕和王公大臣討論。王公大臣們立刻看清了袁世凱的嘴臉，一致反對。胡惟德、梁士詒又言財政困難、軍費匱竭、外國將來干涉等，企圖迫使隆裕表態退位。但是隆裕還是進退維艱，左右為難，趙秉鈞等人看到陰謀無法得逞，立即採取威嚇手段，奏請說：「人心已去，君主制恐難保全，懇請贊同共和，以維大局。」趙秉鈞兇相畢露，指斥王公貴族會而不議，議而不決，聲稱如此以往，就要辭職不做。隆裕不知所措，會議依然無果。

幾天的御前會議，兩派針鋒相對，王公貴族每次都是吵吵鬧鬧，卻沒人能提出有建設性的意見來，弄得隆裕更加茫然不知所措。除了抱著小皇帝大哭外，沒有其他辦法。

1月26日宗社黨的首領良弼被炸身亡，京師震動。王公貴族聞風喪膽，有些人潛往青島、大連、天津的外國租界，藏匿不出。隆裕更是驚慌不已，為保全清廷，她盡力拉攏袁世凱。她頒發懿旨封袁為一等侯爵，並命退歸藩邸的醇親王載灃親自到袁的住所傳旨，督促袁入宮謝恩。

隆裕一心想用封賞的辦法拉攏袁世凱，使他效忠清室，但是袁世凱雖然

接受了封賞，但是並不領情，繼續進行逼宮活動。

　　為了奪取全國政權，1月29日袁世凱授意楊度在北京發起組織共和促進會，宣佈目前行君主立憲為時已晚，為挽救國家危亡，保全皇室，只有實行共和。催促清廷迅速做出選擇，早早退位。隆裕在其催逼下，整日抱著宣統皇帝痛哭流涕。載灃向來缺乏主見，不敢參與決策。皇室貴族束手無策，亂作一團。

光緒三十三年七月初五日內閣奉

上諭朕欽奉

慈禧端佑康頤昭豫莊誠壽恭欽獻崇熙皇太后懿旨

慶親王奕劻等奏請改考察政治館專辦憲政其會

議政務事宜歸併內閣辦理一摺從前設立考察政

治館原為辦理憲政一切編制法規統計政要各事

項自應派員專司其事以重責成著即改為憲政編

查館資政院未設以前暫由軍機處王大臣督飭原

派該管提調詳細調查編定以期次第施行所有軍

機大臣大學士參預政務大臣會議事宜著由內

閣辦理徐依議欽此

《清政府設立憲政編審館諭旨》
現藏於中國第一歷史檔案館。

大清后妃傳奇

　　隆裕所能採取的唯一辦法是盡可能拖延時日。2月1日，她召開御前會議，提出採取虛君共和政體，即君主不干預國政的辦法把皇帝保留下來。孫中山的南京民國政府和袁世凱都表示反對。隆裕無旁路可走，經過反反覆覆考慮比較，覺得保留性命，退位後享受優待條件，總比覆宗滅族的結局強得多。

　　無奈，她只好做出了皇帝退位、頒行共和的決定。

　　1912年2月3日，隆裕太后授袁世凱以全權，與南京民國政府商談清帝退位條件。

　　2月8日，梁士詒攜擬定的優待條件覲見隆裕太后。大意是：一、清帝遜位後尊號不變；二、每年由民國政府撥給銀400萬兩；三、暫居紫禁城，日後移居頤和園；四、宮內的執事人員照常留用，以後不得再招閹人；五、原有之私產由民國政府特別保護。

174

宣統帝端坐舊照

　　另外，隆裕還向中華民國提出請求：「德崇（光緒）陵未完工程，如制妥修，其奉安典禮，仍如舊制，所有實用經費，均由中華民國支出。」在這些要求都被應允之後，隆裕邊流淚邊顫抖著拿出御寶，在三道遜位詔書上蓋上大印。持續了共268年的大清王朝，在她手裡宣告滅亡。

　　宣統帝的退位詔書起草之後，袁世凱看過，隆裕太后看過，最後正式發佈。它大意是這樣的：今全國人民心理，多傾向共和，予亦何忍因一姓之尊榮，拂兆民之好惡，特率皇帝將統治權公諸全國，定為立憲共和國體，仍合滿漢蒙回藏五族完全領土為一大眾化民國，予與皇帝得以退處寬閒，優遊歲月，長受國民之優禮，親見郅治之告成，豈不懿歟！這麼一個重大歷史變革，用了很輕鬆的典雅的文字把它交代了。

　　宣佈共和後，皇室已失去了政權。但清廷在紫禁城中，仍然按照皇室的

175

禮儀，發佈上諭。他們靠封建社會長期的影響，靠出賣宮裡的珍寶和從中華民國政府領到的優待經費400萬兩白銀，在宮中仍過著奢靡的生活，保持著皇家舊有的淫威。

隆裕太后仍然住在宮中。她心情憂鬱，很少與外人接觸，沒有人知道她在想些什麼。她這一生，經歷了太多的不幸和轉折，她大概是看透了！

她與宣統帝的關係也日漸疏遠，教養侍奉之事，一概交給太監去管。

由於她整日憂鬱，精神恍恍惚惚，起居也沒有節制，飲食更不加注意，常常讓太監拿著水果袋跟著她，每天只吃些水果。這樣時間一久，身體生病，到了1913年便臥床不起了。

她去世前，正值深夜，世續、溥倫及載灃在一邊侍奉。據說溥倫擬議遺詔，授命醇親王載灃掌管宮中事務之權，但此時隆裕太后已昏迷不省人事。世續等大聲呼喚，不見太后醒來。小德張來到近前，在枕前大聲呼喚說：

「現在世續等王爺看太后身體欠安，宮中事務請下旨命醇親王管理。」這樣喊了三次，隆裕才睜開眼，輕輕地點了點頭，很久才說出一句話：「叫皇帝來。」

太監連忙把溥儀抱到床前，太后指著溥儀，使出全身的力氣，慢慢地說：「他太小，你們不要難為他。」

說完，兩眼一閉，命歸黃泉。

隆裕皇太后死訊傳出，袁世凱表示悼念，參議員外交團發了悼唁，國務院及清室為隆裕太后舉行了大規模的公祭和喪葬儀式，並在故宮太和殿前搭起了彩牌樓。民國對滿清皇室真可謂不薄呀！

隆裕的葬禮隆重莊嚴。除了曾經的王公大臣外，國務院總理和總統袁世凱的代表、各國務員、各局長並各部代表及海陸軍等人參加祭典的達三百多人。末代太后隆裕就這樣結束了她悲苦、孤寂的一生！也帶走了她一生的無奈與酸楚！

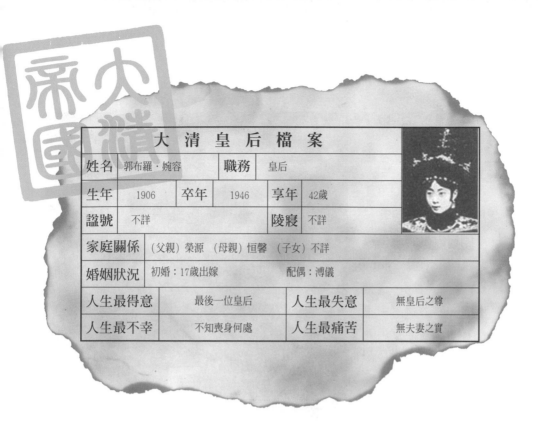

大 清 皇 后 檔 案					
姓名	郭布羅·婉容	職務	皇后		
生年	1906	卒年	1946	享年	42歲
諡號	不詳			陵寢	不詳
家庭關係	(父親) 榮源 (母親) 恒馨 (子女) 不詳				
婚姻狀況	初婚：17歲出嫁		配偶：溥儀		
人生最得意	最後一位皇后	人生最失意	無皇后之尊		
人生最不幸	不知喪身何處	人生最痛苦	無夫妻之實		

悲情哀婉的末代皇后婉容

　　婉容的全名叫郭布羅·婉容，生於1906年，字慕鴻，別號植蓮。祖先達斡爾族，隸屬正白旗。出身世襲貴族家庭，其父榮源曾任遜清宮內務府大臣。其母愛新覺羅·恆馨是皇族毓朗貝勒的次女——人稱「四格格」，是榮源在原配夫人死後繼娶的妻子。外祖父愛新覺羅·毓朗是乾隆皇帝長子永璜（封為定王）的五世孫，係清末顯要人物。

最後一位得到迎娶的皇后

　　紫禁城內，懸燈結彩，鼓樂齊鳴，12時，迎娶的隊伍浩浩蕩蕩地出發了。只見前面是北洋政府步軍統領衙門、員警廳和保安隊的馬隊；次為軍樂

隊；隨後是皇宮全副鹵簿儀仗，除了傘、棍、旗、牌、金瓜、鉞、斧、節、扇以外，還增添了牛角和大鼓各一百對。緊接著，才是一頂32人抬的金頂鳳輿。這鳳輿不同於一般的轎子，塗金的頂部，正中是一隻很大的金鳳凰，鳳背上有一個小金頂，周圍有9只小金鸞，嘴裡都銜著長長的黃絲穗子，轎圍以鵝黃色緞子作底，上面繡著的是藍色鳳凰抱著紅色「喜喜」字的圖案。3時左右，鳳輿由東華門入宮，再經景運門至乾清門。一路上，到處是紅、黃兩色的裝飾。從景運門開始，路兩旁閃耀著

婉容大婚時朝服像

光暈的50對羊角雙喜字立杆燈和擺列的各種儀仗器具更襯托出濃烈的喜慶氣氛。這時，溥儀已穿戴龍袍，在乾清宮西暖閣等候。鳳輿一到，由福晉、命婦等率女官、太監等上前請皇后降輿。這時，從鳳輿中走下來身穿大紅錦繡的「龍鳳合同袍」、頭上蓋著繡著龍鳳的紅色蓋頭的新娘。她，就是溥儀的妻子——婉容。她與溥儀同庚，嫁時年方17歲，正當美好的青春年華。婚禮的第三天，她和溥儀一起在東暖閣接受各國駐華使節的賀禮，這是婉容以皇后身份第一次公開露面。當時，她梳著滿族式的「兩把頭」，高高的髮髻上

綴滿了絨花；身穿的黃緞織花旗袍顯得華豔照人，也使見多識廣的外國使節夫人們無不驚歎這位皇后的嬌美容顏和高雅儀態。

　　婉容生於北平帽兒胡同榮源府內，後隨父母移居天津。曾就讀於一所美國教會學校，學英語，彈鋼琴，特別喜歡爵士音樂。加上容貌端莊秀美，清新脫俗，琴棋書畫無所不通，因此在滿族貴族女性中頗具聲名。她自幼長於深閨，姿質天成。婉容不僅體態姣好，姿色迷人，而且舉止文雅，談吐得體，是一位富有教養的才女。但是婉容被冊立爲皇后，卻不完全是因其才色，而是出於某種偶然的「圈定」。

　　1921年初，溥儀剛滿15歲，清皇室就開始爲溥儀的婚事做準備。端康太妃和敬懿太妃都想讓自己的親信當選皇后。在議婚時爭執不下，最後拿出一張照片讓溥儀本人來確定。溥儀後來在《我的前半生》一書裡回憶道：「4個人都是一個模樣，身段都像紙糊的桶子。每張照片的臉部都很小，實在分不出醜俊來。如果一定要比較，只能比一比旗袍的花色，誰的特別些。我那時想不到什麼終身大事之類的問題，也沒有個什麼標準，便不加思索地在一張似乎順眼一些的相片上，用鉛筆畫了一個圈兒。」溥儀圈定的這一位是滿州額爾德特氏端恭的女兒文繡，這正合敬懿太妃的意。但端康太妃竭力反對。溥儀又只好在她滿意的照片上畫了一個圈，這就是婉容。最後在宮中兩派爭鬥下，婉容被冊封爲皇后，文繡被立爲妃子。

　　西元1922年12月1日零時前後，雖已退位卻依法擁有尊號的清朝皇帝宣統，身穿龍袍，在文武百官的簇擁下來到莊嚴肅穆的乾清宮內升座，親送鳳輿出宮，前往地安門帽兒胡同后邸迎娶婉容皇后，從而揭開了末代皇帝大婚的盛大典禮的序幕。

　　婉容是中國歷史上最後一位得到迎娶皇后禮遇的女性。當時清廷已被推翻11年，中國社會已進入民國時代，但末代皇帝婚禮之隆重，較之封建社會帝王的婚禮毫不遜色。

　　清宮欽天監爲宣統皇帝大婚選定的奉迎禮吉期是壬戌年十月十三日寅時。爲了保證皇后進宮的吉期，鳳輿將提前兩個時辰從宮內出發。

179

欽天監的選擇代表著天意，既然已把奉迎禮定在寅時（3～5時），則迎娶過程只能安排在深夜了。欽天監同時還算定，皇后升輿、降輿必須避開亥（21～23時）、卯（5～7時）、未（13～15時）「三相」，因此，若安排在上午、下午或上半夜，也不甚適當。而且後半夜裡整個城市都歇息了，正好在大街上擺場面，又是月兒將圓的時候，黑夜也跟小白天似的，一點兒不礙眼，不妨礙禮儀的舉行。

載濤貝勒負責總辦大婚典禮的一切事宜。載濤受命後查閱了《大清會典》及歷代皇帝大婚檔案，決定按同治皇帝婚典的模式進行，並考慮酌添民國以來的新花樣。經過預算，確定「大婚經費力求撙節」，總開銷按當時報導主要有兩種說法：1922年10月28日《平報》說，「清帝婚禮用費近由籌備婚禮處王大臣核定為40萬元」；1922年10月30日《國強報》說，「因庫款支絀，經婚禮大臣載濤、朱益藩、紹英、耆齡等會議，力為縮減，議定大婚經費（統計）100萬兩」。百萬兩即百萬元，兩說相距甚遠，這不過是預算，實際花多少怕是弄不清了。就算是花了40萬元，按當時價格可以購買20萬袋「洋麵」，實在也夠奢靡的了。

為了籌措這筆浩大開支，清室曾「備具公文」向民國政府追討歷年積欠的「優待費」，答覆是「礙難照辦」。繼而商定向英國匯豐銀行抵押借款，為此從內庫中撿出金盤、金瓶、金盒、金碗、金壺、金手爐、金如意、金葫蘆以及珍珠、翡翠和珊瑚製品等共千餘件，都是乾隆、道光、咸豐歷朝遺物，有很高的文物價值。隨後將其中的金銀器皿分裝41箱，將瓷器、玉器陳設品分裝兩個大木桶，於1922年11月2日用11輛汽車運往東交民巷英國匯豐銀行。後因贖回抵押品的款項始終不能籌足，這些國寶也就因超越時限而「押死」，成為倫敦的財富了。這便是宣統皇帝盛大婚典的背景。

明亮的月光籠罩著巍峨而森嚴的紫禁城。從辛亥革命後不久隆裕太后代宣統皇帝下詔退位起，這裡雖然也熱鬧過幾回，譬如1913年隆裕皇太后出殯那天，1917年溥儀因張勳復辟而第二次登基那天，但都沒有這一次來得隆重。

（左側邊欄） 大清后妃傳奇

　　清朝歷代皇帝大婚，迎娶皇后的鳳輿均由紫禁城正門——午門進宮。明清兩代出入午門有嚴格的等級規定，其中等級最高的便是午門的中門，實際是皇帝的專用門。但是，允許皇后在大婚典禮中乘喜轎入宮時通過一次，還允許殿試中狀元、榜眼和探花的三個人出宮時走一次。至於文武官員、宗室王公等只能依身份出入午門的東偏門、西偏門以及東西兩拐角處的左右掖門。對於皇后來說，一生中也只有唯一一次機會能夠通過午門的中門，這真是一身榮耀、九族沾光，哪裡是簡單過一道門的問題呢！

　　民國以後，紫禁城內的太和殿、中和殿和保和殿轉歸北洋政府使用。溥儀的生活圈被限定在紫禁城的後半部，因此迎親喜轎不但不能再進午門的中門，也無權使用前三殿範圍內的東華門和西華門。如果讓堂堂皇后從紫禁城的後門--神武門進宮，實在有失隆重。經大婚禮儀處與北洋政府反覆磋商，決定為皇后進宮破例開啓東華門。那天，東華門左門柱上還高懸一塊紅色紙匾，上書「觀禮、慶賀人員均由神武門出入」字樣，表明此門是專為皇后婉容開放的。差不多有十年未下門閂的淒涼、冷清的東華門，一下子充滿了喜慶的氣氛，變得熱鬧而氣派起來。

　　高高低低不同層次的觀禮人員，自11月30日入夜起便陸陸續續由神武門入宮來了。神武門前汽車、馬車、騾車擺得滿滿的，神武門門額也裝飾成了彩棚。從婉容娘家住所到皇后宮邸，沿途更是觀者數萬，軍警林立。汽車、馬車、洋車難以計數。迎親隊次序為：步軍統領衙門馬隊、員警廳馬隊、保安馬隊、軍樂兩班……最後是皇后所乘的32抬金頂鳳輿及清室隨從。參加慶賀觀禮的顯貴達237人。其中議員20餘人，外國要員20餘人。據當時參加慶賀的一位美國記者寫道：「來賓們依次向皇帝和皇后鞠躬，他們二人與平常人一樣坦白和易，在場觀者無不為之動容，仿佛大清國依然存在一樣。」

　　宣統皇帝溥儀踩著子夜的更聲跨進乾清宮。這裡已在皇帝寶座前擺放了三張禮桌：中間的桌上放著「節」，它象徵皇帝至高無上的權力；東桌放置著「金冊」，西桌放置著「金印」。但這「金冊」和「金印」並非冊封皇后的用品，冊封典禮已在頭一天舉行，「冊文」和「寶文」也已送到婉容手裡

181

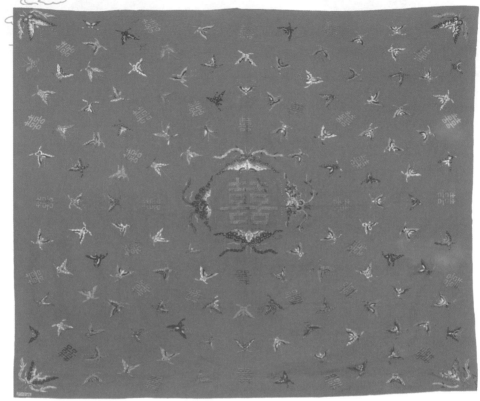

紅綢繡蝶雙囍字包袱皮
此為宣統帝大婚時所用

了。這「金冊」和「金印」表示著皇后備受尊崇的地位，是皇帝送給皇后的最重要的禮物。

當宣統皇帝跨進乾清宮之際，懸掛在宮外東西屋簷下的鐘、鼓、石磬等古老樂器鏗然鳴響。王公大臣、正副使節以及觀禮人員等依身份、地位分班次進殿行三跪九叩大禮，向新郎皇帝表示祝賀，禮成樂止。正天使載振和副天使昭煦跪聽宣讀迎娶皇后的聖旨並受「節」。當溥儀「降座」離開乾清宮時，「中和韶樂」再奏《顯平之章》。這時，迎娶皇后的儀仗隊已在乾清門外乃至景運門外列隊待發了。

載濤作為大婚典禮的總操辦人，把貼身照料新人和佈置喜房的任務交給

了自己的嫡配夫人姜婉貞。姜氏出身廣東名門世家，從小接受過良好的教育，工於詩書，擅長繪畫，廣有見聞，談吐文雅，爲人機敏，處事果斷，在溥儀的大婚典禮中還眞露了幾回臉。

　　凌晨1時過後，迎親儀仗排列就緒，溥儀乃派使臣率姜婉貞以及前內務府大臣增崇之妻和兩名「命婦」，由若干女官陪同，把一柄「御筆用寶龍字如意」安放在鳳輿內正中。隨後起轎，從東華門出宮。鳳輿發走之後，載濤之妻等福晉、命婦、女官又前往皇帝洞房--坤寧宮東暖閣，爲新娘和新郎鋪設龍鳳喜床。繡有「龍鳳呈祥」精美圖案的被褥也是在杭州定制的。喜床中央放一個裝滿珍珠、寶石、金銀錢以及五穀之類的「寶瓶」，喜床四角各放一柄如意。鋪設完畢，她們便出神武門抄近路往皇后宮邸去了。與此同時，溥儀另派蒙古親王那彥圖、蒙古郡王貢桑諾爾布、載澤和溥信等4個御前大臣在乾清宮照料一切，他自己則退處乾清宮西暖閣休息，等候皇后入宮。

　　龐大的迎親儀仗，充分顯示了近三百年清朝統治的「餘威」。迎親隊伍超過三千人，由東華門出西安門，踏月夜行，浩浩蕩蕩地向北而去。一路之上，黃沙鋪道，淨水潑街，到處有紅、黃兩色裝飾，這裡從上半夜起就由員警廳宣佈戒嚴了，然而，馬路兩旁仍是人山人海，萬頭攢動。大體都是住在這一區段的居民，卻不許隨意走動。至於得到允許可以觀禮的中外人士，都佩戴一枚「小朝廷」發放的鋼質徽章，見章放行。

　　在紮著彩坊的皇后宮邸大門前，皇后之父郭布羅・榮源、皇后之兄潤良和皇后之弟潤麒，早已跪在那裡迎接聖旨和聖節的到來了。迎親儀仗隊抵達之後，父子3人首先面對聖旨和聖節恭行三拜九叩大禮，繼而隨正、副天使進院，鳳輿也隨之抬進前院。然後，撤下在太僕寺雇傭的普通轎夫，換上太監，再一直抬進內院，放在正房臺階前，面朝東南。這個方向也是清宮欽天監規定的。抄近路先期而至的姜婉貞等福晉、命婦和女官請皇后梳雙髻，戴雙如意，穿「龍鳳同和袍」，一切準備停當。鳳輿到後，由正天使載振宣讀聖旨，皇后親自接旨並行禮。據溥儀的英文教師莊士敦說：「她跪在地上，然後行一系列複雜的禮，包括六次手臂下垂、頭部微抬的起身，三次下跪和

183

三次鞠躬。對於一個婦女來說,這種禮節等同於最尊崇的跪拜——九次屈身叩頭。」行禮畢,接受金冊和金印。與此同時,姜婉貞等又爲皇后升入鳳輿而準備了。她們先燃藏香,在鳳輿內熏繞一圈兒,再熏皇后用以蓋頭的錦帕。熏完,將鳳輿內正中那柄「御筆用寶龍字如意」移到旁邊,請皇后手執蘋果和如意,搭上蓋頭,升入鳳輿。待首領太監剛剛垂下輿簾,抬轎的太監們便一個個伸直了腰板,經過內院、外院,一直抬到皇后府邸大門外,再換用太僕寺的普通轎夫,打道回宮。

　　鳳輿經東華門進入紫禁城,又被緩緩地抬到景運門,太僕寺的普通轎夫就在這大理石臺階下最後被撤去了,接過轎杠的太監們莊嚴而謹慎地把鳳輿一直抬到乾清宮前正沖著皇帝寶座的地方放下。從東華門到乾清宮,所經各門門座前後全部鋪設了棕毯,鳳輿起落的幾處地方鋪設了紅氈。

　　照滿族傳統,新郎要在新娘下轎之前向其頭頂上方連射三箭,爲的是趕走黑煞神以確保平安。對於皇帝來說還有另外一層意義:皇后地位尊崇,但在皇帝面前也是奴才,向她射箭表示她也必須接受懲罰。起初溥儀挺有興趣,接過箭來要射,卻被姜婉貞擋住了,她考慮到溥儀高度近視,大婚典禮的場合又不能戴眼鏡,一旦失手傷了皇后就不好辦了。溥儀聽了這話有道理,也覺得沒必要墨守陳規陋習,遂臨時傳諭把射箭儀式免了。

　　按清宮祖制,在皇后下轎之際,前一日入宮的淑妃要親率女官和宮女等膝行跪迎,以示皇后與皇妃間的等級尊卑。溥儀想想似也無此必要,既已免了皇后挨箭,索性也讓淑妃別下跪了,於是再度宣旨免去跪迎之禮。

　　溥儀被引導著先往洞房——坤寧宮東暖閣去了,有資格隨鳳輿來到乾清宮的王公大臣、清室內務府高級官員以及皇帝的師傅們也都退去了。鳳輿周圍只剩下姜婉貞等福晉、命婦、女官和太監,皇后這才由人們擁戴著走出鳳輿。姜婉貞立即上前接過皇后手持一路的蘋果和如意,又遞給她一隻寶瓶,這都是大婚典禮中必有的吉祥物品。隨後,攙扶仍搭著蓋頭的皇后,在手執珠燈的女官導引下,經東隔扇,進坤寧宮,來到東暖閣前。

　　在這裡,新娘還必須照滿族習俗先邁過一隻預先設下的大火盆,以期將

來的生活越過越紅火；然後再跨過馬鞍和蘋果，企望婚後的日子平平安安。演完這些節目，姜婉貞才接過皇后手中的寶瓶，把她領到皇帝面前。這時，有人向溥儀呈遞一桿新秤，請皇上用秤桿揭開皇后的大紅蓋頭，這大約是滿族人讓新娘計畫柴米、儉樸度日的習俗。姜婉貞頗為細心，生怕毛手毛腳的溥儀挑著皇后的臉，便從他手中取走那桿秤。其實皇家的新娘談何節儉？於是溥儀伸手揭去了遮在皇后臉上的蓋頭，第一次看到她的美麗面龐。

在隆重儀典中迎娶來的婉容，等待她的卻只是冷落和孤寂。按理來說，新婚當夜，揭開了紅蓋頭、同食「子孫餑餑」、「行合巹宴飲交杯酒」，又進「長壽麵」之後，對於健康的少男少女來說，自然是溫柔而甜蜜的花燭夜了。然而，溥儀卻離開了那張「龍鳳喜床」，回養心殿自己的臥室去了。溥儀羨慕西方生活方式，趁著大婚的機會，不久前特意託請上海亨達利鐘錶店的德國老闆，從國外購置了一套水晶傢俱陳設在養心殿他的單身臥室內。新婚第一夜，溥儀覺得還是回來欣賞這套水晶傢俱更舒適些。

他將婉容孤零零地留在坤寧宮的新房裡，新婚之夜遭如此冷落，婉容深感苦悶和委屈。

「被孤零零地扔在坤寧宮的婉容是什麼心情？那個不滿十四歲的文繡在想些什麼？我連想也沒有想到這些。」這是溥儀在四十年後自己寫在回憶錄裡的話，似乎沒有說得很坦白。

大清皇帝新婚初夜就逃離洞房這樣的事可不簡單，很快就捅到外界去了。流言紛紛。

傳聞之一是說皇帝讓皇后給拒絕了，並非溥儀主動離去，而是婉容「閉關」。說婉容脾氣不小，入宮頭一天就和溥儀鬧了一點兒小小的彆扭。因為溥儀宣旨免去了淑妃、秀女跪迎皇后之禮，惹怒了婉容。

傳聞之二則歸咎於溥儀，說是小皇上鬧著出宮留洋，故意不跟小皇后同房，以便讓王公大臣們企圖用婚姻圈住溥儀的計畫落空。

但是傳聞畢竟只是傳聞。六十多年後美國《新聞週刊》文化版主筆愛德華‧貝爾先生，曾就此事進行了若干有關的探訪。嗣後，他在《中國末代

皇帝》一書中發表評論說：「也許要求一個永遠被太監包圍著的成年人，像一個17歲的正常人那樣表現出性成熟，是過高的期望。皇貴妃們也好，莊士敦本人也好，從沒有在房事上給過他任何教育。但事實上，即使是個毫無經驗、嬌生慣養的成年人，如果一切正常，不可能不爲婉容驚人的美貌和性感激起性慾。推論當然是：溥儀要麼是陽痿，性超乎尋常地不成熟；要麼是早已意識到自己有同性戀的傾向。」

但這也只是一個推論而已，至今我們也弄不清楚溥儀爲什麼在大婚之夜不與皇后同房。再聯想清代最後3個皇帝——同治、光緒、宣統個個絕後，這也許不是一個人的問題。有學者認爲可能是近親結婚在清朝末世狠狠地跟滿清皇族開了個玩笑。眞是，亡國先絕後。

行善樂施的末代皇后

婉容婚後在儲秀宮生活了將近兩年，她到底是怎樣一位女士呢？有人說她「大有明星皇后的資格」，這似乎並不誇張。因爲她不但有皇后的身份，而且有超越清朝歷代皇后的表現，特別是她西方化的思想傾向。正像一位美國人對婉容所作的評述：「雖然出身貴族之家，她的父親卻改營商業。她是一個滿洲美女，她和皇帝在思想上很對勁，而且也像他一樣，受過西方的新式教育，也取了一個外國名字叫伊莉莎白。」

紅色的宮牆並沒有阻斷婉容與西方「新式教育」的聯繫，因爲有「思想上很對勁」的溥儀支持。起初溥儀給婉容延聘兩位師傅：一位是美國費城牧師的女兒馬修容；另一位名叫英格蘭木。她們顯然都與婉容在天津念書時的那個教會學校有關，是婉容自己物色的人選。不久，伊莎貝爾·任薩姆女士也被聘到宮裡來了，她與婉容也是舊相識。她們不但教授英文，也講授文學、歷史、藝術及世界各地風物知識。

婉容的師傅們頗受禮遇，她們每天下午入宮授課，屆時總有幾乘二人肩輿在神武門內迎候。酬謝金也是可觀的，逢年過節都有豐厚的賞賜，此外還

有俸祿。據清室內務府1924年1月間的規定：馬修容和英格蘭木每人月薪洋300元，按時價可買150袋「洋麵」。任薩姆的月薪自然更高些。

婉容深受師傅們的影響，和她們相處得很好。婉容的英文學得很不錯，不但能用英語講話，而且能用英文寫信。她在宮中用英文給溥儀寫過大量的短信。這一對年輕的皇家夫婦，同處深宮之中，每天見面，卻還要用英文通信，其信的內容當然可想而知。婉容給溥儀寫英文短信的時候，落款總是用溥儀給她取的、與英國女王相同的名字：伊莉莎白。

對於中國古典文學，婉容也讀過一些書。據在儲秀宮伺候婉容起居的太監趙榮升講，清宮裡的寡婦妃子們每天生活都很無聊，平時閒得慌就練練字、繪繪畫而已，婉容年輕，還常常看書，對寫詩填詞也有興趣。溥儀出宮後人們曾在儲秀宮發現婉容的若干作品，其中有兩首詞作：

人言相思苦，我言相思悅。思雖苦，心還慰，只有單思無子時。採蓮蓮花開，君王臥病帳不開。採蓮蓮葉長，桶役宮人來逞強。採蓮蓮結子，桶役宮人炊豆子。太不良，太不良，賽虎狼，賽虎狼。黑心腸，黑心腸，無法償，無法償。狂風揚，狂風揚，天地昏暗日無光。

桃花宮，桃花院，桃花院內桃花殿。桃花殿，桃花簾，桃花簾內桃花仙。桃花面，桃花面上桃花癬，桃花玉蔓桃花衫。桃花口，氣如蘭，桃花齒，似葉煙，桃花唇，似血盆，桃花媚舞桃花殿。

第一首，原詞無題，係閨中相思之作。詞句整齊、淺白，比喻貼切、新鮮、感情真摯，有如瀑布直瀉，也像一首朗朗上口的民歌。從內容看，可以品味出作者那種難以壓抑的憤怒，這憤怒顯然來自於不正常的婚後生活。第二首，原題《桃花歌》，用擬人的手法，宣洩了作者在情場角逐中的心情。她妒忌的物件，諷刺、挖苦的對象，就是淑妃文繡。

在溥儀的歷史檔案中，尚可找到婉容的手跡，大多為鋼筆寫下的中、英

清代高底女鞋

文書札以及詩文作品和日記等，也有少數毛筆小楷字跡。語句文白相間，但錯別字不少。書法尚可一觀，只是沒有找到她的繪畫作品。據說她也和溥儀一樣，能繪幾筆劃。她與宮內外的畫家亦有交往，美籍華人女畫家楊令，當年曾進宮爲婉容「寫眞」，留下一幅末代皇后的肖像圖：婉容站在山水屛風前的地毯上，鳳冠鳳袍，全副旗人裝飾打扮，顯得高大、端莊和美麗。到天津以後婉容還專門聘用了繪畫教師。

婉容在清宮的那兩年常見外賓，這或許可以說是她的一樁正經事。

莊士敦和任薩姆扮演了仲介人的角色，他們把一批又一批金髮碧眼的先生、女士帶進紫禁城，並介紹給早已喪失政權的中國皇帝和皇后。既然大婚期間那次非正式外國人招待會已經開了先例，男女無須迴避的「外事活動」當然可以繼續下去。

在新時代的條件下，清宮事實上已經發生了很多變化，一些傳統的東西被洋味兒的東西取代了。比較起來，在天津長大的婉容，西化程度更甚於圈在紫禁城內的溥儀。她不但常給溥儀寫些抒情的英文短信，而且教會了溥儀吃西餐。西餐，當時稱作「洋飯」。作爲中國的帝王，溥儀完全不懂這「洋飯」的「進」法。他在《我的前半生》一書裡回憶第一次吃西餐的可笑情形說，他讓太監到六國飯店（今東交民巷新僑飯店）去買西餐。店裡問：「要

188

買幾份?」太監說:「反正多拿吧!」店裡要派人來擺放餐桌、刀叉並布菜,太監說:「那怎麼成!你們可不能到宮裡去,我們自己擺!」好啊,大碗大碟擺滿了一大桌子,菜多得出奇。溥儀看見一碟黃油,黏糊糊的,不知道該怎麼個吃法,就對太監說:「你們嘗嘗!」他們吃了一口連聲說:「太難吃了,太難吃了!」溥儀還記得,湯是用烏龜做的,也很難吃。正是婉容把溥儀從這個水準,教到會吃、愛吃,直到特赦以後還很喜歡西餐的程度。

像婉容這樣一位講英語、吃「洋飯」,在西方思想薰陶下成長起來的貴族千金,怎麼能夠受的了宮牆的禁錮呢?在這一點上可以說她和溥儀是有共同語言的。於是他們想方設法,要從自己狹窄的生活中走出去。

溥儀回憶那段歷史時說:「這時我已漸漸對於那種『宮廷小圈子』生活感到厭倦,總想看一看紫禁城外的新鮮景色。但由於『陳規舊矩』處處拘束著我,有一次我的老師陳寶琛病了,我便以堂堂正正的『探問師病』為理由,嘗到坐汽車走大街的『快樂滋味』。於是我就一步一步地試探著擴大訪問的範圍,如探望我的父親以及我的叔叔等等。最後則把範圍擴大到遊頤和園和玉泉山了。當然我的每次出門,都得編成一列幾十輛的小汽車隊,並且每一次的開支也是大得驚人。但是我不去管它,目的不是『開開眼界』嗎,達到了這種願望,便心滿意足了。最滑稽的,是有一次我赴頤和園時,曾命司機把汽車加速開駛,在我屢次催促之下,竟達到每小時60至70公里的速度。這時可把隨我出遊的『內務府大臣』紹英老先生給嚇壞了,據說嚇得他在車中緊閉雙目,雙手合十,高聲大念『南無阿彌陀佛』不止。」

溥儀的回憶大體上反映了當時的心境。溥儀大婚後,出宮日漸頻繁,而且每次必攜一后一妃,恐怕不能說這與婉容無關吧。關於溥儀與婉容雙雙出宮的消息,也在社會上時有流傳。從當年的舊報紙上可以找到許多報導,也能夠反映皇帝和皇后宮廷生活的一斑。

1923年6月3日《大公報》登載了《溥儀夫人省親》的消息:「昨午,北京地安門大開,道旁圍立多人,軍警鵠立,帶纓帽者幢幢往來。聞係溥儀夫人於是日午間赴西城帽兒胡同榮邸省親。午後四時還宮。故提署、員警兩

大清后妃傳奇

方,派有軍警多名,以資保護也。」

在紫禁城的兩年中,溥儀對婉容還是比較信任的。這從建福宮失火後溥儀要婉容爲他守夜一事可看出來。1923年夏初,溥儀爲查明珍寶失盜緣由,下令清查庫存珍寶。偷盜太監們爲銷贓滅跡,便放火燒掉了建福宮和附近十幾座樓臺亭閣。此時宮中又出現了太監報復傷人事件,溥儀想到平時他對太監的殘暴,怕他們對自己行兇報復,就想挑一個可靠的人來爲他守夜,挑來挑去挑上了婉容,讓婉容整夜守護在養心殿內爲他壯膽。這段時間,兩人感情還是融洽的。

婉容是一位富有同情心的皇后,每當她看到報紙刊出窮人挨餓或無錢救醫、無力安葬的消息時,自要派人送去幾元幾十元。據1923年2月12日《事實白話報》載:一群由窮苦無靠者組成的「北京臨時窩窩頭會」,一次就收到皇后使者送來的600元大洋,婉容的行善樂施在京城是出了名的,不少人爲之感動。表面看來,這時期的婉容悠閒快樂,其實她內心裡面有難言的苦衷,接近她的人發現她時常愁眉不展,她的貼身太監孫耀庭曾回憶道:「起先皇后的脾氣挺好,皇上常到她屋裡來,可是很少在她屋裡宿夜,只是說會兒話,玩玩就走;後來,皇上來的次數少了,她的脾氣也變得不太好,有時候在屋裡繡著花就停下來,面壁而坐,半天不吭一聲;每當這時,我們就得格外小心侍候。」可見,婉容雖在宮中有令人羨慕的高貴身份,卻不能像平民百姓那樣享受夫妻之愛和天倫之樂,在這種虛僞無聊的環境裡生活,婉容內心感到鬱悶,在某些人的引誘之下,她染上了抽大煙的毛病,每頓飯後都要吸上幾口。

一生中最輕鬆愉快的時光

1924年10月,直系軍閥第三軍總司令馮玉祥乘直奉大戰之機,率部從前線倒戈回京發動政變,囚禁了賄選總統曹錕。爲了徹底清除民國以來復辟帝制的總禍根,馮玉祥採取果斷措施,將宣統皇帝溥儀驅逐出宮。

190

被逐出紫禁城後，婉容隨溥儀在醇親王府生活了幾天，又在日本駐北京公使館待了數月，隨後於1925年2月與溥儀同去天津，居住在日本租界的張園中。張園是一座占地約二十畝的園子，中間有一座被人稱為八樓八底的樓號，這幢建築物是前清駐武昌第八鎮統制張彪所建的遊藝場。婉容與溥儀在此住了5年，1929年7月由張園搬到了原民國駐日公使陸宗輿的公館，名為乾園。在這裡又生活了2年。溥儀將「乾園」改為「靜園」，取「清靜安居，與世無爭」之意，而實際是「靜觀其變，靜待時機」，以圖東山再起。

在天津的7年是婉容一生中最輕鬆愉快的時光。在這裡，她不用再受種種封建家規的束縛，獲得了較多的自由。而且，天津是婉容少女時代讀書的地方，她對這裡的一草一木都很熟悉。這裡的生活比北京悠閒、豐富得多了。婉容每天讀書、畫畫、彈琴，帶著溥儀遊覽各處名勝，同溥儀接觸的時間也多了。她拍了許多照片，經常參加各種社交活動或外出閒逛。僅在1930年5月一個月內，婉容就在溥儀陪同下出門6次，其中有5次去馬場遊玩或逛鬧市區。多天，溥儀時常陪她出來溜冰，參加舞會等，她們還經常與英、美、日等外國朋友交往；皇后每到一處，人們紛紛投以驚異和羨慕的目光，婉容的虛榮心得到了滿足。婉容在天津年年都要慶祝生日，每次祝壽她都會發一筆財。如剛到天津那年慶賀她20歲生日時，人們進貢的「千秋」有金杯、銀瓶、金壽星等昂貴物品。婉容這次生日收穫之豐，奢侈之極，令人咋舌。

這一時期，婉容與文繡的關係日趨惡化。而溥儀在這一后妃之爭中偏向皇后。他曾回憶道：「當時文繡的處境確實很痛苦。有一天，因為某一件小事，婉容誤會文繡是詛罵她，於是就要求找派手下的佣人，鄭重其事地到文繡處當面進行『奉命斥責』。文繡受此不白之冤，便要到我住的房間來，向我當面訴苦。而我卻狠心地給她來了一個『拒面不見』。」

這段時間，帝、后也曾有過一些令人留戀的情愛。一個春天的夜晚，兩人坐在床上，溥儀撫摸著婉容的手關切地問道：「你可有什麼不痛快的地方嗎？是不是怕我們兩人的愛情不會長久？你到底有什麼事，難道說出來怕我不高興嗎？」他充滿深情地勸婉容要保持心情愉快。

醇親王府舊址
北京什刹海北岸有一組紅牆綠瓦氣勢非凡的建築,這是清代的醇王府。

　　就在溥儀離開天津前夕,兩人還有一段感人的對話。婉容告訴溥儀,說她想戒掉鴉片。溥儀回答說,你病情尚未痊癒,現在戒掉對身體不好,等身體強健一些再戒吧。婉容一時非常感動。

　　但是,這只不過是一時的溫情。深藏在婉容心底的仍是無邊無際的苦悶。

　　一次,溥儀晚飯後來到皇后住處閒聊到深夜,睡意到來時便拋下婉容,回到自己的「寢宮」去了,帝后兩人從未有過夫妻生活。每當溥儀夜深離去時,婉容便獨自漫步庭院。當她抬頭觀看那輪閃閃的圓月時,不禁爲自己沒有歡樂的青春而歎息。她想起出嫁前在父母跟前那些自由歡樂的時光。那時,她撒嬌於父母膝下,人人稱讚她的美貌、孝行和品德。而婚後一切都變了,皇帝女膳對她評頭品足。名爲皇妻,卻得不到常人都能得到的性愛的歡愉,這個世界爲何如此不公正啊!作爲女人,婉容承擔得太多了:醜惡的現實、病態的心理,再加上一個不健康的丈夫!但在虛榮心和傳統禮教的重壓下,卻不敢有所表露。

婉容畢竟是個有血有肉的人啊！她是在這樣一種非常奇特的心理狀態之下，一方面是正當的願望和需求，一方面又丟不開皇后的尊號，不敢理直氣壯地建立合理的生活，鴉片也因此愈吸愈重了。

寄人籬下的僞國皇后

「九一八」事變後，日本迅速吞併了我東北三省。爲了達到永遠霸佔東三省的目的，日本打算在此成立僞「滿洲國」，讓溥儀做僞「滿洲國」的皇帝，充當日本帝國的傀儡。

東北淪陷不久，1931年11月10日夜晚，在日本當局的策劃和威逼利誘下，溥儀化裝後藏在一輛汽車的後備箱內，由日本人護送秘密離開靜園，潛往東北，開始了他的傀儡生涯。

溥儀走後兩個月，婉容在日本女特務川島芳子甜言蜜語的勸說下，喬裝打扮經由天津來到大連，不久又輾轉來到旅順，與居住在那裡的溥儀相見。日本人只允許他們倆在住所內活動。實際上已將他們軟禁起來。

1932年3月初，在日本帝國主義的策劃下，建立僞滿洲國的籌備工作基本就緒，他們派出漢奸張燕卿、謝介等6人冒充東北人民代表到旅順「請駕」。3月6日，溥儀攜帶婉容和他的兩個妹妹，以及鄭孝胥等人，在日本特務的嚴密監視下，由旅順到達湯崗子。在日本人開設的對翠閣旅館住了兩天。3月8日晨。他們登上了通往長春的專列。下午3時，他們來到已改稱「新京」的長春市，在車站上，溥儀夫婦受到了日本侵略者、前清舊臣、旗人等許多人的熱烈歡迎，10餘名當地前清遺臣手持黃龍旗，向溥儀、婉容行跪迎禮。溥儀被感動得熱淚盈眶，婉容的心情也極不平靜。歡迎儀式結束後，溥儀夫婦被送往「執政府」。次日午後，在市政公署禮堂舉行了「滿洲國建國式及溥儀執政就任式」，從此，溥儀夫婦走上公開背叛祖國、充當漢奸走狗的道路。

溥儀上任一個多月後，僞執政府從長春市政公署搬到新修繕的前吉黑権運局的房子，這裡的8棟小樓在當時的長春是最好的建築物。溥儀親自爲每

幢房子命名，婉容和溥儀都住在緝熙樓內。溥儀住樓上西側，婉容住樓上東側，樓下是客廳和書齋。四壁用帶有花紋圖案的金黃色彩綢鑲裱，牆上掛著名畫，牆角擺著落地大花瓶，整幢樓房佈置得富麗堂皇。

婉容開始了執政夫人的生活，她心情非常興奮，對自己的前途充滿了幻想。但她很快發現，這裡迎接她的不是尊嚴和幸福，而是新的禁錮。那是在溥儀就任執政3個月之後的一天，溥儀帶著婉容和他的二妹、三妹坐上自己的汽車到大同公園遊玩，關東軍得知後立即派兵將公園團團包圍，硬將他們「接」回住處，並讓他們保證今後不再做類似事情。此事對婉容心情影響很大，她對執政府內的生活失去了興趣，對再次身陷「牢籠」感到懊悔！

婉容開始留戀在天津時那無拘無束、自由自在的生活了。於是，她四處尋找逃出「牢籠」的辦法。據《顧維鈞回憶錄》一書記載，1932年5月，為調查日本帝國主義在中國東北的侵略罪行，國際聯盟派李頓調查團來到東北，婉容乘機派人與代表團的中國代表顧維鈞接觸，說她在此生活得很慘，一舉一動都受到監視，要求顧維鈞幫她從長春逃走。顧維鈞深為感動，但表示無能為力。婉容只好留了下來，從此開始了她在東北長達14年的監禁生活。

婉容在偽滿宮中14年的生活中，當「執政夫人」的頭兩年還算是比較好的。這兩年婉容偶爾還能出頭露面，報紙上也常登出她的照片。她的物質生活也很舒適，溥儀每月分給她1500元，後隨物價的上漲增加到3000元。她在執政府內有自己的膳房，雖然不能像在紫禁城中那樣「吃一看二眼觀三」，但仍然是葷素涼熱五味俱全。伺候婉容的有兩名太監和兩名僕婦，還有一位名叫崔慧茹的小姐做她的閨房良伴，教她繪畫、刺繡，陪她下棋、彈琴，以消磨無聊時光。

這兩年中，溥儀與婉容的關係表面上也還可以，但實際上兩人之間的裂痕已愈來愈大了。因為文繡的出走，溥儀對婉容憤恨不已，兩人一般很少交談，溥儀偶爾在睡覺前去她那兒坐一會兒，夜深時便若無其事地走了。婉容心中無限空虛和寂寞，時間一長便得了精神病。不過開始還是輕度的，不易被人察覺。

1932年8月，偽滿立法院院長趙欣伯的妻子前往日本，婉容託她幫忙東渡，結果又沒能成功。

1934年3月1日，溥儀在日本軍國主義的操縱下，登上了偽「滿洲國」皇帝的寶座，年號「康得」。溥儀舉行即位大典，他穿戴著從北京取回的龍袍龍冠，祭奠受賀，盛儀非凡。日本關東軍大員、偽滿洲國大臣及當地各界貴賓都來慶賀，唯獨不見皇后露面，這是溥儀的決定。在溥儀擔任偽滿執政和皇帝期間，參加一切儀式和社會活動都不用皇后陪同。只有日本雍仁親王「訪滿」是一次例外，因為雍仁來訪前受天皇之命，要求同時會見皇帝和皇后。

婉容是有政治理想的女子，她一心想幫溥儀完成復辟帝制的大業。她在宮中訂了近十份報紙，每天堅持閱讀。她非常關心國家大事，溥儀對她的限制，使她非常難過和苦悶，而這一切她又不敢對別人講，終日被無形的精神壓抑和煩惱纏繞，帝后之間的感情日趨冷淡。

缺乏性愛是她們感情淡漠以至破裂的主因。腐朽的宮廷生活過早地傷害了溥儀的身體，使他在青少年時代就從生理到心理上厭惡女人。有一次他去大連遊覽，一群年輕貌美的姑娘跪在海濱旅館門前靜候著他的光臨。溥儀見後立即將負責安排這次遊覽的官員召來痛斥了一頓，這些姑娘立即就被趕走了。以後凡是溥儀要去的地方，女人事先都得躲開。可想而知，婉容與溥儀的婚姻是毫無幸福可言的。但由於極強的虛榮心作祟，婉容寧可做一個「掛名妻子」，以保持皇后尊貴的身份，也不想與溥儀離婚。況且，她那託自己之福當上皇親國戚的父親和兄長，也絕不會容許她離開溥儀。

然而，婉容畢竟是有著七情六欲的年不過三十的少婦，在正常的生理要求長期得不到滿足的情況下，她便與別人發生了私通。起初，婉容在別有用心的哥哥和傭婦牽線下，與溥儀的隨侍祁繼忠發生了關係。後來祁繼忠作為偽滿將校候補生，被溥儀送往日本陸軍士官學校留學，婉容又與溥儀的另一隨侍發生了關係。婉容與人私通的事溥儀長期被蒙在鼓裡。直到1935年，婉容懷孕即將臨產時，溥儀才弄清了真相。

溥儀對此憤恨無比，為了洩憤，他首先將正在日本留學的祁繼忠和仍在宮中的那名隨侍開除，接著提出與婉容離婚，廢掉皇后。作為太上皇的日本關東軍司令菱刈隆經過慎重考慮，沒有批准溥儀的要求。婚雖未離成，婉容從此卻陷入了悲慘境地。臨盆時，婉容雙膝跪地，淚流滿面地哀求溥儀，希望他能承認即將出世的無辜嬰兒，溥儀堅決不肯，最後允許孩子出世後可送到宮外由婉容之兄雇保姆撫養。

孩子出世了，是一個像媽媽一樣美麗俊俏的女嬰。婉容多麼想把她留在身邊相依為命，但這是不可能的，她只好咬咬牙讓傭人把嬰兒抱走了。此後，她每月給哥哥支付撫養費，她做夢都想見到那個活潑、可愛的女兒。但她萬沒想到，「小婉容」出世半小時就結束了幼小的生命，並被溥儀讓人扔到鍋爐裡燒化了。此事婉容一直被瞞著。

分娩之後，婉容被溥儀打入了冷宮，一舉一動受到嚴格監視，連親屬也不得見面。在一連串不堪忍受的打擊之下，婉容的精神徹底崩潰了。她不梳洗，衣冠不整，指甲不剪。很快就由一個花容月貌、身材窈窕的皇后變成了一個蓬頭垢面、骨瘦如柴的令人恐懼的活鬼。對於相隨多年、身患重病的妻子，溥儀毫無惻隱之心，甚至以赴旅順「避寒」為名，把婉容丟在宮裡不管。孤寂之中的婉容，只好整日以大煙為伴，煙癮日重，煙毒日深，處在慢性自殺之中。十年的冷宮生活，不僅重創了婉容的精神，也摧殘了她的身體。在偽滿末年，她的兩條腿已不會走路，需別人架著才能挪動，兩眼近乎失明，見人要以扇遮臉。儘管婉容已成了這般模樣，但日本帝國主義出於政治上的需要，仍在利用她皇后的身份招搖。如1935年4月溥儀訪日，偽滿報紙報導說什麼皇后聽說皇帝已平安到達橫濱，十分滿意，皇后陛下觀看了皇帝訪日拍攝的紀錄片如何如何高興等。這純粹是扯謊。

香消玉殞卻不知何處

1945年8月6日和9日，美國在日本廣島和長崎投下兩顆原子彈。8月8日，

蘇聯對日宣戰，百萬紅軍分三路進入中國東北。日本帝國主義及依附於它的偽「滿洲國」皇帝溥儀的末日來到了。8月11日，溥儀按關東軍的命令將偽皇宮遷往通化，婉容在太監和馮媽、李媽的服侍下，離開偽皇宮，從長春登專車隨溥儀東逃。8月13日，他們一行到達臨江縣大栗子溝，這裡有一座日本人經營的鐵礦株式會社，日本人讓出房子給他們住。兩天後，日本天皇裕仁宣佈無條件投降，溥儀也被迫宣讀了他當皇帝以來的第三次退位詔書。8月17日，溥儀按照日本人的安排，帶上貴重物品，同弟弟溥傑等幾個最親近的人一起逃走了，而將婉容和「福貴人」李玉琴等人扔在了大栗子溝。溥儀臨上飛機時對她們說，一到日本就派飛機來接她們。但溥儀的飛機在飛往日本的途中被蘇聯空軍迫降，溥儀等人當了俘虜，不久被押往蘇聯的西伯利亞。

被扔在大栗子溝的婉容已病入膏肓，猶如一葉扁舟在驚濤駭浪中隨波逐流，聽憑命運的擺佈。據李玉琴回憶說，她和婉容分住對門，李玉琴在西邊，婉容在東邊，中間隔著一道拉門，在房內說話互相都能聽到。李玉琴曾與婉容在偽皇宮中生活了兩年半，但在溥儀的嚴密控制下，她們兩人竟沒有一次見面的機會。在逃難路上溥儀也是把她們完全隔開的。這時，李玉琴很想看一看這位皇后。她回憶這次見面的情形時寫道：兩個太監扶著她走到拉門前，門嘩地一聲拉開了，我差點不相信自己的眼睛，我原來頭腦中想像的她，不說如花似玉，也是清清秀秀，挺好看的。可現在看到的，已是骨瘦如柴，人不人、鬼不鬼的形象。她目光呆滯，臉色青白，二寸來長的頭髮豎立著。她身高163公分左右，穿一件又髒又皺的舊睡衣，由於長時間不洗，也看不出是什麼顏色了，真有點像瘋子。

在逃難的這段日子裡，李玉琴與婉容成了相依為命的姐妹。1945年11月，天氣轉冷，這群偽宮難民在溥儀的隨侍嚴桐江帶領下，搬到了臨江縣城。在臨江，婉容和李玉琴共同住在一棟朝鮮式的房子裡，在李玉琴的精心照料下，婉容病情一度有所好轉，身體也有所恢復。

不久這裡被中共八路軍解放，他們這批人作為戰俘被收審。後來，解放軍撤離臨江時，將婉容、李玉琴等人帶到通化市。當時蔣介石發動了全

面內戰，東北解放軍正遭受到國民黨優勢軍力的進攻，部隊生活、居住條件差，且時常轉移，無法照顧這位病皇后。部隊首長問李玉琴能否將皇后接到她家去住。但李家非常貧困，根本無力供養婉容，李玉琴懷著複雜的心情與婉容分手了。此後婉容與溥傑夫人嵯峨浩等一行6人被解放軍帶到長春，經審訊後部隊將他們釋放，但婉容已離不開鴉片，更離不開侍者，當時既無錢給她買鴉片，又無人願意領取她，她只能像囚徒那樣孤單單地跟隨在後撤的部隊後面走。

幼年溥儀舊照

愛新覺羅．溥儀，醇親王載灃之子，為清代末帝。

爲了防備國民黨軍隊重新佔領長春，部隊首長把婉容等轉移到吉林市。婉容在吉林市期間「還有過一度公開展覽」，在當時，這無疑是對欺壓東北人民十幾年的日僞政權表達憤恨的一種方式。據報導此事的記者說，吉林警察局主辦者指著婉容告訴觀眾：「這就是溥儀的妻子！」

嵯峨浩在《流浪王妃》一書中回憶當時的情景說：「皇后雖然還能吃飯，但大小便已經不能自理了。這件事我無法讓學生們幫忙，只好一個人支撐著皇后那五尺六寸的沉重身體。我因爲營養不良，身體也非常虛弱，所以這是一項很艱苦的繁重勞動。」

當時，已經處在半癲狂狀態的皇后，可能產生了以前在宮內府時的幻覺，把被子踢到一邊，嘴裡不停地喊著：

「傭人，拿三明治來。」

「快點兒把擦澡的毛巾拿過來。」

生活方面的特殊照顧也很快取消了。「一天兩頓飯，吃的是通紅的高粱和像水似的一碗湯，立即感到消化不良」。據嵯峨浩講，看守中有幾位戰士同情婉容，有位戰士讓自己的妻子做了布鞋和內衣送來了，還有位戰士拎些蔬菜送來，說是賣菜的老大娘給的。那天他到菜市場買菜，偶然看見牆上掛著溥儀的照片，就談起「皇后」現在關押在看守所內的情況，「老大娘聽著便流出了眼淚」，隨手撿了些新鮮蔬菜請他一定帶給「皇后」。這家賣菜的居然在偽滿倒臺後十個月還公然懸掛溥儀照片，或許是念念不忘清朝的一位旗人吧！1946年6月上旬，婉容、嵯峨浩等人隨我軍轉移到敦化。到敦化後，又是一次「跑步撤退」，顯然是因為國民黨部隊攻城在即。她實在堅持不住了，幾次躺倒在路邊，又重新站起來艱難前行。終於到達火車站，乘上沒有座位但有窗戶的「運兵車」，經敦化赴延吉。

在延吉下火車後是以遊街示眾的方式前往監獄的。嵯峨浩寫道：「同行的俘虜中，只有我們坐上了行李馬車。馬車上插著一面大白旗，上面用大字寫著：『漢奸偽滿洲國皇族一行』。行李馬車的後面，被反綁著的俘虜行列像一條蜿蜒蠕動的長蛇。街裡的人全擁過來看熱鬧。半死不活的皇后蹲在馬車上，不時睜開眼睛呆呆地看兩眼。她已經麻木了，對一切都毫無反應了。我抱著她，咬緊牙關，揚起臉，忍受著民眾的唾罵。在街頭轉了一圈之後，我們又被關進了延吉法院後面的監獄。」

最後剩下的6個皇族成員都被關進單間牢房，婉容則關在由鋼筋水泥倉庫改造的牢房內。開飯的時候，看守便把飯菜端來放在小窗口前面。一天，嵯峨浩經過申請獲准從小視窗看看婉容。她吃驚地發現婉容已經從炕上掉下來躺在水泥地上了，沒有誰肯進屋把她架回炕上去。放在小視窗的飯菜起碼也有幾天沒動了，她已經無力端碗，可也沒人願意把飯菜送進屋裡去。婉容大小便失禁，牢房內臭氣熏天，所以誰都不肯挨近她。

嵯峨浩懇求監獄負責人允許她清理一下婉容的牢房，再給她餵點飯。結

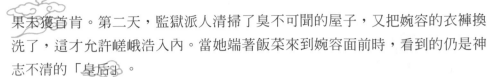

果未獲首肯。第二天，監獄派人清掃了臭不可聞的屋子，又把婉容的衣褲換洗了，這才允許嵯峨浩入內。當她端著飯菜來到婉容面前時，看到的仍是神志不清的「皇后」。

6月10日傳下一道命令：將婉容、嵯峨浩等6人轉往牡丹江，再赴佳木斯。考慮到婉容已經不能走路，還特意給她準備了一輛漂亮的馬車，以便在監獄到火車站這段路程上代步。然而，監獄負責人很快就發現婉容已是完全不能經受旅途折騰的人了，「如果她死在半路上，不如不走的好」。6天之後嵯峨浩等5人被押送到佳木斯，他們是在登上火車後才得知婉容已被留下不再隨行的消息，明白他們跟婉容最後分手的時刻已經過去了。不久，這5個人在佳木斯獲釋，隨即各奔他鄉。

留在延吉監獄中的婉容，身邊沒有一個親人，也沒有一個皇族成員，孤獨地度過了悲慘一生中的最後10天。

在嵯峨浩走後的第10天即1946年6月20日，這個中國歷史上最後一位皇后終於與世長辭了。在一份保存下來的原始登記表上清楚地記載著她的準確死亡時間：「於6月20日午前5時亡去」。死時年僅42歲。

婉容死後沒有歷代皇后「賓天」的盛儀，也沒有一位親人守側哭喪，甚至其屍骨亦無處尋找。

至於葬地，有說是「用舊炕蓆卷著扔在北山上」，也有人說是「葬於延吉市南山」。在當時環境下只能簡單處理後事，拍攝遺容和遺體存檔，然後找個合適的山溝掩埋，不留墳頭。關於「北山」和「南山」的說法不同，恐怕是難以求證了。

三年以後，在伯力收容所過囚居生活的溥儀，從嵯峨浩給溥傑的家信中獲悉婉容的死訊，他似乎無動於衷。

婉容是中國歷史上的最後一位皇后。她一生雖然有皇后的名譽和地位，卻沒有享受到皇后應有的權力和尊榮。正如末代皇帝溥儀後來所說的那樣：「她如果不是在一出生時就被決定了命運，也是從一結婚就被安排好了下場。」

歷史疑案的謎與霧

大妃阿巴亥殉葬之謎

　　努爾哈赤於寧遠兵敗之後而崩。一代帝王生命結束之日，恰恰是子嗣們奪權爭位的白熱之時。大妃阿巴亥足智多謀胸懷大志，且由其所生的3個兒子在8貝勒中佔居強勢。更爲重要的是，在努爾哈赤死前的4天期間，唯有她在身旁承命侍側。因此對於皇太極、代善等競爭勢力來說，她是最致命的對手。若不將她剷除，她可借「遺命」之威，任用封、賞、貶、諫之權，有可能將歷史上多次出現的女主天下的戲劇再次上演一遍。皇太極他們決定先下手。

　　像許多遊牧民族一樣，滿族先人女眞的汗位繼承沒有實行嫡長制。努爾哈赤身後的大位由誰來繼承？當時沒有一個固定的制度。努爾哈赤生前爲著鞏固權位，先幽死胞弟舒爾哈齊，又殺死長子褚英。努爾哈赤晚年在汗位繼承問題上非常煩惱，他沒有指定繼承人，而是宣佈《汗諭》：實行八和碩貝勒共議推舉新汗和廢黜大汗的制度。所以，他死之後，屍骨未寒，汗位之爭，非常慘烈。當時在諸貝勒中，以四大貝勒的權勢最大，地位最高；此外，還有多爾袞、多鐸。四大貝勒是：大貝勒代善、二貝勒阿敏、三貝勒莽古爾泰、四貝勒皇太極。皇太極在四大貝勒中，座次和年齒均列第四，爲什麼卻能登上後金國汗的寶座？

　　當時的形勢是：二貝勒阿敏是皇太極的堂兄，其父舒爾哈齊獲罪被囚禁至死。阿敏自己也犯下大過，自然沒有資格也沒有條件爭奪汗位繼承權；三貝勒莽古爾泰是皇太極的五兄，有勇無謀，生性魯莽，軍力較弱。他的生母富察氏曾因過失獲罪，莽古爾泰竟親手殺死母親。這種人，名聲比較差，可做統兵大將，但不能做一國之君，更沒有資格爭奪汗位；大貝勒代善有資格、有條件也有可能繼承汗位。代善性格寬柔、深得眾心，且軍功多、權勢大。努爾哈赤曾預示日後由其襲受汗位，說：「百年之後，我的幼子和大福晉交給大阿哥收養。」大阿哥就是代善。皇太極雖懷大志、藏玄機、有帝王

大清受命之璽
白玉質，盤古鈕，長14公分，寬14公分，高12公分，現藏於北京故宮博物院。

之才，但同乃兄代善爭奪汗位繼承，各方面均處於不利的地位，於是不得不暗設機關。

　　早年小福晉德因澤告發是受到皇太極的指使，皇太極借大福晉同大貝勒代善難以說清道明的「隱私」，施一箭雙鵰之計：既使大貝勒聲名狼藉，又使大福晉阿巴亥遭到懲處。大福晉阿巴亥在這次事件中受了點「傷」，但沒有「死」，不久又得到努爾哈赤的寵愛。努爾哈赤死時，她當時37歲，正值盛年，丰姿饒豔。阿巴亥生有3個兒子：當時阿濟格22歲、多爾袞15歲、多鐸13歲。多爾袞、多鐸兄弟也有資格同皇太極爭奪皇位。要削弱多爾袞、多鐸的力量，最好的辦法就是處死大妃。另外，努爾哈赤臨終之時，雖然只有阿巴亥一人守在身邊，她向諸位皇子傳達老汗王的遺囑是「多爾袞嗣位、代善輔政」的努爾哈赤的臨終遺命，遭到四大貝勒的斷然否定。他們是有道理的，因為和碩貝勒共治國政，不但汗王生前反覆強調，而且書寫成訓示交給了每位貝勒，白紙黑字，證據確鑿；而所謂的臨終遺言沒有第二人能夠證明，即使汗王真的在去世前的昏迷中說了類似的話，也只能視為錯誤的命令，不可執行。

　　阿巴亥既然放出了所謂「臨終遺言」，即便不能把家族推向鬥爭的血

海，也會埋下不睦的種子，早晚釀成災禍。而且，皇太極地位聲望漸隆，怎肯將皇位讓給還不懂事的多爾袞呢？當時八旗人馬中，皇太極掌握兩黃旗，代善掌握正紅旗，阿敏掌握鑲藍旗，莽古爾泰掌握正藍旗，所餘鑲紅、正白和鑲白三旗旗主，分別是阿濟格、多爾袞和多鐸。阿濟格、多爾袞和多鐸在他們分別只有19歲、12歲和10歲的時候，就成為擁有一旗、與諸兄並駕齊驅的權勢很大的旗主。諸兄能夠成為旗主，完全是因為在戰場上出生入死，流血拼命，而幼弟恃母親受寵而得汗王厚賜，怎能讓人心服口服？

此外，阿巴亥的3個兒子阿濟格、多爾袞、多鐸所掌握的力量已經超過四大貝勒中的任何一個，如果再有他們的母親阿巴亥以國母之尊聯綴其上，那麼其他5位旗主誰不畏懼？誰又敢不服從？那麼阿巴亥就能因此而左右八旗、左右整個大金國的政局，破壞八王共執國政的均衡，對大金國、對他們每個人，尤其是對與阿巴亥有宿怨的皇太極和莽古爾泰，後果都是不堪設想的。所以必須除掉阿巴亥。因為除掉這個總首領的母親，就容易使3個同母兄弟分離，不能形成3人聯合的雄厚力量。一旦多爾袞、多鐸成年，後果就不堪設想了。所以一定要馬上將他們的母親處死，才能保證後金政權的穩定。所以大福晉沒有別的選擇，她必須死去。

在努爾哈赤死去18個小時之後，他最寵愛的大福晉阿巴亥被四大貝勒逼迫生殉，理由是努爾哈赤有遺囑在先：大福晉雖然年輕貌美，但心懷嫉妒，常常使汗王不快，如果留下，將來恐怕會成為亂國的根源，所以必須殉夫。按當時的習俗，妻殉夫必須具備兩個條件：一是愛妻；一是沒有年幼的兒子。阿巴亥雖然符合前一條，但她確有兩個幼子需要撫育，而且她不相信汗王會留下這樣的遺言，她要據理力爭。

大妃阿巴亥足智多謀胸懷大志，且由其所出的3個兒子在八貝勒中佔有了強勢；更為可怕的是，在努爾哈赤死前的4天中，唯有她承命侍側。因此對於皇太極、代善等競爭勢力來說，她是最致命的對手。於是，他們捏造了汗父「遺言」，迫令阿巴亥隨殉。

根據《滿洲實錄》記載：四大貝勒告訴她：這是汗王的遺命，他們縱然

不忍心、不願意,卻不敢不從。而且,從殉的儀式都已經準備好了。按規矩,當殉者盛裝坐炕上,眾人對之下拜,然後以弓弦扣頸勒斃;若殉者不肯殉,則群起而扼之,至死為止。

到了這一步,阿巴亥還有什麼辦法?她只能屈從,換上禮服,戴滿珠寶飾物,雖然照規矩殉者不得哭,她還是哀告諸貝勒,請求他們照顧她的幼子多爾袞和多鐸。在不得已的情況下,她還說了些冠冕堂皇的話:「我自12歲侍奉汗王,豐衣美食已26年;汗王恩厚,我不忍離開他,所以相從於地下。」就這樣,努爾哈赤死後,皇太極和幾個貝勒說先汗有遺言,讓大福晉殉葬。在皇太極等四大貝勒的威逼下,她自縊而死(一說被用弓弦勒死)。

福耶?禍耶?苦耶?樂耶?一個女強人就這樣倒下了。跟阿巴亥同時陪殉的除了庶妃阿濟根,還有那個向她擊射「暗箭」的小妃德因澤。不知道她最終能否原諒那個熱衷於搬弄是非的小女人?無論卑鄙無論崇高,無論渺小無論偉大,無論喧囂無論沉默,無論得寵無論失愛,她們各自的終點卻是那個共同的土堆,歷史的如此安排讓人匪夷所思……

阿巴亥死後,多爾袞、多鐸年幼,失去依靠,沒有力量同皇太極爭奪大位。據《清史稿·索尼傳》記載,多鐸曾說:「當立我,我名在太祖遺詔。」由此看來,努爾哈赤生前或有遺詔,可是至今沒有見到。多爾袞攝政時也曾經說過:「太宗文皇帝之即位,原係奪立。」皇太極到底是繼位還是奪位?至今仍是一個未解之謎。

代善失勢、多爾袞失母,皇太極在大位爭奪中處於有利地位。新汗的推舉議商,在廟堂之外進行。大貝勒代善的兒子貝勒岳託、薩哈璘到其父代善的住所,說:「四大貝勒(皇太極)才德冠世,深契先帝聖心,眾皆悅服,當速繼大位。」代善說:「這是我的夙願!你們所說,天人允協,誰不贊同。」這樣,父子3人議定。第二天,諸王、貝勒、貝子聚於朝廷。代善將他們的意見告訴了二貝勒阿敏、三貝勒莽古爾泰及諸貝勒。沒有發生爭議就取得共識,一切看起來是那麼的風平浪靜。皇太極終於登上大位。

大清后妃傳奇

孝莊勸降洪承疇的傳説

　　孝莊文皇后，博爾濟吉特氏，蒙古族，科爾泌貝勒蒙古思之子寨桑的女兒，名布木布泰或大玉兒。她生於明萬曆四十一年（1613），天命十年二月，嫁給皇太極，時年僅13歲，後被封爲永福宮莊妃。

　　翌年八月，努爾哈赤病逝，皇太極繼承汗位，崇德元年（1636）改號稱帝時，封布木布泰爲永福宮莊妃。她生三女一子，即皇四女固倫雍穆長公主、皇五女固倫淑慧長公主、皇七女固倫淑哲長公主、皇九子福臨。由於她在后妃中聰明能幹，深受皇太極寵愛。

　　莊妃自幼「無他好，而獨嗜圖史」。頗通治國之道。皇太極時期，她「贊助內政，越既有年」。輔佐太宗文皇帝肇造王基。崇德七年（1642），

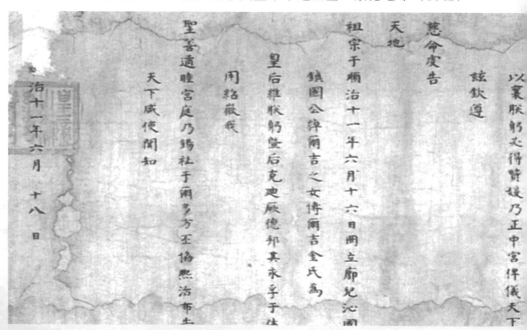

《冊立皇后博爾濟吉特氏之詔》
現藏於中國歷史第一檔案館

206

清取得松錦大戰的勝利，明在關外的精銳已經喪盡，因此皇太極積極準備率領大軍入關爭奪天下，但深感對關內的情況不了解，急需「引路者」，他認爲松山被俘、關在瀋陽三官廟的明薊遼總督洪承疇是最佳的人選，他既深知明廷，又熟悉農民軍的情況。因此，不惜一切代價勸其降清，曾命漢官重臣範文程前去說降，又是金錢，又是美女，但洪承疇不爲所動，並大義凜然地說：「本帥只知有明，不知有清，只知有死，不知有降！」說罷面壁而坐，不飲不食，只求速死。皇太極眞是拿他毫無辦法。消息傳到京城，明王朝舉國上下爲之感動，立即爲他舉行了追悼會，崇禎皇帝還親臨祭奠。可是，此時洪承疇並未慷慨就義，不但降了清廷，而且還當了清軍入關的「開路先鋒」。立此勸降大功的人，不是別人，正是莊妃。

據野史傳說，在洪承疇絕食的第四天，屈辱痛苦恍惚之間，忽然一位漢族打扮的俏麗女子推門而入，這是一個年輕美婦，只見她嫋嫋婷婷的走近前來，隨之一種異香撲入鼻中。

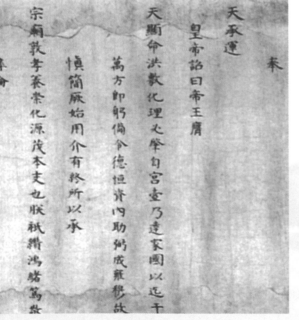

洪承疇仍不理會，只聽一句黃鶯般清脆的聲音：「此位是中朝洪經略否？」洪承疇不由得抬頭，這美婦眞是絕色，髻雲高擁，鬢鳳低垂，面如出水芙蓉，腰似迎風楊柳，一雙纖纖玉手，豐若有餘，柔若無骨，手中捧著一把玉壺。洪承疇正在胡思亂想，那美婦櫻口半開，輕輕地呼出將軍二字。洪承疇欲答不可，不答又不忍心，只好輕輕地應了一聲。美婦先把洪承疇被擄的情形問了一遍，隨後又問起他的家眷，知洪承疇上有老母，下有妻

妾子女，她的臉上浮現出了淒惘的情狀，一雙俏眼盈著淚水。洪承疇也不由得酸楚起來。

美婦隨即提起玉壺說：「將軍即便要死，難道就不能喝口水再成仁嗎？」洪承疇面對美人也已覺口渴，於是張開嘴，她「以壺承其唇」，一口一口給他餵下。喝了數口，洪承疇才知是參湯。接著美婦便曉以大義，告訴他滿清並不是要明室江山，今請將軍暫時降順，以主持和議，那時家也保了，國也報了，將來兩國議和，將軍留在此處或回國皆可，豈不是兩全之計。洪承疇不由得連連應允。

《洪承疇畫像》

洪承疇（1593—1665），字亨九，福建南安人。

這個美婦是誰？她就是皇太極的妃子、歷史上有名的清孝莊皇后。此後，洪承疇跟隨多爾袞入關，攻城掠地，滅明輔清，平定江南，掃蕩雲貴，擊敗李定國，除去明桂王，為清王朝馳騁疆場二十餘年，真正稱得上滿清掃平中原的先鋒。

這就是野史記載和民間流傳的「莊妃勸承疇」，使洪承疇「棄舊圖新」、停止絕食、剃髮歸降、成為滿清入關建立全國政權的「引路人」的故事。

此事正史雖無記載，但從洪承疇由堅決不降而又很快降清，以及從莊妃一生熱衷於政事的情況看，由她出面勸降洪承疇，而使洪承疇很快投降，這也是有可能的。

孝莊太后下嫁之謎

「太后下嫁」是清初的一大疑案。說的是康熙皇帝的祖母，亦即順治皇帝的生母博爾濟吉特氏下嫁多爾袞的事。博爾濟吉特多出身蒙古科爾沁部所謂「戚畹之家」，14歲時嫁給努爾哈赤第八子皇太極，史稱「孝莊文皇后」。她是一位聰明而富有謀略的女子，丈夫皇太極當政時，就「贊助內政，越既有年」。丈夫身亡後，痛不欲生，願以身殉。康熙皇帝更是不會忘記這位賢能的祖母：「憶自弱齡，早失怙恃，趨承祖母膝下三十餘年，鞠養教誨，以致有成。設無祖母太皇太后，斷不能有今日成立。」

「孝莊文皇后」終年76歲，臨終時對康熙說：「你祖父安葬已久，不用再打開他的陵墓了，況且我也很想念你們父子二人，不想遠離，所以希望在孝陵附近安葬，這樣我就放心了。」康熙遵其遺囑，把靈柩暫時停置在清東陵，直至雍正三年才正式葬入地宮。多爾袞是皇太極的弟弟，亦即順治皇帝的叔叔。他一生封號頗多，始封貝勒、後封墨爾根青（意爲聰明王）、睿親王，順治時稱攝政王、皇父攝政王。在當時朝鮮人的記載中多稱「九王」，在外國傳教士的著作中稱「阿瑪王」。他「聰慧多智，謀略過人」，清入關後的各項制度大都由其籌畫，可謂清朝政權的實際開創者。

多爾袞享年僅39歲，死後僅兩個月，就被削去爵號，平毀墓葬。有的記載說：順治「命令毀掉阿瑪王華麗的陵墓……把屍體挖出來，用棍子打，又用鞭子抽，最後砍掉腦袋，暴屍示眾」。直至康熙晚年才下詔爲其昭雪。

太后「下嫁」多爾袞的醜事，在清初便開始流傳。但究竟有沒有其事，因官方文獻沒有明確記載，至今仍無定論。

太后下嫁多爾袞的疑雲之起，是由於張煌言收錄在《奇雲草》中的兩首七絕，題爲《建夷宮詞》：

上壽觴爲合卺尊，慈寧宮裡爛盈門；

春宮昨進新儀注，大禮恭逢太后婚。

披庭猶說冊關氏，妙選孃閨作母儀；

椒寢夢回雲雨散，錯將蝦子作龍兒。

建夷是指建州之夷，是明朝遺民對清朝王朝的蔑稱。觴是盛酒的杯子。合巹指成婚。慈寧宮是孝莊住的地方。關氏是漢代匈奴稱呼君主的正妻。詩的前七句沒有什麼好解釋的，無非是詆毀醜化敵國君主。最後一句頗費解。細推之，原來指的是多爾袞無子，以弟多鐸之子為嗣。滿文稱侍衛為「蝦」。多鐸當時的職位有「領侍衛內大臣」一職。看來蝦子指的是多爾袞的義子多爾博。也就是說，順治子隨母嫁，自為「龍兒」，不必以多鐸的「蝦子」為子。先前人們將這首詩作為無稽之談，但從多方面的證據來分析，「太后下嫁」的確是事實。

證據一：弟娶其嫂的滿族舊俗。

首先從當時滿族婚俗來看，嫂嫁小叔、兄納弟婦之事常常發生，此事不足為怪，甚至還有不管輩分的婚俗（漢族禮教稱之為「亂倫」）。站在這樣的歷史背景下來思量，盛年寡居的孝莊與壯年英武的小叔子多爾袞的結合，也就沒有什麼不好理解的了。如順治皇帝的大哥、皇太極的長子、肅親王豪格在清貴族政治鬥爭中死去後，他的兩個妻子就分別被叔父輩的多爾袞、阿濟格娶去。莊妃是蒙古人，13歲時就與其姑母一道嫁給皇太極，因其美貌聰慧能幹，受寵多年，生有3女1子，其子後來就被立為順治皇帝。1663年皇太極死時，莊妃只有31歲，雖被尊為太后，仍當華年，美麗異常。多爾袞大權在握，豈能放過這天賜良機？這時清王朝剛入關，滿洲貴族從東北剛入主北京，受到漢族文化與綱常禮教的影響與束縛很小，還大量保留原在東北時的舊婚姻風俗，如清皇室與貴族中寡婦改嫁的事時有發生。因此孝莊太后（莊妃）與小叔多爾袞結婚就是比較正常的事了。我們切不可用漢族的傳統綱常禮教去要求和看待清初的滿洲皇族。

證據二：保全皇位的政治婚姻。

皇太極死時，莊妃才31歲，年僅6歲的兒子福臨繼位。一個是三十出頭的寡婦，一個是只知玩耍的頑童。在當時，執掌朝中軍政大權的實際是睿親

210

王多爾袞。他手握重兵，成為朝中說一不二的人物，甚至連皇帝的大印「玉璽」也搬到睿王府內使用，以代理天下，小皇帝隨時有被廢掉的危險。人們認為，孝莊為了保住兒皇帝順治的天子寶座，而委身於小叔子多爾袞。

證據三：多爾袞的「皇父」稱謂。

持下嫁說的人特別強調，在順治朝多爾袞公開以皇上的父親自居，稱號就叫「皇父攝政王」，而只有皇帝的母親下嫁了，多爾袞才有可能被稱為「皇父」。人們認為，多爾袞稱謂變化的過程，恰恰反映了太后與多爾袞的婚姻由隱秘到公開的過程。《朝鮮李朝實錄》中

莊妃朝服像

記載，「皇父」稱號非但舉國轟動，甚至已經「聲聞海外」。《朝鮮仁祖李倧實錄》載：二十七年己丑（即清世祖順治六年），二月壬寅，上曰：「清國諮文中，有『皇父』攝政王之語，此何舉措？」金曰：「臣問於來使，則答曰：今則去叔字，朝賀之事，與皇帝一體云。」上曰：「然則二帝矣。」朝鮮邦外屬國，國王都發現此舉與「二帝」無異，大清朝難道就真的荒唐到這種程度不成？當然不是。其時清廷正推崇儒教，廣納天下飽學之士，斷不

會做這種被世界當做笑柄的糊塗事，但「皇父」一詞確已明詔天下，一朝二帝，已經是無可爭議的事實。

證據四：風水牆的訴說。

按清朝早期喪葬制度，皇后、嬪妃最終都要與皇帝合葬。可是，孝莊竟葬在了遵化的清東陵風水牆外，而未與清太宗皇太極合葬於瀋陽的昭陵。按清制，她應歸葬到瀋陽皇太極的昭陵旁，因她是皇太極的莊妃，但結果她卻被葬在河北遵化的清東陵，孤零零的，無依無靠，且陵墓在東陵的「風水牆」之外。這種悖乎常禮的葬法多年以來一直引起人們的種種議論，其中可能有難言之隱。有人認為，這是孝莊因改嫁而無臉到陰間見皇太極的刻意安排。史料中也確有這樣的記載。太后在遺囑中說，「卑不動尊」，不忍再驚擾皇太極，這實在是託詞。對祖母孝莊的心思，康熙自然心知肚明。但康熙又感到，將祖母單獨安葬實在沒有這樣的先例，是件很棘手的事，於是他把這一難題留給了兒子雍正，將孝莊的棺材在東陵的地面上一直停放了38年之久，直到雍正三年（1725）才為孝莊建陵安葬。還須說明的是，長眠在清東陵的5個皇帝、14個皇后、136個嬪妃，都葬在了風水牆之內，而只有孝莊葬在風水牆外。這又是為什麼？孝莊太后在1689年病死，享年76歲。

證據五：皇帝諭旨露出破綻。

順治十七年（1660）十二月二十四日，因乳母李氏病故，順治降諭禮部，其中有這樣幾句話：「睿王攝政時，皇太后與朕分宮而居，每經累月方得一見，以致皇太后縈懷彌切。乳母竭盡心力，多方保護誘掖，皇太后眷念慈衷賴以寬慰。」這無意間透露，幼年皇帝順治與母親孝莊分宮而居，而且皇太后不是居於皇宮之中，否則母子之間為何「每經累月方得一見」？皇太后縈懷彌切，為何卻不去看望皇上？皇上又為何不去探望生母，以解「皇太后眷念慈衷」？度之事理，其間必有一個超越兩者之上的力量破壞了母子之情。這個力量，除了多爾袞之外，還能有誰？另外，徐珂《清稗類鈔》中對「太后下嫁攝政王」有較為詳細的記載。

證據六：有人見過「太后下嫁詔」。

關於孝莊太后下嫁多爾袞之事，雖由於後來清皇室受漢族影響日深、綱常禮教觀念加強，因而不讓將此事記載到正史中，甚至原有的記載也被刪改，使我們今天很難查到有關此事的正式記載，仍可以從許多史料中看到關此事的正式記載，仍可以從許多史料中看到有關此事的明顯痕跡。如清故宮藏順治朝的「批紅」題本及《東華錄》上，就記載順治五年起——這一年太后與多爾袞結婚——多爾袞由「皇叔父攝政王」改稱「皇父攝政王」，並「親到皇宮內院」，「自稱皇父」。若無太后下嫁之事發生，此事是順治皇帝所萬萬不能接受的。太后下嫁之事傳播

《多爾袞攝政日記》

甚廣，前面已經提到當時人的記事詩，雖極盡嘲諷挖苦，但也是這件史事的一個有力旁證。1946年10月，近代學者劉文興撰文《清初皇父攝政王多爾袞起居注跋》，其中寫道，宣統元年（1909），他的父親劉啓瑞任內閣侍讀學士，奉命收拾內閣大庫檔案，「得順治時太后下嫁皇父攝政王詔」。世上若果眞有這一詔書，無疑是太后下嫁最具權威的鐵證。

孝莊文皇后為什麼
死後不進清皇陵

　　康熙皇帝的祖母孝莊文皇后布木布泰（即大玉兒），13歲時就嫁給了清太宗皇太極，被封為永福宮莊妃。她為了輔佐福臨、玄燁兩代幼主，傾注了自己的全部心血，為大清王朝作出了重要貢獻，深受後代子孫們的尊敬和愛戴。但她死後，卻令人不解的是並未與皇太極合葬於瀋陽的昭陵，也沒進清皇陵，一直到康熙帝死，也未給祖母孝莊文皇后建陵，其梓宮在暫安奉殿停了38年之久，而最終於雍正三年（1725）才由曾孫胤禛安葬於清東陵的風水牆外的地宮內。這究竟是什麼原因呢？即使至今也未找到令人信服的解釋，仍是一個未解之謎。

　　後人猜測，這和傳說她下嫁給多爾袞有關。

　　傳說，當初，科爾沁貝勒寨桑曾將布木布泰口頭許配給多爾袞，沒多久努爾哈赤又去科爾沁部，見了布木布泰，就將布木布泰為皇太極定了親。多爾袞認為：布木布泰本來屬於他的，是被皇太極奪了去。多爾袞為了確保福臨即位，寧肯放棄自己當皇帝的機會，同時也斷絕了皇太極另一個繼妃所生的兒子豪格的皇帝夢。孝莊文皇后知道：多爾袞權傾朝野，羽翼豐滿，廢帝自立，易如反掌。一旦生變，不但自己母子性命難保，連大清江山也可能斷送在八旗內亂之中。因此，她變鵲橋暗渡為明媒下嫁，可說是明智之舉。於是朝廷以皇帝名義下詔行婚、制禮，舉行婚禮。不出兩年，多爾袞病逝。福臨再無後顧之憂。此後，可能因為滿人接受了漢人的道德標準，以此為恥，不肯在正史中寫入，後人也以此為憾，不提「下嫁」之事。

　　關於孝莊皇后為什麼不葬入昭陵一事，民間還有「託夢定陵址」的說法。大意是：孝莊皇后死，清廷遵照祖制，決定將她葬入昭陵，與太宗合葬。但當梓宮途經東陵時，突然沉重異常。128名杠夫個個被壓得齜牙裂嘴，

眼冒金星，寸步難行，只得把梓宮就地停放。兩個時辰過後想繼續前行，梓宮就像長在地上一樣，絲毫不動。這下子可急壞了送葬諸王大臣，於是飛報朝廷。康熙皇帝接到奏章，也是一籌莫展。當夜皇帝夢見孝莊皇后，對皇帝說：「我決計不與太宗合葬，如今梓宮停放之地就是上吉佳壤，可即地建陵安葬，切記吾言，休得違誤。」皇帝醒後，遵照囑咐，擇日開工，即地建陵。這回再移動棺槨也不那麼沉重了。很顯然，這純屬迷信傳說，不能作為依據。

而查閱史料，孝莊皇后不與皇太極合葬的原因有這樣一段記載。康熙二十六年十二月，當孝莊文皇后病重時，對康熙說：「太宗文皇帝梓宮，安奉已久，不可為我輕動。況我心戀汝皇父及汝，不忍遠去，務於孝陵近地擇吉安厝，則我心無憾矣。」康熙皇帝一向孝順祖母，孝莊皇后死後，康熙帝遵照遺囑，將祖母安葬在了遵化的東陵附近。

這種做法是違背清朝帝后喪葬制度的，許多野史稱她有難言苦衷，因為下嫁攝政王多爾袞一事，再同皇太極合葬便不合情理。

那麼，為什麼孝莊又被葬在了清東陵大紅門東側風水牆外，而不是在皇陵內呢？真正的原因是，順治的孝陵處於陵區內至高無上的位置，而孝莊則是順治的生母，將她葬在陵區內任何地方，位置都低於孝陵，這就與她的輩分不相稱。第二，孝莊雖葬在遵化清東陵，但與遠在瀋陽的皇太極的昭陵仍是一個體系。孝莊皇后的陵名叫昭西陵，因此看，與清東陵是兩個不同體系，不能混淆，只能葬在東陵區外，以示區分。第三，在清代，無論皇帝、王公謁陵，都先從最高輩分的墓主人的陵寢開始。孝莊皇后在清東陵所有內葬人中輩分最高，所以謁陵時，每次都必先從孝莊皇后的昭西陵開始。大紅門是陵區的正門，是謁陵人的必經之處。將昭陵建在大紅門旁邊，也為謁陵提供了極大的方便，避免了繞道往返之勞。第四，在清代，以左方為尊貴之位，皇帝謁陵，出入宮門、殿門、陵寢門皆走左門，臣工走右門。把昭陵建在大紅門左側，處於尊貴之處，也正反映了她的後代兒孫們對她的尊崇敬仰之意。大紅門左側地勢高而平坦、土厚質純，而大紅門右側，低窪多石，又

瀕臨西大河，常有水患，所以從地理環境上看，也應該將昭西陵建在大紅門左側。從以上幾點看，將孝莊皇后葬在東陵陵區外，絕不是為了罰她為後代子孫看守陵門，而可能是綜合考慮各方面的原因後作出的最佳選擇。

百年難解的香妃美麗傳說

　　香妃，歷史上是否有其人？她的身世如何？她是怎麼死的？她死後葬在哪裡——是新疆喀什，是北京陶然亭，還是遵化清東陵？世間有種種野史、筆記、小說、詩文、戲劇、影視，令人迷惑，無所適從。

美麗的香妃傳說

　　香妃的故事歷來非常迷人。傳說她「玉容未近，芳香襲人，即不是花香也不是粉香，別有一種奇芳異馥，沁人心脾」。是新疆回部酋長霍集占的王妃，回部叛亂，霍集占被清廷誅殺，將軍兆惠將香妃生擒送與乾隆。但香妃心懷「國破家亡，情願一死」之志，始終不從乾隆，最後被太后賜死。死後，將其運回家鄉安葬，故新疆喀什有香妃墓。

　　新疆喀什城東3公里處有香妃墓，當地人稱「艾孜牙提」。「艾孜牙提」是座很大很雄偉肅穆的維吾爾族風格的建築，有圓頂，圓頂上有塔樓，塔樓尖兒上有鍍金月亮。大廳裡有半人高的平臺，平臺上排著72座墳丘。香妃墓顯然是借助「香妃」的名氣，她的墓不過是這72座墳丘中的一座，位置在平臺東北角。她和她的家族在一起，這個家族有五代人共葬在這座大墓堂裡。

　　香妃何許人也？

　　據傳聞，乾隆中葉，清軍入回疆，定邊將軍兆惠俘獲一回部王妃，此女子天生麗質，更奇的是她身體會散發異香，人稱香妃。乾隆帝對她大為傾心，執意納之為妃。為討其歡心，特在西苑建造一座寶月樓，供香妃居住，並常親臨探視，希其順從。然而香妃性格剛烈，誓死不從，並身藏利刃，表示不屈決心，還時常因思念家鄉淒然淚下。皇太后得知此事，召見香妃，問她：「你不肯屈志，究竟作何打算？」香妃以「唯死而已」相答。太后說：「那麼今日就賜你一死。」香妃頓首拜謝，於是趁乾隆帝單獨宿齋宮之際，

命人將香妃縊死。太后處死香妃的原因，除了上述為成全其名節外，另有說是太后擔心自己的兒子弘曆（即乾隆帝）為香妃所害；還有說由於香妃受乾隆帝寵愛，諸妃妒忌，向太后進讒言，太后聽信讒言而加害香妃。香妃死後，乾隆帝悲傷不已，最後以妃禮將其棺槨送往故鄉安葬。此說在清末民初流傳頗廣，出現不少敘述香妃故事的戲曲說唱、小說詩歌，繪聲繪色，淒婉動人，使不少人對香妃傳聞信以為實。1914年故宮浴德堂展出一幅以《香妃戎裝像》為題的清代女子戎裝油畫像，於是傳說更加流行。

《香妃旗裝像》

　　香妃死後，乾隆只有歎息的份兒，無奈將其送往新疆安葬。她的遺體是按伊斯蘭教的規定作了處理之後，特意做了一頂轎子，由124人攀抬著，翻山越嶺經過大沙漠，路上走了有三年半的時間才回到喀什的。還有傳說，香妃死後葬在了北京香山，北京香山之名因香妃而來。

　　顯而易見，香妃是和順治帝的董鄂妃，光緒帝的珍妃一樣被渲染得極絢麗、極悲壯、極楚楚可憐、極賦傳奇色彩的人物。

　　1914年，北京古物陳列所成立，該所設在故宮外廷。成立時，古物陳列所從承德避暑山莊運來了一幅油畫，畫中女子小眼厚唇，披掛著西式盔甲。此畫被懸掛在西華門內武英殿西側的浴德堂後元代所建阿拉伯式浴室的門相上。阿拉伯浴室被稱為「香妃浴室」，懸掛的畫像被稱為「香妃」畫像，此外還有說明文字，並在《事略》上記述了以上傳說。戎裝畫像、阿拉伯式浴室、說明文字三位一體，互為佐證。加上古物陳列所所具有的嚴肅性、權威

性，迷惑力引誘力極大，觀眾紛至沓來，一時卷起了一股「香妃」熱。其畫像被印成照片，價格昂貴，銷量卻很好。

這恐怕是歷史上第一次炒香妃的事件，也是相當成功的一次。20世紀70年代，在香港又有人炒了一回「香妃」，又有一種香妃畫像出現，也是根據一幅油畫影印的。畫中人與戎裝的香妃不同，很是秀氣，柳眉鳳目瓜子臉，且這種形象地照片也不脛而走，被多種書商翻印。

百年難解的身世之謎

從清代乾隆朝留下來的許多歷史檔案資料來看，乾隆帝后宮中的容妃的事蹟都一一和傳說中的「香妃」相似。首次提出傳說中的「香妃」就是容妃的是清史大家孟森先生。他在抗戰前夕寫的《香妃考實》一文中，提到了一條主要的證明材料：有人「於民國二三年間至東陵，瞻仰各陵寢；至一處，守者謂即香妃塚，據標題則容妃園寢也。」這是因為「民國二三年」時守東陵的人，仍是原來清皇陵的守墓者。他們說容妃就是「香妃」當屬宮廷內部因襲的傳統說法，比較可靠。結合趙爾巽的《清史稿》卷214「后妃列傳」中的記載：「容妃，和卓氏，回部台吉和札賚女。初入宮，號貴人。累進為妃。薨。」這些記載表明，容妃確是實有其人的。在清高宗諸妃中，「容妃」是首先提到的「回部」即維吾爾族妃子。同時，近年有學者以眾多可信的資料也考證出，傳說中的「香妃」，就是指乾隆皇帝的維吾爾妃子——容妃。傳說中關於「香妃」的許多事情是後人編造出來加上去的。

孟森教授在《香妃考實》一文中認為她可能是大、小和卓的妹妹或女兒，現在看來這種說法應該是一種因襲舊說的牽強附會。有學者發表《「香妃」史料的新發現》一文第一次公佈了在故宮博物院中珍藏的清朝檔案資料，其中有一個重大的發現：「香妃」的祖先不屬於阿派克和卓支系，而是屬於額賴瑪特和卓支系的。這支家族和大、小和卓同一個高祖，但不是一個曾祖。1760年（乾隆二十五年），乾隆帝令額色伊、圖爾都、瑪木特和額賴

219

瑪特和卓支系的其他人陪同「香妃」進京，都受到了清朝皇帝的封銜，並在皇宮南城牆外的西長安街，爲他們建造了特別的寓所。根據中國第一歷史檔案館裡發現的資料，「香妃」是輔國公圖爾都的親妹妹，而圖爾都和「香妃」兄妹的父親，根據《西域同文志》和《西域圖志》所載的譜系表看，應該是「和卓」阿里（即艾力）。額色伊是她的五叔，帕爾薩是六叔，圖爾都是兄長。有的學者主張「香妃」之父爲帕爾薩。但根據清皇宮內府檔案，清廷給帕爾薩的封爵和御贈他的財物、「香妃」去世後分給他的遺物等的數量都比別人少，不像是對待一位「國丈」

《欽定滿洲祭神祭天典禮》
清代允祿等撰，乾隆十三年（1748）編成。

大人。《清史稿‧后妃列傳》以及現在出版的《二十六史辭典》中都明確地寫著「容妃」是「台吉和札賚之女」。「台吉」是封號，「和札賚」三字包含了伊斯蘭教上層的稱呼「和卓」和「香妃」之父的名字「阿里」兩部分。「卓」和「阿」合音爲「札」；「賚」是「里」的模糊音。「和卓阿里」四字的快讀音爲「和札賚」。學者們等把「賚」字誤認爲「麥」，就永遠解釋不通。這類例子在《清史稿》等史籍中還很多，如把「和卓集占」快讀而翻譯成爲「霍集占」就是一例。如此流傳，往往弄錯了少數民族歷史人物的眞名實姓。由此，我們基本上可以肯定「香妃」之父爲額賴瑪特家族支系的和卓阿里，即和札賚。和卓阿里英年早逝，在大、小和卓反叛清朝時已經不在

了。當年聯合布魯特武裝牽制並攻打喀什叛軍的「回部」武裝的是「香妃」的五叔額色伊和胞兄圖爾都。

香消玉殞在深宮

　　「香妃」家屬不僅不屬於大、小和卓叛亂集團，而正相反，他們還曾經起兵配合清軍平定大、小和卓之亂。當時，「香妃」的哥哥圖爾都和五叔額色伊一起，聯合了布魯特（柯爾克孜族）的武裝去攻打盤踞在喀什噶爾的叛軍。平定叛亂以後，「香妃」隨叔叔額色伊和哥哥圖爾都一起被乾隆皇帝召到北京長住。不久，進宮當了貴人，跨越了「常在」和「答應」兩個階梯，得到特別的優待。新進宮的「和貴人」得到了珍珠、絲、毛、200兩銀子和15兩金子的賞賜。一個月後，她的兄長圖爾都喜獲一所新的有二十多間房的寓所，在今東四附近。賞給他的禮物有布匹、馬具、傢俱和現金。他的年薪從100兩銀子增加到240兩銀子。而與此同時，額色伊和其他在京親屬仍保持他

們原有的年薪水準。也就在這段時間裡，圖爾都喜得佳偶——娶了一位滿族夫人，名叫巴蘭。

　　在皇宮裡，和貴人享有和宮內所有妃殯同等的華貴豪奢的生活。上面將哈密瓜等貢品分給宮中女眷時，和貴人往往得到額外的一份。由於她信奉的伊斯蘭教規定食物的嚴格

新疆—香妃墓

限制，還帶來了她自己的維吾爾族廚師努爾買提，專門為她烹調清真食品，如「穀倫祀」即「抓飯勺」。她顯然繼續穿她自己的民族服裝，因為在她當妃嬪的頭五年中，有文字記載在1768年，乾隆將她晉升為「妃」的級別時，說明她沒有滿族的宮廷服飾，上面命令為她縫製合適的長袍。1762年（乾隆二十七年）「和貴人」晉封為「嬪」，並改名為「容」，稱為「容嬪」，是秉承皇太后的旨意。乾隆二十六年甲午上諭：「欽奉皇太后旨意，貴人拜爾噶斯氏、霍（和）卓氏……俱著封為嬪。」在內府的檔裡，作為「容嬪」出現在第二個三年期。同年，其兄圖爾都從台吉擢升為「輔國公」。三十三年（1768）六月辛酉上諭：「欽奉皇太后旨……容嬪著封為妃」。1766年（乾隆三十一年）乾隆帝的第二位皇后死後，就再沒有立皇后。從此，容妃是宮中最高等級的妃嬪之一，僅次於皇貴妃。她的地位在妃子中處在第三或第四位上。

史書上記載，容妃曾多次隨乾隆和皇太后外巡。1765年（乾隆三十年），她同乾隆帝去江南巡視，到過蘇州、杭州等繁華城市。在南巡中，供給她的菜肴有野鴨、鹿肉、雞和羊肉；1771年（乾隆三十六年），她又隨同乾隆帝到山東去登臨泰山，瞻仰了曲阜孔府。她還隨同乾隆帝一起巡視過東北的盛京（今瀋陽）和熱河，並是木蘭狩獵場的常客。從這麼多活動來看，容妃和乾隆之間關係十分融洽，並非像影視作品中描寫的那麼敵對。

乾隆帝還為容妃修建寶月樓。寶月樓就是今中南海新華門門樓。這裡明朝為南臺，沒有大的營建。清順治、康熙年間兩度擴修，為避暑之處：東為春明樓，西為湛虛樓，南為迎薰亭，北為香殿、涵元殿、翔鸞閣，加上殿閣兩旁的翼樓，都屬於瀛臺的範圍。民國年間先改皇城正中之門名為中華門。中華門在明朝稱大明門，清朝稱大清門，民國有人建議：「大內東為東華門，西為西華門，今國為中華民國，而正朝之門通當東華、西華之間，天然一中華門也！」語既巧合，遂為定議。不久以西苑為總統府，府門與正朝門相並，距長安街以辟寶月樓為府門，位置適合。今天的新華門，就是往日清朝寶月樓下所開闢之門。

大清朝在乾隆以前，沒有回族妃嬪的先例。容妃以回部女子至清朝，乾隆不把她安置在後宮，特營建西苑寶月樓，作為金屋藏嬌之所。樓南隔街建「回子營」，修禮拜寺。乾隆御制詩中，有關寶月樓的詩很多。乾隆在1760年夏天，有詩云：「輕舟遮莫岸邊維，衣染荷香坐片時；葉嶼花臺雲錦錯，廣寒乍擬是瑤池。」此以嫦娥比擬容妃。1763年新年又作詩云：「冬冰俯北沼，春閣出南城。寶月昔時記，韶年今日迎。屏文新芾祿，鏡影大光明。鱗次居回部，安西繫遠情。」乾隆自注：「樓近倚皇城南牆。牆外西長安街，內屬回人衡宇相望，人稱『回子營』。新建禮拜

畫琺瑯山水花鳥西洋式提梁壺
乾隆年製。通梁高38公分，口徑9.1公分，足徑13.5公分，現藏於北京故宮博物院。

寺，正樓對。」當時，八旗以外的所有百姓都住外城。唯獨回子營近在咫尺，依靠九重。這是乾隆愛屋及烏。乾隆為容妃興建寶月樓的原因是：

第一，語言文化不相同。容妃講維吾爾語，不能與諸妃嬪住在一起順利交流，所以特地隔於南海最南之地，其地又距外朝之外垣。這裡同皇宮既聯繫又分割，環境優雅，湖水漣漪。乾隆會維吾爾語，可以同容妃用維語直接交談。

第二，飲食習慣不相同。皇后的正宮坤寧宮兼作薩滿祭祀的場所。坤寧宮每日進豬兩口，在神案上宰豬，在大鍋裡煮豬肉，祭祀敬神。元旦祀神，皇帝、皇后行禮；春、秋兩大祭，皇后亦到，妃嬪自當侍從。而最尷尬者，則為后妃受胙，是一種豬肉米飯，這是回教徒所萬萬不能忍受之事。所以將

容妃單獨安置在另一個生活區域，生活上很是方便。

第三，生活風俗不相同。維吾爾族的衣服、裝飾，同皇宮的后妃、宮女都不同。皇宮除御花園外，別無遊觀之處。乾隆於瀛臺之南築寶月樓，則隨時可以駕幸西苑，而不必如臨圓明園，路途既遠，又煩勞出駕。容妃在這裡則可免去其他妃嬪爭寵之擾。

第四，宗教信仰不相同。滿族的宗教是薩滿教，乾隆又崇奉喇嘛教。維吾爾族信奉伊斯蘭教，要做禮拜。容妃所居之地，隔長安街而對回子營，建回教禮拜堂及民舍，並使內附之回民居住，屋舍皆沿襲回風。容妃站在樓上，可以望見對面的「回子營」，以解思念之情。

從報告容妃最後幾年生活的某些檔案資料獲悉，1786年（乾隆五十一年），她命令從蘇州的皇家絲綢廠提取了價值近400兩銀子的絲織品。1787年（乾隆五十二年），她從皇宮的藥劑師處開了「平安丸」，顯然當時她感身體不適，但似乎仍然在繼續正常地出席皇宮裡的酒宴和其他大事。1788年（乾隆五十三年），第三個太陰月，她得到皇帝贈予的禮物奶糕。同年四月十四日，皇帝又送給她十個蜜柑。五天後（四月十九日），她竟不幸與世長辭了。她的確切死因，至今還無從查考。容妃去世以後，她的財產分給她的娘家、太監、宮女、穆斯林士兵及其妻子們，在有關資料中都有詳細的記錄。從毛皮和珠寶到臺燈和洗澡盆都被極為謹慎地分配給不同的人。檔案中還有一則鮮為人知的資訊：容妃還有一個女兒，她的遺物中有一部分是留給她的女兒，這是一位現已不知名的公主作嫁妝用的。

衆說紛紜的畫像之謎

後來傳有法國的耶穌會畫家郎世寧給容妃畫的戎裝像。時容妃進宮已有二十餘年之久，實際上不可能畫得很像。再說她那時候已年過半百，姿色不可能不減。從畫像分析，也許郎世寧根本沒有見到過這位容妃，因此有人對此像的真偽提出異議。有學者認為所謂「香妃戎裝像」也並不一定就

是容妃。因為此像原在熱河行宮保存，拿到北京展覽時，並沒有任何題款和文字。據幾乎一生均在故宮工作的單士元老先生回憶：當時的說明是沒有根據的，是幾個人拿的主意，為的是以這張像來吸引遊客，卻為後人製造了混亂。其實，在乾隆皇帝身邊，確實有一位喜穿戎裝的女子，這不是別人，就是他十分心愛的第十個女兒、和孝固倫公主。此人生來活潑伶俐，聰明好動，乾隆十分鍾愛，視若掌上明珠，從小就被養育在乾隆身邊。乾隆又因她「貌類己」，曾說「汝為皇子，朕必立儲也」。和孝公主從小就喜歡打扮成男孩子的樣子，更喜歡與男孩子一起遊戲。她經常跟隨乾隆一起出巡、秋彌。當時她用過的弓箭、盔甲、馬鞍、撒袋等物，後來一直為乾隆的皇孫輩所用。史料記載她「性剛毅，能彎十力弓，少嘗男裝隨上較獵，射鹿麗龜，上大喜，賞賜優握」。聯想到所謂《乾隆帝與香妃御苑行獵圖》中射鹿的景象，正可以認證乾隆與和孝公主射鹿的情景，由此推測《香妃戎裝像》中的香妃應是和孝固倫公主。

一代名妃魂歸何處

「香妃」在1788年54歲時因病去世。這一點在今天的清史學界已成定論。但關於容妃墓的地點，一為喀什噶爾（今新疆喀什），這座墓在新疆人眼中，與其說是香妃墓，倒不如叫它「阿巴克霍加麻紮」更為準確。阿巴克霍加麻紮是綜合維吾爾族建築與園林藝術於一體的藝術綜合體。整個建築群占地70畝，門口及圍牆外是一片挺拔的白楊樹，進大門後便是一座座奇特的小花園，種有色彩絢麗的八瓣梅、大麗花等。奇花異卉，還有當地的特產菩提子。每當初秋，菩提子碩果累累，呈翠綠色，仿佛是一串串翡翠，令人饞涎欲滴。麻紮的阿巴克霍加墓主建築物高26公尺，底35公尺，寬30公尺，牆由綠色的琉璃貼砌而成，巍峨宏偉，金碧輝煌。優美而神秘的環境更加渲染了香妃之謎給人們的無窮誘惑。據史記記載，阿巴克霍加麻紮始建於西元1640～1927年，時間跨度達3個世紀之久。阿巴克霍加麻紮包括大禮堂、教經

堂、客廳、水池等，是一座很有藝術特色的建築群，墓內埋藏著伊斯蘭大傳教者阿巴克霍加和他父親阿去默罕德玉樹甫等五代霍加，計72人。據講，這裡的麻紮幾乎爲清一色的男性，唯一的女性便是阿巴克霍加的重姪孫女伊帕爾罕，也就是人們熟知的香妃。乾隆皇帝備受香妃情感的牽掛，不久便派出124人抬著香妃的靈柩從京城出發，沿長安、蘭州、古絲綢之路出玉門關，歷時3年半時間終於走到了香妃的出生地喀什，將她埋在阿巴克霍加麻紮裡。這就是如今的香妃墓。

一爲河北遵化縣東陵。容妃一人怎葬兩地？上文曾提到，傳說當年容妃去世後，其遺體由靈轎運送到喀什噶爾東北郊的伊斯蘭墓群下葬，一架「馱轎」還停放墓側。史書上說，她去世以後，乾隆帝悲痛欲絕，特下詔書將他的這位愛妃隆重地安葬到距北京東面125公里河北遵化縣的清東陵中。在那裡，清代歷朝的順治、康熙、乾隆和他們的后妃們都長眠於此。那是一個面積很大的皇家陵寢地，風水獨好，現在已成爲中外遊客嚮往的旅遊勝地。前面已經交代明白，這種說法有民國初年原清代皇宮委派的守陵人的識別爲證。

河北遵化縣馬蘭峪清東陵裕妃園寢中，亦有一座容妃墓。

1979年容妃墓出土，史學家根據種種資料，推翻了各種香妃的傳說，認爲香妃就是容妃。墓的地宮內由一道石門、四道石券組成，一具紅漆棺木停放在寶床之上，棺側被砍開一個大洞，棺內已空空無物。在杉木紅漆棺頭，有金漆的伊斯蘭文的古蘭經，可辨的文字爲：「以眞主的名義……」棺外西側，於泥水中發現一具頭骨、一條長93公分的花白髮辮，上面結有紅色的頭繩。西北角的棺木下壓著一些繡花、緙絲袍褂的殘片，還有幾件織成的袍料。一條黃色八寶花綾織成的「哈達」最爲引人注目，它與北京白塔寺的塔腹內所出的乾隆年間的五條色彩的哈達很相近，機頭上所織的文字，也類似「吉祥頌」。其他各色如意、荷包、珍珠、寶石、貓眼石、鑽石等飾物零星散見；另有幾顆牙齒和指甲。由這些墓中遺物可以推斷：

（一）清代帝、后、妃的棺槨上，大多是鐫刻藏文佛經，用以超度亡

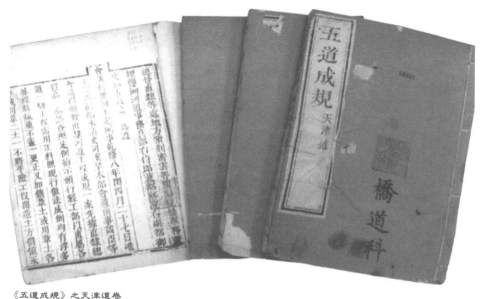

《五道成規》之天津道卷

清代高斌等奉敕編，現藏於北京大學圖書館。

靈；唯獨容妃棺木上是古蘭經，這是死者生前的信仰及民族所屬的證物。

（二）墓中所出的花白髮辮，證明了死者年齡。花白髮辮與檔案所載容妃年齡55歲相吻合。

（三）墓中所出的頭骨，顯示出維吾爾族女性特徵，其骨縫密合程度及牙齒磨損狀況，也證實了容妃的卒年是55歲左右。

（四）墓中所出的織物上織有「江南織造臣成善」、「蘇州織造臣四德」等字樣，據文獻記載，江寧織造臣成善正是乾隆五十多年任職的織造官，蘇州織造臣四德在乾隆四十五年至四十七年時任杭州織造，四十九年始調任蘇州任職。清宮檔案《繡杏黃緞淨八團金龍袍一件料工銀兩清冊》中載有容妃生前曾在蘇州選用了一批織物，正是四德任職時所織造。這些織物及織物上織有的織造官姓名，旁證了容妃生活的年代。

大量史實和物證表明，容妃就是傳說中附會的香妃，是乾隆帝41位后妃中唯一的一位維吾爾族女子；既不是叛亂頭目霍集占的妃子，也沒被皇太后賜死。最奇怪的一點是從所有出土的文物中，以及有關她身世的記載裡，都未曾找到她身上曾帶有香味，以及有關「香妃」之說的痕跡。一個傳說中如此神秘的女子竟是一個平凡的宮妃，真讓人不可接受！但細細想來，我們仍

227

有許多問題要進一步思考：

1. 香妃或說容妃究竟叫什麼？是伊帕爾汗還是買木熱・艾孜本？

2. 其父究竟是誰？

有人說，容妃是維吾爾族上層人士艾力和卓之女。其叔額色尹與兄圖爾都曾說明清軍平定大、小和卓叛亂。有的書上稱「喀什香妃墓」——這裡本是香妃家族維吾爾宗教首領巴・霍加（香妃的祖父）等五代人的墓地。有人據此稱她是維族宗教領袖霍加的女兒。也有學者稱：「史料表明，和卓氏生於雍正十二年，為新疆伊斯蘭教的始祖派噶木巴爾的後裔，世居葉爾羌，屬和卓旗，故稱和卓氏。和卓是族稱而不是名稱。我們從轉了好幾道手的材料中，無法得到其名、其父母的明確的答案。還有一點應該注意到，有資料說新疆反清首領的名字名叫霍集占。霍加、霍集占之間不知有什麼聯繫？叛亂是容妃家族內的人發動的？

後世的人探究一個獨屬於容妃自己的名字，弄清她的血脈淵源，也是為了探究這樣一種可能性：會不會容妃之外另有一個回族婦女與乾隆有過瓜葛？譬如說被鎮壓下去的反清宗教首領的妻子，雖被獻入宮，卻終未成帝妃，卻實實在在是回族王妃？有沒有可能喀什香妃與容妃無涉，裡面所葬的雖不是異體生香的香妃，卻實實在在是有香妃名號的香妃？而後人則把這個香妃與容妃混成了一人？正是許許多多像香妃這樣沒有對中國歷史產生重大影響的女人，更加讓歷史猶如一座迷宮，充滿了幻覺和玄奧。

道光帝孝全皇后死亡之謎

婆媳不和埋下禍根

嘉慶二十五年（1820）八月，嘉慶皇帝在熱河避暑山莊駕崩。智慶王旻寧於太和殿即皇帝位，改元道光，史稱清宣宗，冊立嫡福晉佟佳氏爲皇后。佟佳氏是三等承恩公舒明阿的女兒。旻寧爲皇子時，她入侍王府。旻寧的元配福晉鈕祜祿氏是戶部尚書一等子爵布顏達□的女兒，嘉慶元年旻寧15歲時被冊爲嫡福晉，但嘉慶十三年即病死，佟佳氏被扶爲正室，故得以立爲皇后。然而佟佳氏也不很長壽。於道光十三年四月崩逝。六宮無主，道光晉封全貴妃鈕祜祿氏爲皇貴妃，統攝六宮事。第二年又冊封她爲皇后。這位皇后是皇太后的侄女兒，親上加親，可見道光對太后的孝心。但誰也料不到這姑侄間竟會矛盾重重。皇后的父親頤齡是宮中的二等侍衛，封一等男爵。她幼年時曾隨父親上任去蘇州，學成江南女子的纖巧秀慧，還發明了一種七巧拼板，作爲閨中的娛樂玩具。道光帝聽說頤齡的女兒才貌雙全，名聞遐邇，親自下詔求選。進宮後侍奉君王，曲意承歡，大得寵幸。先爲貴人，進而嬪，再進而妃，貴妃，皇貴妃，還因才、智、貌樣樣都舉世無雙，特賜予「全」字的封號。

道光十一年（1831）六月，她爲皇帝產下一子即後來的咸豐帝。由此，更得寵幸。

冊全妃爲后時，道光帝顯得比第一次冊后時更爲欣喜。帝后過了兩三年伉儷情深的安穩時光。轉眼是皇太后60歲誕辰。道光帝爲討太后歡心，親自製作皇太后六旬壽頌十章，在太后的壽康宮頌讀賀壽。而皇后爲了討得兩宮歡心，也來湊熱鬧。虧得她詩詞文章無一不精，當下一揮而就，寫成「恭和御詩十章」，獻給太后。過了幾天，道光帝去向太后請安時，隨便聊起皇后賦詩祝賀一事。太后說：「皇后敏慧過人，未免可惜。」道光帝覺得她講得

奇怪。太后又道：「婦女以德爲重，德厚方能載福，若依仗著一點才藝賣弄自己，恐不是有福之人。」道光帝聽了也沒放在心上。誰知宮有好事之徒，長舌婦人，把皇太后的這種隨意閒聊講給皇后聽。皇后有些不高興，隨口說道：「我乃一國之母，生下皇子，又是皇長子，將來免不了身登大位，我便是皇太后的命，難道能說我沒有福分麼？」這樣，她便覺得太后有意損她，不很高興。才色俱佳的皇后，因道光帝的寵愛，更生驕嬌之氣，皇太后小看她，她不免心存芥蒂，面上也就流露出來。有時去壽康宮請安，言語中頗含譏諷。皇太后一貫養尊處優，又是皇后姑母，怎麼忍受得了？婆媳兩人竟然越來越生分了，再加上宮嬪們從中搬弄是非，關係更加不和。只是苦了道光帝，一面是母親，一面是愛妻，兩頭周旋不過來。

謎團迭生的皇后之死

道光十九年（1839）冬，皇后鈕祜祿氏偶然受了些風寒，躺在床上。皇太后親自駕臨坤寧宮探視，態度十分慈祥，使道光帝頗覺欣慰。轉眼已經過了元旦，皇后的病已有好轉，她便去壽康宮向太后叩頭謝恩。過了兩天，太后特派一名太監，親賜皇后一瓶美酒，說是飲食後能祛風寒，舒筋活血。皇后謝恩之後把盞酌飲，尤覺甘美異常。誰知當夜躺在床上竟忽然仙逝了。七日，道光皇帝傳旨，追諡皇后爲孝全皇后。道光帝悲痛之餘，覺得皇后死得可疑，但有人認爲道光因清代家法森嚴，不敢懷疑皇太后，只好隱忍下去。皇太后也顯得很悲傷，三次親臨奠祭，顯得不同尋常。這年冬天，道光帝封靜貴妃博爾濟吉特氏爲皇貴妃，命她撫養年方10歲的皇子。道光帝時常悼念死去的妻子，從此不再冊立皇后。其實這件事非常蹊蹺，道光爲什麼會如此愛戴甚或寬容皇太后呢？

孝全皇后的暴崩，沒有一個明確的說法，道光皇帝也未深入調查。這給後人留下了一個千古疑謎。以下是《清宮詞》中有關於皇后之死的詞作：

如意多因少小憐，

蟻杯鳩毒兆當筵。

温成貴寵傷盤水，

天語親褒有孝全。

歷史上關於孝全皇后之死，還有一個傳說。

在道光十一年、十二年，道光皇帝連得3子，即皇后所生的四阿哥奕詝、祥妃所生的五阿哥奕誴、靜妃所生的六阿哥奕訢。這3位阿哥，道光皇帝尤其不喜歡五阿哥。因此，他被

《道光帝立儲密旨》及建儲匣
現藏於中國第一歷史檔案館

立爲皇儲的可能性極小。後來，道光皇帝把他出嗣爲惇親王綿愷之子。他所喜愛的是四阿哥和六阿哥。

隨著歲月的流逝，道光皇帝的年齡慢慢大了，立儲已成爲朝野關注的問題，而道光皇帝也開始考慮這個問題。道光只能從四阿哥和六阿哥中選擇一個。他仔細地觀察兩位阿哥。四阿哥年齡較長，又是皇后所出，他本人又聰明好學，性格溫厚敦莊，很有人君之度。這是四阿哥的優勢。六阿哥奕訢十分聰睿，無論是讀書，還是騎馬射箭，都勝過四阿哥奕詝；相貌也特別像道光皇帝。顯然道光皇帝對六阿哥的鍾愛超過了四阿哥。

孝全皇后長時間和道光皇帝生活在一起，深悉道光皇帝的心理。作爲母親，她多麼希望自己的兒子能成爲皇儲，在將來入繼大統登基稱帝啊！要實現這一目標，唯一的障礙便是六阿哥的存在。因此，孝全皇后決定鋌而走險，除掉六阿哥。這四阿哥與六阿哥，每天一同上學念書，下學又一同歸宮玩耍，兩人感情十分友愛，可以說勝過一奶同胞。平日裡，六阿哥常到鐘粹

231

宮來找四阿哥玩耍，孝全皇后待他很好，六阿哥也常留在鐘粹宮裡吃飯，因此，皇后對六阿哥的生活習好十分了解。

年關過後的正月初十，四阿哥與六阿哥在鐘粹宮中一直玩到很晚，皇后便派宮女報知靜貴妃，要留六阿哥在鐘粹宮晚膳。用飯之前，孝全皇后把四阿哥拉到一邊，對他說：「一會吃飯的時候，不要吃那條魚。」四阿哥好奇，問為什麼，孝全皇后瞪了瞪他，不讓他問。晚膳送上來以後，十分豐盛，菜中有一道紅燒魚，這是六阿哥最愛吃的。他見菜上完，可以吃飯後，便急急地拿起筷子，去夾那魚吃。四阿哥聽母親說不讓自己吃魚，擔心魚有問題，他見六阿哥夾魚，便用腳踢他。六阿哥剛把魚夾起，被四阿哥一踢，身子一斜，魚塊便掉在地上，恰好有只貓躺在桌下，準備撿漏，見有魚塊掉下，便一口吞食。六阿哥正準備吃菜，不防被下面踢中，菜掉了，他本能地低頭探看，見貓把魚塊吃掉了，正要發笑，不料那貓忽然竄起，在屋裡跑了一圈，便倒地死掉了。

六阿哥見狀，嚇得臉色煞白，急忙回去告訴母親靜貴妃。靜貴妃立即把此事報告給道光皇帝和孝和皇太后。二人聞訊，震驚非常，立即命人追查投毒之人，負責為兩位阿哥準備膳食的廚師招出是皇后主使。孝和皇太后大怒，遂命道光皇帝賜死了孝全皇后。

過於善良的女人慈安太后之謎

垂簾聽政的東太后

咸豐十二（1862）年，咸豐帝崩於避暑山莊，享年31歲。載淳在靈柩前即了皇位，擬定新年號為「祺祥」。尊25歲的咸豐皇后鈕祜祿氏為慈安皇太后，及生母葉赫那拉氏為慈禧皇太后。後人分別稱她們為東太后、西太后。咸豐皇帝當皇子時娶的嫡福晉薩克達氏，是太常寺少卿富泰的女兒，但成婚後兩年即病死。文宗即位，追諡她為孝德皇后。又冊封鈕祜祿氏為皇后。這位皇后就是後來同慈禧一起垂簾聽政的東太后，慈安太后。

慈安是廣西右江道道臺穆陽阿的女兒，滿洲鑲黃旗人，生於道光十七年七月十二日（1837年8月12日），文宗當皇子時便侍候左右。咸豐二年（1852）二月，以秀女入選，封貞嬪。五月，晉封貞貴妃。六月，為皇后。因為晉封的時間相距很近，她封嬪與晉封貴妃的典禮均未舉行。她心地善良、單純，咸豐帝對她很敬重，但不甚愛幸。

新皇繼位，政權盡歸肅順等八大臣。但由於咸豐並不是把權力全部授予他們，由於他們只受權「贊襄」，所以不能合法地啟用通常代替「朱批」的御璽。他們不得不求助於兩位皇太后的固有的權力，因為母后的地位能夠合法地代表幼主使用御璽。在咸豐未亡時，那拉氏時常干預政事且計謀頗多，咸豐怕她將來母以子貴，生性懦弱的鈕祜祿氏不是對手。肅順也極力勸咸豐效仿漢武帝殺鉤弋夫人的故事處決那拉氏，以免婦人擅政。但咸豐遲遲不忍下手，另外他也擔心肅順大權獨攬，留著那拉氏也是個制約。為了性情溫和心地善良的皇后鈕祜祿氏考慮，他寫下一道密詔。誰知人算不如天算，正是這道密詔最終要了東太后的命。

西太后慈禧本是權力欲極強的人，而留在北京的恭親王精明能幹，是咸豐的胞弟。按清朝祖制，應由他輔政，且有洋人的支持，對這一安排，他內

慈延竹清

大清后妃傳奇

清宮廷畫家所繪的《慈安太后便服像》
現藏於故宮博物院

心頗為不平。雖然肅順嚴加防範，使出種種手段讓西太后與奕訢不能見面，但西太后用苦肉計，使身邊的太監安德海回到北京與奕訢密謀了一番……最終在回京的途中，逮捕了顧命八大臣。朝廷政權從此便落在恭親王與兩宮太后的手裡，兩太后也開始了「垂簾聽政」。但慈安性情溫和，心地善良，雖位在慈禧之上，卻從不驕縱。

　垂簾聽政的地點，兩太后有意選定養心殿正殿的東暖閣，不使用過去清代七帝處理日常政務的正殿。兩太后的住處，由於小皇帝同治住在養心殿的後殿，而清宮過去有一條規定：在位皇帝不得與先朝后、妃同居一宮，因此兩太后有意住在距養心殿不算太遠的西六宮的長春宮，慈安太后住長春宮履綏殿，慈禧太后住長春宮平

安室。小皇帝同治也循先帝舊例，每日親自到長春宮向兩太后問好和請安。

兩太后聽政的時候，東暖閣裡前後擺設兩個寶座，都朝西，座掛黃色紗簾。小皇帝坐在簾前寶座上，兩太后並肩坐在紗簾後的寶座上，慈安太后坐在寶座南端，慈禧太后坐在寶座北端。應召前來的大臣跪在小皇帝前邊的地氈上，膝下墊著墊子。大臣奏報時問話、發指示的主要是後

光緒之寶743 g×003
檀香木質，柱鈕方形璽，現藏於故宮博物院。

邊坐的西太后，小皇帝只是呆坐在前，一言不發，充當傀儡皇帝。

同治十三年（1874）正月二十六日，同治帝19歲親政前，兩太后最後一次垂簾聽政，在養心殿召見親王、郡王、御前大臣、軍機大臣、大學士、總管內務府大臣、六部尚書等宣佈：兩人撤簾歸政，諭令諸王、大臣以後要盡心輔佐皇帝，「力戒因循」。可是，當年十二月，同治帝就在出天花時病死了。同治沒有兒子。死後，兩太后在養心殿正殿東暖閣召見醇親王奕譞、恭親王奕訢等親王及郡王、貝勒、公、御前大臣、軍機大臣、總管內務府大臣、弘德殿行走、南書房行走等人員時，當眾宣佈立醇親王奕譞之子載湉入承大統，年號光緒。

載湉是道光皇帝的孫子，他母親是慈禧太后的妹妹、醇親王奕譞的福晉。載湉成為皇帝當天，宮內即派出御前大臣到太平湖醇親王奕譞府邸迎接皇帝入宮。

載湉身穿大蟒袍補褂進宮時，乘坐的暖輿經大清門、天安門、午門，到達乾清門廣場下輿，進內右門，然後進養心殿謁見慈安、慈禧太后。即位大典舉行以後，載湉就住進了養心殿，開始為同治帝守孝27天。

光緒帝即位後，慈安太后搬到了東六宮鐘粹宮，從此被稱為東太后；慈禧太后仍然住在西六宮的長春宮，從此被稱為西太后。

兩宮皇太后慈安和慈禧在光緒帝即位後，繼續在養心殿東暖閣垂簾聽

235

政，仍然是小皇帝坐在前面，仍然是坐在簾後的西太后操縱一切，西太后開始成了光緒朝的實際統治者。

　　光緒六年（1880）二月初，西太后生病，兩太后共同垂簾聽政的形式才第一次有了改變，改為小皇帝在前，後邊只有東太后一個人聽政。這也是兩太后垂簾聽政以來，18年間的第一次。兩個多月後，西太后病癒，又恢復了兩人共同聽政。過了一年，光緒七年（1881）三月，東太后突然去世，以後就只有西太后一個人垂簾聽政了。

　　垂簾聽政使那拉氏始終設法保持了對詔書和欽命的最後決定權。她們不但掌控御璽，而且還在幼帝面前召集所有文武大員聽政，也就是行使了攝政權。當接受省職的官員按常規上朝見駕時，兩太后與幼帝一起坐朝，她們坐在幼帝寶座之後的八扇黃色薄紗屏風後面。慈安太后為人隨和，沒有野心，又不善於辭令，凡有王公大臣奏對事項，總是由慈禧問話。漸漸慈禧的鋒芒超過了與之共同攝政的慈安太后，名為兩宮垂簾聽政，其實都由慈禧一人作主。正因為慈安一副與世無爭的心腸，所以開始這一段時間東西兩宮相處還很融洽。

慈禧遷怒慈安的緣由

　　清代帝后喜歡園居，從康熙中葉開始，在北京西北郊先後興建了暢春園、圓明園、萬壽山清漪園、玉泉山靜明園、香山靜宜園，人們稱之為「三山五園」。咸豐十年（1860），英、法聯軍攻陷北京，將三山五園焚毀。鄰近紫禁城的西苑（亦稱三海，即北海、中海、南海），也因年久失修，不免殘破。每當慈安、慈禧和同治、奕訢等到西苑遊玩時，慈禧往往以言試探說：「此處該修了。」奕訢嚴色厲聲而言：「嗬！」絕無二話。慈安則說：「空乏無錢奈何？」此事也不得不作罷。慈禧聽後則面露慍色。

　　吳棠在慈禧幼年時曾有雪中送炭之誼，如今得以累次超擢，不幾年竟當上四川總督。圓明園內的四春娘娘，因為咸豐在時排擠慈禧，後來竟不知下

236

落，有傳說被慈禧處死，總之沒有好下場。慈禧生平愛看戲，太監安德海替太后造了一座戲園，招集梨園子弟，日夕演戲。因此安太監愈得太后歡心。安太監於兩宮垂簾時，曾有參贊秘謀的功績，至此權力越大，除兩宮太后外，沒一個敢違忤他。就是同治皇帝，也要讓他三分。宮中稱他小安子，都奉他如太后一般。慈禧有時高興，連咸豐帝遺下的龍衣，也賞與小安子。

安德海得志猖狂，把慈安、皇帝與恭親王都不放在眼裡。一天，恭親王為江南的軍務進宮去見慈禧，走到西宮門口，只見安德海在前面走。安德海明明瞧見恭親王，也不上前去招呼，竟大模大樣地走在前面。恭親王心中不覺大怒，但他在宮門外卻被太監們擋住了，說太后有事。恭親王沒奈何，只得忍著氣在宮門外候著。誰知安德海原是故意不叫太監們通報，有意捉弄他。直候到天色快晚，還不見傳見，從此恭親王恨不得殺安德海而後快。

機會終於來了。同治八年（1869），安德海悄悄地出京，替慈禧太后織辦龍衣。照清宮的成法，太監不許出京城一步，如查出便立刻就地正法。如今安德海恃寵出京，非但不知小心，反而沿途招搖，借著慈禧太后的威勢，自稱欽差大臣，乘船只順運河南下，龍旗招展，宛如天子出巡一般。還沿途搜刮民財，激起民憤，一路上騷擾地方，逼勒官府。他坐著大號太平船兩隻，船上插著無數日形三足鳥旗、龍鳳旗幟，攜帶許多美貌的童男童女，又沿途傳喚歌妓到船上玩樂。上百縴夫在河岸拉船，兩岸觀看的人站得密密層層，好似打著兩重城牆。七月二十一日，是安太監的生日，這一日船到了德州地界。

山東巡撫丁寶禎聽到這個消息，下公文給東昌、濟寧各府縣跟蹤追拿，一面寫了一本密奏，八百里文書送進京去。那天，恭親王正在軍機處，接到奏章，起了殺安德海的心意。他稟報慈安太后及皇帝，恭親王進宮去的時候，已把殺安德海的諭旨擬就，連丁寶禎的奏摺，一齊上呈慈安太后觀看。慈安太后看了大駭道：「這奴才如此妄為，還當了得！國法家法要緊，一切由王爺處置。」說畢立刻在諭旨上用了印，恭親王拿著就走。同治恰也恨安德海入骨，於是下旨立斬。丁寶禎便將安德海就地正法了。

這件事情，慈禧開始竟未曾得知，直至案情已了，方傳到慈禧耳中。慈禧不禁花容變色，幾乎要墜下淚來，大怒道：「東太后瞞得我好，我向來道她辦事和平，不料她亦如此狠心，我與她決不罷休。」於是慈禧因安德海之死而遷怒慈安，對東太后有了隔閡。

關於先帝遺詔的傳說

年輕的同治得病不治而亡，立醇親王奕譞的兒子載湉即位，是為光緒。光緒帝幼時，也喜歡與慈安親近，慈禧對此心中漸生不悅。到光緒六年（1880），往東陵致祭，慈安太后因為咸豐帝在日，慈禧尚為妃嬪，不應與自己並列，因此讓慈禧退後一點。慈禧不允，幾乎爭吵起來，想在皇陵旁爭論，很不雅觀，且要招褻瀆不敬的譏議，不得已忍氣吞聲，權為退後。回到宮中越想越氣，暗想前次殺小安子，都是恭親王慫恿，東后贊同，這番恐又是他煽動，擒賊先擒王，除了東后，還怕什麼奕訢？但慈安有咸豐的遺詔，不好下手。

先前咸豐帝在熱河臨危時，曾密書朱諭一紙，授於慈安，略說：「那拉氏若恃子為帝，驕縱不法，卿即可按祖宗家法治之。」慈安展開遺詔，裡面寫著：「咨孝貞太后：懿貴妃援母以子貴之義，不得不尊為太后；然其人絕非可倚信者，即不有事，汝亦當專決。彼果安分無過，當始終曲予恩禮；若其失行彰著，汝可召集廷臣，將朕此旨宣示，立即誅死，以杜後患。欽此。」後來因慈禧在宮中太過囂張，慈安曾取密詔給慈禧，令她警誡一二。而慈禧自然恐懼，從此刻意承歡慈安，幾於無微不至。這樣幾年過後，就把慈安迷惑過去，慈安以為她沒什麼野心。

東陵祭後，慈禧處心積慮想消滅這道隨時能要她的命的遺旨，卻苦於沒法可施。這一天慈安太后稍有感冒，太醫進方沒有效，就不再服藥，誰知過了數日，竟然不藥而癒。慈安後來對慈禧說，服藥一點用處也沒有。慈禧微笑不語，慈安不覺暗異。忽見慈禧左臂纏著布帛，便問她是什麼緣故？慈

禧道：「前日見太后不適，進參汁時，曾割了臂上的一片肉與藥同煎，聊盡心耳。」慈安聽了這句話，大為感動，她流淚對慈禧說：「我不料你竟是如此好人，先皇帝為何懷疑你呢！」竟取出咸豐的遺詔，對著慈禧的面用火焚毀。其實這正中了慈禧的陰謀（此事雖尚無正史材料證明，但流傳甚廣，當可備一說）。此後慈禧日漸放肆，語多不遜，事事專權，不與慈安協商。慈安開始後悔，然而已經來不及了。

離奇死亡的難解之謎

　　光緒帝繼位以後，仍然是兩宮垂簾體制。慈安見大臣，「吶吶如無語者，每有奏牘，必西宮誦而講之，或竟月不決一事……邇年以來，太后益謙讓未遑，事無巨細，必待西宮裁決，或委樞府主持。」但是，慈安愈是謙讓，卻愈是能得人心。慈禧對兩宮同時垂簾的狀況總是感到不是滋味，尤其是慈安寬厚忍讓，深得軍機大臣的歡心，甚至連自己的親生子同治帝在立后這樣重大的事情上也是傾向於慈安，所有這些現象都使慈禧感到慈安的存在就是對自己權力的威脅。慈禧的這種顧慮是由來已久的。1881年4月8日，年僅45歲、比慈禧還小兩歲的慈安太后突然暴斃宮中，清廷的垂簾聽政由兩宮並列一下子變成了慈禧一人獨裁。對慈安太后突然死亡，在當時與以後都有種種懷疑與猜測，成為二百多年清宮史上的又一莊疑案，歸納起來，主要有下列幾種說法：

　　第一種說法是清朝官方的「正常病死說」。在朱壽朋的《光緒朝東華錄》在載有慈安的遺詔，說她在「（1881年農曆三月）初九日偶染微痾，初十日病勢陡重，延至戌時，神思漸散，遂至彌留」。但是這種「因病致死」是那樣的快速而又突然，連當時的當事者也大為懷疑。據《清稗類鈔》載，在慈安初感身體不適時，御醫為她診脈，認為「微疾不須服藥」，沒想到當晚就聽說「東后上賓，已傳吉祥板（棺木）」，大為詫異，還以為是外間論傳。後來噩耗證實，御醫大戚曰：「天地間竟有此事，吾尚可在此？」可

見，他是不信慈安是因病致死的。另一位見證人左宗棠，當時任軍機大臣，突然聽說慈安得病身亡，頓足大聲說：「昨早對時，上邊（指慈安）清朗周密，何嘗似有病者？即去暴疾，亦何至若是之速耶？」

第二種說示是因慈禧與慈安交惡，慈安被迫自殺說。據《清稗類鈔》另一種記載，慈安與慈禧共同垂簾聽政，慈禧權欲極重，慈安卻倦怠少聞處事，並不與之爭權，因此倒也相安無事。但到了1881年初，慈禧患血崩劇疾，不能視事，慈安有一段時間獨視朝政，致使慈禧大為不悅，「誣以賄賣囑託，干預朝政，語頗激」，以致慈安氣憤異常，又木訥不能與之辯，惱恨之下，「吞鼻煙壺自盡。」

第三種說法是慈禧進藥毒死說。此一說史料最多，如下：

《慈禧外紀》載：當年咸豐臨終時，曾秘密留下了一個遺詔給慈安，要她監督慈禧，若慈禧「安分守己則已，否則汝可出此詔，命廷臣傳遺命除之。」但老實的慈安將此事告訴了慈禧。陰險毒辣的慈禧聽了，表面對慈安感激不已，實際上已起殺機，逐借向慈安進獻餌之機，暗下毒藥，加以謀殺。

惲毓鼎的《崇陵傳信錄》中也說：垂簾聽政的兩太后一天閒談起咸豐末年舊事，慈安對慈禧說：「我有一件事，一直想跟你說。請你看一件東西。」慈安從小箱子裡取出一張咸豐留下的遺詔給慈禧看。內容是他對慈禧其人很不放心，如慈安果然發覺慈禧有什麼不安分守法的事，可以在眾大臣面前宣讀此詔，除掉慈禧。慈安笑道：「我們兩姐妹相處久了，處得很好，何必留下它呢？」當場把遺詔燒了。慈禧臉都紅了，謝過慈安，快快而去。光緒七年（1881）三月十一日，慈安在庭院中看金魚休閒，慈禧那邊來了一位太監，送來一盒點心說：「這種點心，西佛爺覺得好吃，不肯獨用，送一點給東佛爺嘗嘗。」慈安高高興興地當場嘗了一塊。於是，當天慈安忽然得病，很快就死了。

《聞塵偶記》卻認為慈禧是因與人私通懷孕，事為慈安察覺，準備廢掉慈禧太后稱號，慈禧聞之，先下手為強，設計毒死了慈安。

葛帔道人的《雲海樓隨筆》中說，光緒當皇帝後，雖說是東西兩太后同訓朝政，實際上慈安不大管事，在宮中吃齋念經，一切都是慈禧說了算。於是，慈禧得以爲所欲爲。當時有名伶楊月樓，被召進宮演戲。慈禧看上了他，經常召他進宮，甚至留他在宮中過夜。一天，慈安有事找慈禧，慈禧不在，只見楊月樓睡在慈禧床上。慈安大驚而退。慈禧知道後，大懼，馬上讓楊月樓吃下一碗杏酪後出宮，楊回家後就死了。慈安並不打算追究此事，但慈禧一直忐忑不安。一次，朝廷討論表彰某大臣家人節烈的時候，慈安借這個機會好言好語地規勸慈禧。慈禧不安，心裡更不是滋味。過了幾天，慈禧讓宮婢給慈安送去點心，慈安吃過後便暴殂，連太醫都來不及叫。作者說，這是當年在宮裡一位宮監告訴他的。王無生《述庵秘錄》所記與此說相同，但有小異，同慈禧來往的名伶姓金。慈安發現他們二人睡在一起，痛責之，於是引起慈禧的殺機。此外還說，當時慈禧正產後血崩得重病，靠四枝吉林人參救活。

醇親王奕譞舊照

奕譞（1840—1891），道光帝第七子，光緒帝生父。

宮廷內幕，千古之謎。上述後幾種說法都出自傳聞與野史筆記，究竟眞相如何，雖有待進一步的考證與分析研究，但這也正反映了民間甚至宮廷內對慈安暴死與慈禧有關的總的取向。

光緒七年（1881）三月，逝於宮中。慈安已崩，喪儀極爲簡單，葬於普祥峪，稱定東陵。27日後一律除孝，慈禧竟不穿孝服。國母之喪如此簡陋，亙古未有。對於東太后的死，《清史稿》記載只有一句：「六年，太后不豫，上命諸督撫薦醫治疾。八年，疾瘉。孝貞皇后既崩，太后獨當國。」古人做史往往筆削春秋，微言大義，「太后獨當國」這幾個字或許暗含有不可言說的意味。

慈禧太后的身世之謎

　　清道光十五年十月初十（1835年11月29日），是清朝入關後第七位皇帝咸豐的貴妃、第八位皇帝同治的生母、慈禧太后的誕辰日。在她剛出生的日子裡，和普通人家生了個女兒一樣，除了她的父母多一份欣喜之外，並沒有引起其他過多人的關注。關於她的出生，歷史幾乎沒有留下任何正式的記錄，因爲誰也難以料到，幾十年後，這個普通人家的女子，會成爲秉掌大清國朝政四十餘年的聖母皇太后、人人都要向之頂禮膜拜的「老佛爺」！

　　歷史對她出生留下的這段空白，給後世想了解她的人帶來了許多遺憾和困惑。自清末迄今，圍繞她的家世和生平，有種種傳說，對她的出生地問題，更是眾說紛紜，莫衷一是。屈指數來，竟有6種說法：甘肅蘭州說、安徽蕪湖說、山西綏遠說（即內蒙說）、浙江乍浦說、山西長治說，還有北京說。人們都試圖從這位赫赫有名的聖母皇太后降臨人間的第一個驛站起，追根溯源，探詢她的思想、性格形成的脈絡和源泉，探詢她成長、成名的偶然和必然，以解開發生在她身上，又給一個民族帶來過深刻影響的許多歷史之謎。

　　第一，根據慈禧的父親惠徵曾任過甘肅布政使衙門的筆帖式，認爲慈禧出生在甘肅蘭州說。傳說慈禧出生在當年他父親住過的蘭州八旗馬坊門。可專家查閱文獻、檔案，發現惠徵雖然做過筆帖式，但其地點是在北京的吏部衙門，而不是在蘭州的布政使衙門。

　　第二，根據慈禧的父親惠徵曾做過安徽徽寧池太廣道的道員，道員衙署在蕪湖，因此說她出生在蕪湖。慈禧既然生長在南方，便善於演唱江南小曲，由此得到咸豐帝的寵幸。一些小說、影視多是這麼說的。我們當然不能以慈禧擅唱南方小曲，孤立地作爲她出生在南方的證據。就像北方人會唱黃梅戲，不能以此證明出生在安徽一樣。根據歷史記載：惠徵當徽寧池太廣道的道員是在咸豐二年（1852）二月，正式上任是在同年七月。而慈禧已經在

咸豐元年（1851）入宮，被封爲蘭貴人；檔案中還保存有蘭貴人受到賞賜的賞單。可見慈禧不會是生於安徽蕪湖。

第三，在北方塞外的內蒙古呼和浩特市有一種傳說：慈禧的父親惠徵，當年曾任山西歸綏道道員，歸綏道駐地在歸化城，即今呼和浩特市，呼市新城有條落鳳街，慈禧就出生在這裡。她小時候有個乳母，是當地回民，人稱逯三娘，年幼的慈禧，還常到歸化城邊玩耍。這一美麗動人的傳說，繪聲繪色，至今猶存。

但道光二十九年（1849），惠徵任山西歸綏道道員時，慈禧已經15歲，所以說慈禧不可能出生於歸化城。不過，慈禧可能隨父惠徵在歸化城住過。

第四，根據慈禧的父親惠徵曾在浙江乍浦做官，認爲慈禧出生在浙江乍浦說。這種說法說慈禧的父親惠徵，在清道光十五年至十八年（1835～1838）間，曾在浙江乍浦做過正六品的武官驍騎校，而慈禧正是在這段時間出生的，所以她的出生地在浙江乍浦。這篇文章又說：在現今乍浦的老人當中，仍然流傳著關於慈禧幼年的傳說。當時的規定，京官每3年進行一次考核。學者查閱清朝考核官員的檔案記載：這時的惠徵被考核爲吏部二等筆帖式，3年後又被「懿妃（慈禧）遇喜大阿哥」檔案作爲吏部筆帖式進行考試，可見這時惠徵在北京做吏部筆帖式，爲八品文官。所以，這種說法值得懷疑：其一，惠徵不能同時既在北京做官又在浙江做官；其二，官職也不對，在京師是文官，在浙江是武官；其三，品級也不合。

第五，慈禧出生在今山西長治說。這是近年來的一種新說法。此說認爲慈禧不是滿洲人，生父也不是惠徵。今山西長治當地傳說：慈禧原是山西省潞安府（今長治市）長治縣西坡村王增昌的女兒，名叫王小慊，4歲時因家道貧寒，被賣給上秦村宋四元家，改姓宋，名齡娥。到了11歲，宋家遭到不幸，她又被轉賣給潞安府（今長治市）知府惠徵做丫頭。一次，惠徵夫人富察氏發現齡娥兩腳各長一個瘊子，認爲她有福相，就收她做乾女兒，改姓葉赫那拉氏，取名玉蘭。後來玉蘭被選入宮，成了蘭貴妃。可經專家考證，在這段時間，歷任潞安府的知府共有7個人，但是沒有惠徵。既然惠徵沒有在山

西潞安府做過官，那麼慈禧怎會在潞安被賣到惠徵家呢？

　　第六，最後一說，是「北京說」，這是傳統的官方的說法。在《清代宮廷史》中這樣寫道：慈禧太后葉赫那拉氏，道光十五年（1835）十月初十生在一個滿洲官僚世族之家，屬滿洲鑲藍旗。在《清帝列傳》附傳《慈禧太后傳》中的記載是：慈禧，姓葉赫那拉，小名蘭兒，生於道光十五年十月初十。父親惠徵，由道光十一年的八品筆帖式，歷遷吏部文選司主事、吏部驗封司員外郎、山西歸綏道道員、安徽寧池太廣道道員，爲官17年，由八品至四品，成爲主管一方的行政要員。母親佟佳氏，一個普普通通的家庭婦女。慈禧兄妹共4人，兄弟二人是照祥、桂祥，妹妹在慈禧得寵後，受咸豐之命，奉旨和醇親王完婚，成了王爺的福晉。

　　慈禧的直系後裔葉赫那拉·根正也認爲：「其他說法中的女子，有可能那個地區出過某些宮女，不一定是慈禧，把這些事往她身上說。因爲畢竟慈禧在中華民族五千年歷史上赫赫有名，她的名聲太大，影響性太大。關於這個問題，在上個世紀90年代初社會上炒作慈禧出生地問題的時候，我問過我的伯父景莊，他說，這個有什麼可爭可辯的呀，慈禧就是咱們家的姑奶奶，家譜上寫著呢，慈禧是1835年11月出生在北京西四牌樓劈柴胡同（她家老宅），她是卯時生人，出生以後，家裡請了幾個保姆，請了幾個嬤嬤，請了幾個管家都是詳細記載的。」

　　總之，不管慈禧生長在哪裡，她都是出身於官宦家庭。而從小就聰慧、伶俐，特別是具有普通孩子難得的謀略和遠見！

　　據慈禧曾孫回憶：在慈禧14歲的那一年，她家裡出了一件大事！慈禧的曾祖父吉郎阿曾在道光時擔任清戶部員外郎，負責中央金庫。但就在他卸任十幾年後，在查帳時，查到了庫銀虧空幾十萬兩。道光接到奏報以後，非常氣憤，下旨不管是誰，不管什麼時期，凡是在銀庫的工作人員都要一查到底。但經過反覆調查，最後竟查不出個結果！在這樣的情況下，道光下令，也就從虧損的那一年一直到眼下，所有工作人員平攤這些虧空的銀兩，已經去世的，由他的兒子、孫子償還。

大清后妃傳奇

道光御覽之寶
為道光帝御用印章之一，蓋於古書、繪畫、詩文之上。

　　當時慈禧的曾祖已經去世，就把她的祖父給抓了起來。事情一出，家裡立時亂了。年少的蘭兒此時卻表現得非常鎮靜，她勸自己的父親惠徵，將家裡僅有的一點銀兩拿出來，交了出去，又讓父親帶著她去親戚和朋友家，借了一些銀兩。但她沒有讓父親將這些銀兩全部交上去，而是用這些錢去上

囚禁光緒帝的瀛台舊照

下通融。因爲慈禧的祖父景瑞曾任刑部員外郎，認識很多的政府官員，有許多老關係，她的父親也時任安徽的後補道臺，也有很多朋友關係。正是在年少的慈禧的指點下，惠徵打通了上下關係，很快將她的祖父營救了出來。她也因此受到了當時她所接觸的那些滿族貴族特別是她的父母的偏愛。由此可見，她具有一般女子所沒有的遠見、膽識、機智、謀略和手腕。

女子才德的是與非

清朝的無冕女皇——孝莊文皇太后

在清王朝的近三百年的歷史當中,大家可能都關注歷任皇帝的政績。然而大家決不能忽略了這位女性,也就是歷史上有名的孝莊文皇太后、清朝歷史上一位真正的無冕女皇。能與唐周時期的則天昭儀平起坐的,也就是她了。

孝莊皇后是中國古代一位賢良卓識、才華出眾、功垂青史的傑出女政治家。她在民族矛盾及滿洲貴族內部鬥爭十分複雜的形勢下,先後擁立兩位小皇帝(6歲的兒子福臨、8歲的孫兒玄燁)登基繼位;協助三朝(皇太極、順治、康熙)皇帝統理朝綱,在奠定和發展大清江山的恢宏偉業中作出了重大貢獻。但是,她沒有任何政治頭銜,也不要政治名義。雖然朝臣一再奏請她「垂簾聽政」,但她只以一位妻子(妃)、母親(皇太后)、祖母(太皇太后)的自然身份,在幕後默默地奉獻心血、智慧和才能。不論她作出什麼樣的貢獻,都全部歸功於丈夫、兒子、孫子。

孝莊是一位非凡的蒙古族女性,她13歲進宮,62年間輔佐清太宗、清世祖、清聖祖三朝皇帝主政,為清初國家的統一和政權的鞏固作出了不可磨滅的貢獻。孫子康熙這樣評價他的祖母:「設無祖母太皇太后,斷不能敦有今日成立。」

命運使她少年時期便嫁給了清太宗皇太極。那時的皇太極已經是年越五旬的人了,並且子嗣眾多。莊太后沒有被命運所擊倒,毅然憑著她的聰明與美貌,技壓群芳,登上了皇后的寶座,並且力排眾議,讓皇太極封她的孤子福臨為太子。

在與明朝的作戰當中,莊太后能夠利用她的機智,使一些明朝降將拜倒她的石榴裙之下,為將來入關(山海關)的建設打下了堅實的基礎。皇太極駕崩之後,她又力排眾議,讓多爾袞做攝政王,力保6歲的福臨(順治)為帝。

順治繼位之後，莊太后主動放權讓多爾袞來總領全國的事務，並且收降了吳三桂，使清軍不動一兵一卒順利進入了山海關。在吳三桂的使用上也有張有弛，使他沒有了脾氣，乖乖地順著多爾袞的路子走，順服地爲清朝主子賣命。

順治長大之後，眼見多爾袞的勢力很大，敢怒不敢言。莊太后也覺得多爾袞的勢力威攝到了皇權，果斷地利用了滿漢眾臣將多爾袞除掉，爲順治的執政掃清了障礙。

順治親政之後，爲了讓順治能有一個良好的環境，不受兒女私情的困擾，莊太后在後宮親自把關將一些紅顏禍主的后妃一一除掉，然而這一招卻沒有能打動順治的心，反而使他心裡的疙瘩結得越來越大，最後走向了不歸路（順治是出家還是去世，這到現在還是個謎）。而這時的莊太后便力保順治的皇子8歲的玄燁（康熙）登上了皇帝的寶座。

康熙繼位之後，爲了使皇權的鞏固不得不屈服於鰲拜，並且親自給小康熙選擇了大內總侍衛魏東庭，和布衣太傅伍次友，保姆蘇嘛喇姑（她只比康熙大不到10歲），使康熙能有一個良好的成長環境，並且讓魏東庭挑選了一些年輕的侍衛和康熙一起訓練，最終把鰲拜一黨一舉殲滅。

莊太皇太后看到康熙長大之後，便放手讓康熙自己去執政，自己和平民家裡的老太太一樣，在慈寧宮安享晚年，並且勸說太后（順治的皇后）也退居坤寧宮（因康熙的皇后爲太子胤礽難產而死，康熙爲紀念皇后便長達50年沒有設皇后，所以坤寧宮由太后居住，莊皇太后去世以後移宮於慈寧宮，可見康熙是一個重情義的皇帝），也不管朝政。康熙對這兩位長輩以及皇太極、順治的所有的皇太妃以及蘇嘛喇姑、魏嬤嬤（魏東庭之母）、曹嬤嬤（曹雪芹的曾祖母）等眾奶娘都非常孝順，爲子孫留下了典範。

莊太后雖然沒有當上女皇，但是她比則天昭儀也毫不遜色。在某種程度上還比她高明，使清王朝有了一個良好的過渡時期。她也比後來的慈禧太后聰明，使權力有張有弛，在歷史上沒有留下罵名。

所以說她是一個不折不扣的無冕女皇。

揚州高寺

　　有人說孝莊是清代前期的政治家，還把孝莊與慈禧相提並論。孝莊雖然有從政的能力，也經常向順治、康熙面授機宜，出謀劃策，但她不像慈禧那樣過多出面參政。據記載，康熙年幼主政，安徽桐城一名叫周南的秀才，千里迢迢來京城，上書朝廷，敬請孝莊太皇太后「垂簾聽政」，但孝莊婉言拒絕。作為母親、祖母，孝莊投入更多的是對兩位皇帝品行的教育。如康熙有吸大煙的惡習，後來孝莊曉之於理，好言勸告，硬是讓當上皇帝的康熙把煙戒掉了。孝莊一生節儉，在宮中經常身體力行倡廉拒侈。有史料記載，清朝初期，由於戰事頻繁，國庫空虛，孝莊就把後宮節省出的錢財和自己的私房錢拿出來犒賞將士。每有自然災害，她在宮裡帶頭捐錢捐物給災區。順治、康熙父子對她十分孝敬，每及孝莊生日，必大擺筵宴，隆重慶賀。孝莊感到

250

大清后妃傳奇

如此奢侈必將造成不良影響，便堅決下令停辦宴席。莊妃的言傳身教，對順治、玄燁影響極大。

其實，孝莊沒有當過皇后，而是皇太后、太皇太后。之所以稱為孝莊文皇后，是她死後康熙皇帝給其諡號的簡稱。

孝莊和慈禧（以正統的愛新覺羅氏來看，並不把葉赫那拉氏看成是真正的滿洲族。）都是外族嫁入滿洲的女子，但其二人對清朝近三百年的統治卻起了截然相反的歷史作用。前者可以說是前清盛世的締造者；而後者則是晚清歷史的終結者。同是外族女子，對滿洲的歷史來說卻起了完全相反的作用，真是歷史的巧合呀！

杭州孤山行宮宮門

政治方面：

　　孝莊太后所處的清初年代，皇權還遠沒有達到清末那樣至高無上的高度，真正決定朝中大事的是「八旗議政會議」。所以孝莊的權力也就不可能有多大；慈禧則不同，她當時在政府中的權力是至高無上的，無人可以與她抗衡。所以說，慈禧應該有和武則天相仿的權力，孝莊和她不是相同量級的人物。孝莊當時更多地表現爲周旋在攝政王和諸位親貴大臣們之間，對朝政沒有過多的干預；慈禧有垂簾聽政的權力，直接干預朝政，指揮了包括廢除科舉、甲午戰爭、推行新政等重大國家決策，其權力是孝莊無法比擬的。但孝莊卻還是促使前清制度在太祖、太宗兩帝時期逐步完善的重要推手，爲後來的康乾盛世打下了一定的政治基礎。

教育後代：

　　皇太后的一個重要工作是爲皇家培養接班人，這項工作孝莊遠比慈禧做得出色。朱濤認爲，順治和康熙比光緒和宣統更有作爲，這是顯而易見的。慈禧是只知專權，不知教養，對教育下一代的工作根本不重視，她選擇皇家接班人的標準，只是考慮自己是否能夠繼續掌握大權，接班人只要聽話就行，水準無所謂。而孝莊則不是一個弄權的人，她還是爲了大清的基業愼重地進行這項工作，順治和康熙都是八九歲當皇帝，已經能夠略微看出一些未來的發展，而且孝莊多對他們進行了苦心教導。

説不盡的是是非非—慈禧太后

　　婦人干政是不符合中國封建正統觀念的。於是晚清的衰敗、中國的失敗，都被誇大到必須由西太后一人負責任不可了。而中國在近代面臨的千年未有之變局，面臨的亡國滅種的危機，必須由一兩個執政者負責，這種看法是偏離了實事求是的客觀標準的。從政治鬥爭的核心問題--權力鬥爭的角度而言，慈禧只是做了她的角色召喚的必然要做的一些事情而已。文化、政治以及民族的危機實非她一人之過。

　　慈禧的一生，按照今人的說法有以下惡事：

　　一是咸豐屍骨未寒就實施了剷除顧命八大臣的「辛酉政變」，開創了中國歷史上的「垂簾聽政」；

　　二是扶持6歲小兒即帝位後接連害死兩位「不聽話」的皇帝並獨攬皇權三度「垂簾聽政」，以亂朝綱；

　　三是簽訂了與法國的和約，與日本的《馬關條約》，與八國聯軍的《辛丑合約》等等喪權辱國的不平等條約；

　　四是自咸豐英年早夭後年方27歲的她就開始行嘗男女苟且之事，穢亂宮中清規戒律。

　　五是借助帝國主義勢力和地主武裝鎮壓了太平天國農民起義和其他一些少數民族起義，以血腥鎮壓為手段發動和策劃了使資產階級維新改良運動徹底破產的「戊戌政變」。

　　從歷史看待問題，慈禧對於整個中華民族而言，是做過一些為人所不齒的大過的。而這些失誤的產生，主要和當時的歷史背景、社會制度、文化理念、面臨的生存環境等有著密不可分、絲絲入扣的關係。

　　首先，中國封建制度蔓延的龐大根系，必然出現皇權集中及其相應的政治現象。

　　封建社會「家天下」的傳統觀念深入到上至皇帝王侯，下至平民百姓的

骨髓之中。這種觀念的形成使得權力的集中不僅僅展現在「慈禧時代」或那個時代最高領導層的領域之中，其延續的時間跨越至少4000年的歷史，並且根植政治的「金字塔」頂端至社會的最低層。「辛酉政變」等事件的發生，血腥的政治迫害，幾度的「垂簾聽政」，都是封建集權社會背景之下的產物。

可以這麼說，不論是在中國還是世界歷史上，任何一個封建制度之下政權的穩固，是「需要」冤枉一些站在敵對面和時刻想推翻己身政權群體的，是「需要」演繹諸如刀光劍影的殘忍、政治陰謀的奸詐等手段的；也可以說，慈禧的行爲是在維護王權穩定的情形之下，對於那個時代而言尚屬合情理的政治鬥爭、權力之爭的自然結果。如果她不那樣去做，那麼以「肅順」

養心殿東暖閣垂簾聽政處
這就是慈禧太后控制朝政50年的地方

為代表的「顧命八大臣」也未必仁慈到使其「杯酒釋權」的地步。因為，在那個時代，政治鬥爭的本身就是戰爭和悲烈的母親，血腥和無情是政治的「嬰兒」之一。對於身懷慈悲的人來說，遠離政治和不談政治是明智的選擇，否則就會成為血腥和無情的「孩子」，也就是說會成為政治隔代的「孫子」。慈禧面臨的情勢恰恰在於她年幼的孩子是大清的皇帝，而不是百姓，從這一點來說，她陰險狡詐的一面是「逼」出來的，是封建社會的政治性質和特點使然！

至於年屆芳華喪夫後穢亂宮闈一說，是在中華民族「男尊女卑」的歷史演繹過程中，所形成的女子必須遵守「三從四德」的倫理孽根所致。撇開政治地位，單從人性與道德的角度看，既然男皇帝可幸佳麗三千，為什麼女皇帝就不能有面首三五？從資料上看，同樣是女人的英國戴安娜王妃擁有情人的數量不亞於慈禧，但其還不是萬民仰首，眾口成碑？個人情感與原始欲望的適度滿足並沒有使她引發公民的反感。因此，歷史文化的內容不同，男女平等的社會基礎差異，批評家固有觀念和操筆時切入角度的距離感，使其得出的結論就會大相徑庭！

毋庸置疑，慈禧太后在弄權方面，是極有能力、有眼光的一個人物。不然她不可能歷經咸豐、同治、光緒三帝而掌握那麼長時間的朝政，讓那麼多大臣、名臣聽命於她。可以說，她是晚清最有能力的一個統治者。其卓越的政治才能，主要可以展現以下幾點：

一是政權之爭中顯示出的非凡才能。這從她最終鏟滅政敵，「垂簾聽政」長達46年足以證明。

二是重用漢臣，打破八旗子弟獨領風騷的格局。重大舉措先是將剷除「顧命八大臣」立下汗馬功勞的恭親王從「議政王」位置上拉下，集中了皇權；同時，在真正意義上開始重用漢臣，廣開招攬飽學而不迂腐之士之風，其中備受器重的典型人物有：以文官文祥、倭仁、沈桂芬為相；以曾國藩、左宗棠、李鴻章等為將。據《清鑒》記載，此風氣一開，「自軍政吏治，黜陟賞罰，無不諮詢。故卒能削平大亂，開一代中興之局。」因而，重用漢人

不僅使得很多能人志士可以效忠清政府，更重要的是，也有效地在一定程度上化解了民族之間的傳統矛盾。

三是重視先進生產力的引進，支持「洋務運動」。洋務派著眼於發展社會生產力的重大舉措，開始出現了打破舊有封建統治下「閉關自守」思想的苗頭。這種思想的引進，對慣有的文化思維觀念有著很大的衝擊。儘管，這種變化是一個長期、緩慢、艱難的過程，但對於一個幾千年封建體制下的傳統國家而言，無疑是一個邁向先進、提升文明、取長補短的「劃時代之舉」。毫無疑問，洋務運動是中國近代歷史上資本主義序幕的開端，是從封建社會向社會發展中更高階段的資本主義社會過渡的第一次動作。這一次動作，使中國擁有了自己的海軍，有了自己的槍炮，有了現代工業文明的觀念，有了擴大對外交流和清楚認識自己發展水準的機會。從這個意義上講，慈禧的大力支持是功不可沒的。

當然，我們在否定和肯定慈禧的同時，也要看到慈禧最終落於失敗的癥結所在，那就是她時刻代表著清王朝，她所做的一切都為維護王權的存在，即維護極少數人的特殊利益。這讓她站到了整個人民的對立面，這就是她最終崩潰的根本原因。由此引發的鴉片戰爭的外患和內憂疊加到了一起，封建體制內部的矛盾自然而然地全面爆發。而慈禧意欲力挽狂瀾的支持洋務等一切活動，都是想在體制內做一些改善，意圖把王朝維持下去。但是遺憾的是，沉痾太重的清王朝畢竟醒悟得太晚。也許她自己也非常清楚，清王朝內部的糜爛，民族之間的各懷鬼胎與不融洽，是促使滿清王朝走向滅亡的、歷史發展的內因使然—「攘外必須安內」，這對於維護皇權來說，並不是沒有道理的。

如果不是道光誤立奕詝，清代歷史上不會出現慈禧太后垂簾聽政的局面，不致以一個淺薄無識的婦人握定中國的命運達四十餘年。當可斷言，慈禧雖有才能而實無見識，所以晚清中國的命運，才會在她手中變得衰敗沒落，終至出現亡國滅種之危險。但我們要知道首先歷史不可假設，即便假設六阿哥奕訢真的做了皇帝，也未必能挽救晚清中國的命運。其次，「同治中

興」正是在慈禧當政期間發生，而洋務運動如果確實可以算是中國走向現代化的第一次努力的話，這和慈禧大量信任、啓用洋務派有必然的關係。

胡適的高徒唐德剛認為，「西太后原是個陰險狠毒，睚眥必報，狐狸其貌而虎狼其心的潑婦人」。對於政治中的人物，是否適用普通的道德標準去衡量呢？在封建社會權力鬥爭的頂峰上或旋渦中，沒有手腕根本不能自存，何況還想實現政治抱負呢？心狠手毒是一種必備的政治技巧，沒有這點能力，如何能對眾人之事負責？

對於慈禧這樣一位如此重要、又引來如此爭議的人物來說，很難達成共識。再說慈禧是中國近代史上一位極其複雜的人物，對她的總評價是很難下筆的。但是有幾點似乎經常被忽略了：一是評價慈禧太后時，也很容易不自覺地受正統思維的影響。婦人攝政在中國歷史上都是遭懷疑和唾棄的。問題是，如果咸豐帝以後的幾個皇帝如果能當政，就一定比慈禧太后強嗎？實際上，中國危機的根源在於千年的王朝統治制度。二是評價慈禧太后的概念

這是在避暑山莊慜貴妃所居之西所

257

化傾向。歷史人物的評價不能以「好人」或「壞人」的簡單標準去衡量。過去既由於政治的需要，又由於「民主」的影響，對舊中國統治階級的主要人物，幾乎都是一筆罵倒的。對慈禧自然也不例外。何況慈禧做過很多於國於民都不利的壞事，又是一個婦人，而且根據種種傳說，還是一個不正派的壞婦人，因而對她就更多了罵名。

關於慈禧的政治是非評價已經太多太多，在這裡就她的政治功過不再多作評論。最後，單從一個女人的角度來評價作為女人的慈禧。

在眾多的評價慈禧太后的著作中，德齡的描寫是最有人情味的。德齡在《慈禧後宮實錄》中，展現了曾經統治世界上人口最多的古老帝國的老佛爺的另一面：她只不過是個女人。她有女人對美的追求，對青春的渴望。她寫道：啊！青春！她很溫柔地說，這是天賦予人的一種最可寶貴的恩物，所以人必須竭力愛惜它，設法把它積儲起來；即使老了，也得如此！正是從這個角度，人們對於女人當政有著奇特的偏見。其實中國歷史對女性而言是不公平的。這片土地上不知曾生長過多少傑出的女子，她們水晶般聰明，鮮花一樣美麗。可惜她們只能在文字之外悄悄凋零，上天賜予她們才華，卻沒給她們施展的領地。然而，正當中國幾千年來首次因為文化碰撞而陷入空前的困難之時，慈禧憑著自己超人的膽量和聰明，繞過重重阻礙，出現在歷史的聚光燈下。也許多災多難是那時中國不能擺脫的宿命，她本來可以平衡歷史不公的出現，此時卻顯得那樣不合時宜。她也曾在政治舞臺上盡力調動過自己的演技，然而事實證明，她的演出是一場非常的失敗之作。

造化弄人，她偏偏撞上了中國最尷尬最困難的時候。在她扮演的雙重角色之中，她本質上更是一個女人而不是政治家，雖然她剛強能幹。據說，旗人家的女人往往比丈夫能幹。許多八旗子弟在外面擺夠了譜，回到家裡，卻要乖乖受女人的轄制。這樣的女人，侄兒要叫她「伯伯」，兒子不叫「媽媽」卻叫她「爸爸」。葉赫那拉無疑就是此類女子。光緒皇帝從小就叫她「皇爸爸」。碰巧，咸豐皇帝是那種較為軟弱的男人。在內憂外患之中他直不起腰，成天除了聽戲就是喝個爛醉。這樣的男人在生活中往往需要和欣賞

個性堅強的女子，甚至產生一種不自覺的依賴心理。當慈禧第一次嘗試著給他出出主意的時候，他並沒有反對。於是，這個特殊家庭中的年青聰慧的媳婦借此機緣接近並最終走入了權力中心。

其實起初，她只是想替懦弱的丈夫當當家。後來，就是想保住愛新覺羅家的產業，以免孤兒寡母受人欺負。她只是一個愛享樂的精明的貴族女子，用她所熟悉的管理家庭的方式管理著國家。從現存的文獻資料中，你可以看到許多她召對大臣的談話記錄，許多時候，這些談話更像是和親戚們嘮家常，而不是政治家們之間的對話。

晚清最有名的大臣曾國藩第一次進京面見太后，沒想到慈禧和他談的都是些家常，什麼你兄弟幾人，出京多少年了，曾國荃是你胞弟嗎之類。曾國藩在當天的日記中驚訝且失望地寫道：「兩宮才地平常，見面無一要語。」毫無疑問，她熱愛權力，也有學者稱她是「權力欲驅使著靈魂」，但是僅僅滿足於用權力控制他人，維護自己的地位和生活而已。她並不想在政治領域建功立業，青史留名。她沒有男人那樣為了事業、為了國家和民族犧牲自我的獻身精神，她沒有因政治而犧牲自己的私人生活。相反，她對自己的私人生活傾注了大量的熱情，她更關心的是給自己建造園林，使她快樂的是和那些聰明的宮眷談女人們的話題，是豢養寵物，是研製化妝品。以她的地位和條件，如果她敏感一些，事業心強一些，她完全有可能更深地接觸嶄新的西方文明，更理智地觀察世界，明瞭中國的處境和需要，因而憑自己的才智把國家引導到更安全的軌道上來。可惜她僅僅對巴黎的時裝、華爾滋舞感興趣。每天處理完政務之後，她把大量的時間用於化妝、遊賞、宴飲、看戲。她完全把自己置於一個傳統女貴族的生活趣味當中，沒有看到用另外的方式發揮自己才智的可能。她和圓明園、頤和園的情結以及對陵墓過分的追求豪奢也說明了這一點。

慈禧精力充沛，她熱愛生命。她不像別的女人那樣缺乏生命的熱度，自甘於生命火焰有氣無力地默默燃燒。《宮女談往錄》中的有位老宮女回憶說：「太后就是講精氣神兒，一天到晚那麼多的大事，全得由太后心裡過，

每天還是那麼悠游自在，騰出閒工夫，講究吃，講究穿，講究修飾，還講究玩樂，總是精神飽滿，不帶一點疲倦的勁兒。」她特別愛美，25歲她成了寡婦，可是在寂寞深宮裡，她仍然滿腔熱情地打扮自己。她對美異常執著，四十多年裡，天天都要在妝鏡前消磨上幾個小時，一定要把自己修飾得一絲不苟，光彩照人。她經常說：「一個女人沒心腸打扮自己，那還活什麼勁呢？」她天生喜歡大紅大紫，喜歡明亮絢麗的東西。她冰雪聰明。剛進宮那會兒還不怎麼識字，可是通過自學，她練出了一筆好字，詩也寫得挺不錯的。她喜歡唐詩宋詞，喜歡《紅樓夢》，這部小說是她在深宮的寂寞伴侶。她還喜歡繪畫，留下了一批還過得去的作品。她有很高的藝術鑒賞力，對於園林建築頗有造詣。她生活得富於情趣，生活中的每個細節都安排得有滋有味。

她有冷酷無情的時刻，可是也富於人情味兒。少女時代在綏遠城居住的慈禧對文學、書畫和歷史非常有興趣，她在此讀書、學畫、下棋、彈琴，且經常騎馬射箭。對於少女慈禧的長相，史書中並無記載，野史中描繪她：每一出遊，旁觀者皆嘖嘖做歡喜贊，謂天仙化身不過是也。特別是對身邊的宮女，她極其和藹可親，很少疾顏厲色。宮中的女僕們回憶起她來，話語中不無溫馨：「老太后是最聖明不過的人，對自己最親信的貼身丫頭都是另眼看待的。不管外頭有多不順心的事，對我們總是和顏悅色。比如，她對我講：榮兒，你過來，你那辮梢梳得多麼憨蠢，若把辮繩留長一點，一走路，動擺開了，那有多好看！」在這些回憶錄中，你看到的絕不是那個冷面冷心的鐵女人，而是一個既威嚴又慈祥的老太太。

她是一個不完全的女權主義者，她的女權覺醒是不徹底的。由於文化傳統的局限，她沒有想到在男人的領域全面發展自己。在她的意識深處，她始終擺脫不了「相夫教子，看家守業」的身份定位。但作為一個女人，葉赫那拉最對不起愛新覺羅家族的，正是在孩子教育上的疏失。對獨生子同治，她任母愛氾濫，過分嬌縱，使這個孩子成了清朝十二代帝王中最沒出息的一個，自制力極其差勁。這樣一個兒子，她怎能放手讓他接管全部權力？而對

慈禧太后六聖旬壽舊照

繼子光緒，她又矯枉過正，管束過嚴，教育出一個性格上過於懦弱的孩子。這樣的繼承者實在無法承擔起拯救帝國的重任。家庭教育的失敗，無疑是葉赫那拉這個聰明女人的最大敗筆之一。這也許與慈禧自己過於強硬的性格有

頤和園石舫
頤和園為慈禧太后挪用海防經費修建，足見慈禧太后的昏聵與晚清政治的腐敗。

262

關，讓兒子們都對她太畏懼。而這，又恰恰是她如此長久地涉足於政治不能自拔的部分原因。

慈禧就是這樣一個女人。她有著那個時代普通女人所沒有的叛逆性格，卻跳不出那個時代人們的局限。她嫵媚又潑辣，她聰明又無知，她大膽又保守，她勤奮又貪圖逸樂。她不太理解政治，政治也給了她千載罵名。

女人慈禧由著自己的性情，風風光光、曲曲折折走完了自己的一生。在生命的最後，她好像有一點後悔。她在病榻上留給人們的最後一句話是：「以後勿使婦人干政。此與本朝家法有違，須嚴加限制。」她承認自己不成功地涉足了政治。她希望別人不要效仿她，而要做單純的女人。可是，如果她不涉足政治，她怎麼可能把女人做得那樣風光？她給不出這個問題的答案。歷史不能回頭，也不會給你第二次機會！

大清后妃傳奇

作　　者	上官雲飛
發 行 人	林敬彬
主　　編	楊安瑜
編　　輯	蔡穎如
內頁編排	翔美堂設計
封面構成	翔美堂設計
出　　版	大旗出版　行政院新聞局北市業字第1688號
發　　行	大都會文化事業有限公司
	110台北市信義區基隆路一段432號4樓之9
	讀者服務專線：（02）27235216
	讀者服務傳真：（02）27235220
	電子郵件信箱：metro@ms21.hinet.net
	網　　　址：www.metrobook.com.tw
郵政劃撥	14050529　大都會文化事業有限公司
出版日期	2006年9月初版一刷　　2013年3月初版八刷
定　　價	250元
ISBN 10	957-8219-56-3
ISBN 13	978-957-8219-56-4
書　　號	大旗藏史館　History 02

Metropolitan Culture Enterprise Co., Ltd.
4F-9, Double Hero Bldg., 432, Keelung Rd., Sec. 1,
Taipei 110, Taiwan
Tel:+886-2-2723-5216　Fax:+886-2-2723-5220
E-mail:metro@ms21.hinet.net
Web-site:www.metrobook.com.tw

大都會文化　大旗出版 BANNER PUBLISHING

國家圖書館出版品預行編目資料

大清后妃傳奇 / 上官雲飛著. — 初版. — 臺北
市：大旗出版：大都會文化發行, 2006[民95]
面；　公分. —（大旗藏史館；2）
ISBN 978-957-8219-56-4（平裝）
1.后妃—中國　清(1644-1912)
2.中國—歷史　清(1644-1912)
627　　　　　　　　　　　95013760

大都會文化　總書目

■度小月系列

路邊攤賺大錢【搶錢篇】	280元	路邊攤賺大錢2【奇蹟篇】	280元
路邊攤賺大錢3【致富篇】	280元	路邊攤賺大錢4【飾品配件篇】	280元
路邊攤賺大錢5【清涼美食篇】	280元	路邊攤賺大錢6【異國美食篇】	280元
路邊攤賺大錢7【元氣早餐篇】	280元	路邊攤賺大錢8【養生進補篇】	280元
路邊攤賺大錢9【加盟篇】	280元	路邊攤賺大錢10【中部搶錢篇】	280元
路邊攤賺大錢11【賺翻篇】	280元	路邊攤賺大錢12【大排長龍篇】	280元

■DIY系列

路邊攤美食DIY	220元	嚴選台灣小吃DIY	220元
路邊攤超人氣小吃DIY	220元	路邊攤紅不讓美食DIY	220元
路邊攤流行冰品DIY	220元		

■流行瘋系列

跟著偶像FUN韓假	260元	女人百分百：男人心中的最愛	180元
哈利波特魔法學院	160元	韓式愛美大作戰	240元
下一個偶像就是你	180元	芙蓉美人泡澡術	220元
Men力四射─型男教戰手冊	250元		

■生活大師系列

遠離過敏：打造健康的居家環境	280元	這樣泡澡最健康：紓壓、排毒、瘦身三部曲	220元
兩岸用語快譯通	220元	台灣珍奇廟：發財開運祈福路	280元
魅力野溪溫泉大發見	260元	寵愛你的肌膚：從手工香皂開始	260元
舞動燭光：手工蠟燭的綺麗世界	280元	空間也需要好味道：打造天然香氛的68個妙招	260元
雞尾酒的微醺世界：調出你的私房Lounge Bar風情	250元	野外泡湯趣：魅力野溪溫泉大發見	260元
肌膚也需要放輕鬆：徜徉天然風的43項舒壓體驗	260元	辦公室也能做瑜珈：上班族的紓壓活力操	220元
別再說妳不懂車：男人不教的Know How	249元	一國兩字：兩岸用語快譯通	200元

■寵物當家系列

Smart養狗寶典	380元	Smart養貓寶典	380元
貓咪玩具魔法DIY：讓牠快樂起舞的55種方法	220元	愛犬造型魔法書：讓你的寶貝漂亮一下	260元
漂亮寶貝在你家：寵物流行精品DIY	220元	我的陽光‧我的寶貝：寵物真情物語	220元
我家有隻麝香豬：養豬完全攻略	220元	SMART養狗寶典（平裝版）	250元
生肖星座招財狗	200元	SMART養貓寶典（平裝版）	250元

■人物誌系列

現代灰姑娘	199元	黛安娜傳	360元
船上的365天	360元	優雅與狂野：威廉王子	260元
走出城堡的王子	160元	殞逝的英格蘭玫瑰	260元
貝克漢與維多利亞：新皇族的真實人生	280元	幸運的孩子：布希王朝的真實故事	250元
瑪丹娜：流行天后的真實畫像	280元	紅塵歲月：三毛的生命戀歌	250元
風華再現：金庸傳	260元	俠骨柔情：古龍的今生今世	250元
她從海上來：張愛玲情愛傳奇	250元	從間諜到總統：普丁傳奇	250元
脫下斗篷的哈利：丹尼爾‧雷德克里夫	220元	蛻變：章子怡的成長紀實	260元
強尼戴普：可以狂放叛逆，也可以柔情感性	280元	棋聖 吳清源	280元

■心靈特區系列

每一片刻都是重生	220元	給大腦洗個澡	220元
成功方與圓：改變一生的處世智慧	220元	轉個彎路更寬	199元
課本上學不到的33條人生經驗	149元	絕對管用的38條職場致勝法則	149元
從窮人進化到富人的29條處事智慧	149元	成長三部曲	299元
心態：成功的人就是和你不一樣	180元	當成功遇見你：迎向陽光的信心與勇氣	180元
改變，做對的事	180元	智慧沙	199元

■SUCCESS系列

七大狂銷戰略	220元	打造一整年的好業績	200元
超級記憶術：改變一生的學習方式	199元	管理的鋼盔：商戰存活與突圍的25個必勝錦囊	200元
搞什麼行銷：152個商戰關鍵報告	220元	精明人總明人明白人：態度決定你的成敗	200元
人脈=錢脈：改變一生的人際關係經營術	180元	週一清晨的領導課	160元
搶救貧窮大作戰の48條絕對法則	220元	搜驚‧搜精‧搜金：從Google的致富傳奇中，你學到了什麼？	199元
絕對中國製造的58個管理智慧	200元	客人在哪裡？：決定你業績倍增的關鍵細節	200元

殺出紅海：漂亮勝出的104個商戰奇謀	220元	商戰奇謀36計：現代企業生存寶典Ⅰ	180元
商戰奇謀36計：現代企業生存寶典Ⅱ	180元	商戰奇謀36計：現代企業生存寶典Ⅲ	180元
幸福家庭的理財計畫	250元	巨賈定律：商戰奇謀36計	498元

■都會健康館系列

秋養生：二十四節氣養生經	220元	春養生：二十四節氣養生經	220元
夏養生：二十四節氣養生經	220元	冬養生：二十四節氣養生經	220元
春夏秋冬養生套書	699元	寒天：O卡路里的健康瘦身新主張	200元

■CHOICE系列

入侵鹿耳門	280元	蒲公英與我：聽我說說畫	220元
入侵鹿耳門（新版）	199元	舊時月色（上輯＋下輯）	各180元
清塘荷韻	280元		

■FORTH系列

印度流浪記：滌盡塵俗的心之旅	220元	胡同面孔：古都北京的人文旅行地圖	280元
尋訪失落的香格里拉	240元	今天不飛：空姐的私旅圖	220元
紐西蘭奇異國	200元	從古都到香格里拉	399元

■大旗藏史館

大清皇權遊戲	250元	大清后妃傳奇	250元

■大都會運動館

野外求生寶典：活命的必要裝備與技能	260元	攀岩寶典： 安全攀登的入門技巧與實用裝備	260元

■大都會休閒館

賭城大贏家─逢賭必勝祕訣大揭露	240元

■FOCUS系列

中國誠信報告	250元	中國誠信的背後	250元

■禮物書系列

印象花園 梵谷	160元	印象花園 莫內	160元
印象花園 高更	160元	印象花園 竇加	160元
印象花園 雷諾瓦	160元	印象花園 大衛	160元
印象花園 畢卡索	160元	印象花園 達文西	160元
印象花園 米開朗基羅	160元	印象花園 拉斐爾	160元
印象花園 林布蘭特	160元	印象花園 米勒	160元
絮語說相思 情有獨鍾	200元		

■工商管理系列

二十一世紀新工作浪潮	200元	化危機為轉機	200元
美術工作者設計生涯轉轉彎	200元	攝影工作者快門生涯轉轉彎	200元
企劃工作者動腦生涯轉轉彎	220元	電腦工作者滑鼠生涯轉轉彎	200元
打開視窗說亮話	200元	文字工作者撰錢生活轉轉彎	220元
挑戰極限	320元	30分鐘行動管理百科（九本盒裝套書）	799元
30分鐘教你自我腦內革命	110元	30分鐘教你樹立優質形象	110元
30分鐘教你錢多事少離家近	110元	30分鐘教你創造自我價值	110元
30分鐘教你Smart解決難題	110元	30分鐘教你如何激勵部屬	110元
30分鐘教你掌握優勢談判	110元	30分鐘教你如何快速致富	110元
30分鐘教你提昇溝通技巧	110元		

■精緻生活系列

女人窺心事	120元	另類費洛蒙	180元
花落	180元		

■CITY MALL系列

別懷疑！我就是馬克大夫	200元	愛情詭話	170元
唉呀！真尷尬	200元	就是要賴在演藝圈	180元

■親子教養系列

孩童完全自救寶盒（五書+五卡+四卷錄影帶）3,490元（特價2,490元）

孩童完全自救手冊：這時候你該怎麼辦（合訂本）299元

我家小孩愛看書:Happy 學習 easy go!	220元	天才少年的5種能力	280元

■新觀念美語

NEC新觀念美語教室12,450元（八本書+48卷卡帶）

您可以採用下列簡便的訂購方式：
◎請向全國鄰近之各大書局或上大都會文化網站www.metrobook.com.tw選購。
◎劃撥訂購：請直接至郵局劃撥付款。
　帳號：14050529
　戶名：大都會文化事業有限公司
（請於劃撥單背面通訊欄註明欲購書名及數量）

大清后妃傳奇

北 區 郵 政 管 理 局
登記證北台字第9125號
免 貼 郵 票

大都會文化事業有限公司
讀者服務部收

110 台北市基隆路一段432號4樓之9

寄回這張服務卡(免貼郵票)
您可以：
◎不定期收到最新出版訊息
◎參加各項回饋優惠活動

大都會文化 讀者服務卡

書名：大清后妃傳奇

謝謝您選擇了這本書！期待您的支持與建議，讓我們能有更多聯繫與互動的機會。
日後您將可不定期收到本公司的新書資訊及特惠活動訊息。

A. 您在何時購得本書：＿＿＿年＿＿＿月＿＿＿日

B. 您在何處購得本書：＿＿＿＿＿＿書店，位於＿＿＿＿＿＿(市、縣)

C. 您從哪裡得知本書的消息：1.□書店 2.□報章雜誌 3.□電台活動 4.□網路資訊
   5.□書籤宣傳品等 6.□親友介紹 7.□書評 8.□其他＿＿＿＿＿＿＿＿＿

D. 您購買本書的動機：(可複選)1.□對主題或內容感興趣 2.□工作需要 3.□生活需要
   4.□自我進修 5.□內容為流行熱門話題 6.□其他＿＿＿＿＿＿＿＿＿＿＿

E. 您最喜歡本書的(可複選)：1.□內容題材 2.□字體大小 3.□翻譯文筆 4.□封面
   5.□編排方式 6.□其他

F. 您認為本書的封面：1.□非常出色 2.□普通 3.□毫不起眼 4.□其他＿＿＿＿＿＿＿

G. 您認為本書的編排：1.□非常出色 2.□普通 3.□毫不起眼 4.□其他＿＿＿＿＿＿＿

H. 您通常以哪些方式購書：(可複選)1.□逛書店 2.□書展 3.□劃撥郵購 4.□團體訂購
   5.□網路購書 6.□其他＿＿＿＿＿＿＿

I. 您希望我們出版哪類書籍：(可複選)
   1.□旅遊 2.□流行文化 3.□生活休閒 4.□美容保養 5.□散文小品
   6.□科學新知 7.□藝術音樂 8.□致富理財 9.□工商企管 10.□科幻推理
   11.□史哲類 12.□勵志傳記 13.□電影小說 14.□語言學習(＿＿語)
   15.□幽默諧趣 16.□其他＿＿＿＿＿＿＿＿＿＿＿＿＿＿＿＿＿＿＿＿

J. 您對本書(系)的建議：＿＿＿＿＿＿＿＿＿＿＿＿＿＿＿＿＿＿＿＿＿＿＿
   ＿＿＿＿＿＿＿＿＿＿＿＿＿＿＿＿＿＿＿＿＿＿＿＿＿＿＿＿＿＿＿＿＿

K. 您對本出版社的建議：＿＿＿＿＿＿＿＿＿＿＿＿＿＿＿＿＿＿＿＿＿＿＿
   ＿＿＿＿＿＿＿＿＿＿＿＿＿＿＿＿＿＿＿＿＿＿＿＿＿＿＿＿＿＿＿＿＿

讀者小檔案

姓名：＿＿＿＿＿＿＿＿＿ 性別：□男 □女 生日：＿＿＿年＿＿＿月＿＿＿日

年齡：□20歲以下□21～30歲□31～40歲□41～50歲□51歲以上

職業：1.□學生 2.□軍公教 3.□大眾傳播 4.□服務業 5.□金融業 6.□製造業
      7.□資訊業 8.□自由業 9.□家管 10.□退休 11.□其他 ＿＿＿＿＿＿＿＿

學歷：□ 國小或以下 □ 國中 □ 高中／高職 □ 大學／大專 □ 研究所以上

通訊地址 ＿＿＿＿＿＿＿＿＿＿＿＿＿＿＿＿＿＿＿＿＿＿＿＿＿＿＿＿＿

電話：(H)＿＿＿＿＿＿＿＿＿ (O)＿＿＿＿＿＿＿＿＿ 傳真：＿＿＿＿＿＿＿＿＿

行動電話：＿＿＿＿＿＿＿＿＿ E-Mail：＿＿＿＿＿＿＿＿＿＿＿＿＿＿＿＿＿

❖謝謝您購買本書，也歡迎您加入我們的會員，請上大都會網站www.metrobook.com.tw 登
   錄您的資料。您將不定期收到最新圖書優惠資訊和電子報。

大旗出版
BANNER PUBLISHING

大 旗 出 版
BANNER PUBLISHING